前 言

运筹学是20世纪40年代左右发展起来的一门典型的交叉学科。虽然运筹学的发展主要源于第二次世界大战的战事需要，但是其研究思路、方法和工具在第二次世界大战后已经广泛应用于各行各业的运营管理之中。除了解决生产和制造业中的运营问题之外，在市场需求的牵引下，运筹学作为一门学科不断地发展和外延。越来越多的农业、服务业和其他新兴产业中出现的问题被系统整理和归纳为运筹学中的标准问题。运筹学学科的研究对象在不断扩展，运筹学的研究方法和算法也在不断丰富。针对一些复杂的应用问题，除了传统的数学建模分析方法之外，计算机建模也逐渐成为一种被普遍采用的分析方法。同时，一些智能算法和近似算法也被引入用于求解运筹学领域中的复杂问题。与传统的精确算法相比，这些算法虽然并不能够保证得到复杂问题的最优解，但其在计算效率上具有无法比拟的优越性。通观运筹学的研究领域、研究对象和研究方法，虽然针对具体应用问题的求解方法差异较大，但是运筹学作为一门学科，它主要是以定量分析为主（定量与定性分析相结合），研究和解决现实世界各类企业与组织的生产、经营或者运作中出现的问题。也正是因为运筹学这种应用性和科学性特点，使它成为管理科学、系统科学、工业工程等多个专业的专业基础课和主干课程。

本书的内容和结构有所偏重，更加适用于经济管理类专业本科教学。同时，本书也可以作为经济管理类研究生，包括工商管理硕士 MBA、工程硕士 ME 在内的运筹学课程参考教材。具体来说，本书在编写过程中侧重于：①强调运筹学学科的应用性特点，加强了应用问题建模的分析思路介绍；②强调实际问题的计算机工具求解，加强了工具软件的使用介绍；③强调经济管理类专业本科学生的特点，从文字到图表尽可能直观、深入浅出和通俗易懂；④考虑经济管理类专业本科学生培养的知识结构特点，避免与其他专业基础课重复。除此之外，书中部分文字体现了编者多年教学的心得体会。

本书由多位教师合作完成，其中前言、第2章由卜心怡、莫燕教授编写，第1、4、5章由俞武扬副教授编写，第6、7章由余福茂教授编写，第3、8章由魏洁副教授编写。

本书的编写得到了杭州电子科技大学管理学院和浙江理工大学经济管理学院的大力支持，在此一并表示衷心的感谢！

由于编者水平有限，错误和疏漏在所难免，恳请广大读者批评指正。

编 者

目 录

第1章 绪论 ··· 1
  1.1 运筹学的简史 ··· 1
  1.2 运筹学的分支 ··· 2
  1.3 运筹学在经济管理中的应用 ·· 3
  1.4 运筹学的模型 ··· 4

第2章 线性规划 ·· 6
  2.1 问题的提出 ··· 6
  2.2 问题的数学模型 ·· 7
  2.3 线性规划问题的标准形式 ·· 10
    2.3.1 标准形式 ·· 10
    2.3.2 非标准形式线性规划的转换 ·· 10
  2.4 标准型线性规划解的概念 ·· 11
  2.5 线性规划的图解法 ·· 13
    2.5.1 图解法的基本步骤 ··· 13
    2.5.2 图解法的几种可能结果 ·· 14
    2.5.3 图解法基本结论 ·· 14
  2.6 线性规划的单纯形法 ··· 15
    2.6.1 单纯形法的基本原理 ·· 15
    2.6.2 单纯形法的基本思路 ·· 16
    2.6.3 表格形式的单纯形法 ·· 19
    2.6.4 单纯形法的矩阵表示 ·· 21
    2.6.5 单纯形法的进一步讨论 ·· 23
    2.6.6 单纯形法小结 ·· 30
  2.7 线性规划的对偶问题与灵敏度分析 ··· 30
    2.7.1 对偶问题的提出 ·· 30
    2.7.2 对称形式下对偶问题的一般形式 ··································· 31
    2.7.3 非对称形式的原-对偶问题关系 ···································· 32
    2.7.4 对偶问题的基本性质 ·· 33
    2.7.5 对偶最优解的经济解释——影子价格 ··························· 35
    2.7.6 对偶单纯形法 ·· 36
    2.7.7 灵敏度分析 ··· 38

2.8 线性规划软件求解 ··· 42
　　2.8.1 用 Excel 规划工具求解线性规划模型 ··· 42
　　2.8.2 用 Lingo 软件求解线性规划问题 ··· 44
2.9 线性规划应用分析 ·· 45
　　2.9.1 人力资源合理安排问题 ·· 45
　　2.9.2 投资决策问题 ·· 48
习题 ·· 50

第3章 运输问题 ··· 53
3.1 运输问题数学模型 ·· 53
　　3.1.1 产销平衡运输问题数学模型 ··· 53
　　3.1.2 产销不平衡运输问题数学模型 ··· 55
　　3.1.3 运输问题的基本性质 ··· 57
3.2 表上作业法 ··· 57
　　3.2.1 初始基可行解的确定 ··· 58
　　3.2.2 解的最优性检验 ·· 60
　　3.2.3 解的改进方法 ·· 63
　　3.2.4 产销不平衡运输问题表上作业法 ··· 64
3.3 运输问题软件求解 ·· 66
　　3.3.1 运输问题 Excel 求解 ·· 66
　　3.3.2 运输问题 Lingo 求解 ·· 69
3.4 案例分析 ··· 73
　　3.4.1 问题的提出 ··· 73
　　3.4.2 问题分析 ·· 74
　　3.4.3 问题求解 ·· 74
习题 ·· 77

第4章 整数规划 ··· 79
4.1 整数规划数学模型 ·· 79
　　4.1.1 整数规划的一般形式及解的特点 ··· 80
　　4.1.2 含 0-1 变量的整数规划 ··· 80
4.2 整数规划模型求解方法 ·· 83
　　4.2.1 分枝定界法 ··· 83
　　4.2.2 割平面法 ·· 85
　　4.2.3 隐枚举法 ·· 88
4.3 指派问题及其解法 ·· 89
　　4.3.1 指派问题的数学模型 ··· 89
　　4.3.2 指派问题的匈牙利解法 ·· 90
　　4.3.3 特殊指派问题 ·· 92
4.4 整数规划软件求解 ·· 93

    4.4.1 Excel 求解 ··· 93
    4.4.2 Lingo 求解 ··· 95
  4.5 案例分析 ··· 96
  习题 ··· 100

第 5 章 图与网络分析 ·· 102
  5.1 图与网络的基本知识 ··· 102
    5.1.1 图论起源 ··· 102
    5.1.2 图与网络的基本概念 ··· 103
    5.1.3 图的矩阵表示 ·· 106
  5.2 最小树问题 ··· 106
    5.2.1 树的概念与性质 ·· 106
    5.2.2 最小生成树问题 ·· 107
  5.3 最短路问题 ··· 108
    5.3.1 求解指定两点间的最短路问题(Dijkstra 算法) ···················· 109
    5.3.2 求解指定点到任意点的最短路问题(主次逼近算法) ················ 110
    5.3.3 求解任意两点间的最短路问题(Floyd 算法) ······················· 111
  5.4 最大流问题 ··· 112
    5.4.1 最大流的相关概念 ·· 112
    5.4.2 求最大流的标号算法 ··· 113
    5.4.3 最小费用最大流问题 ··· 114
  5.5 图论问题软件求解 ·· 116
    5.5.1 最小树问题 Lingo 求解 ··· 116
    5.5.2 最短路问题 Lingo 求解 ··· 117
    5.5.3 最大流问题 Lingo 求解 ··· 121
    5.5.4 最小费用最大流问题 Lingo 求解 ·································· 122
  5.6 案例分析 ··· 124
  习题 ··· 127

第 6 章 网络计划 ··· 130
  6.1 网络计划技术的起源及发展 ·· 130
  6.2 网络图的绘制 ··· 131
    6.2.1 基本术语及一般规定 ··· 132
    6.2.2 网络图的绘图规则 ·· 133
    6.2.3 网络图绘制举例 ·· 133
  6.3 时间参数的计算 ·· 134
    6.3.1 按节点计算法计算时间参数 ······································ 135
    6.3.2 按工作计算法计算时间参数 ······································ 138
  6.4 网络计划的优化 ·· 139
    6.4.1 网络计划优化方法分类 ··· 139

		6.4.2 最低成本日程优化	141
	6.5	网络计划的应用案例及软件求解	142
	习题		154

第 7 章 存储论 ... 156

- 7.1 存储问题及其基本概念 ... 156
- 7.2 确定性存储模型 ... 158
  - 7.2.1 经济订货批量模型 ... 158
  - 7.2.2 不许缺货、补充需一定时间的存储模型 ... 161
  - 7.2.3 允许缺货、存储瞬时可补的存储模型 ... 163
  - 7.2.4 有价格折扣的存储模型 ... 165
- 7.3 随机性存储模型 ... 167
- 7.4 存储模型的应用案例及软件求解 ... 168
  - 7.4.1 用 Excel 求解经济订购批量问题 ... 168
  - 7.4.2 有资金与库容约束的存储问题 ... 170
  - 7.4.3 航空公司的超额预售策略问题 ... 178
- 习题 ... 180

第 8 章 决策分析 ... 181

- 8.1 决策问题概述 ... 181
  - 8.1.1 决策模型 ... 181
  - 8.1.2 决策分类 ... 182
  - 8.1.3 决策准则 ... 183
  - 8.1.4 决策程序 ... 183
- 8.2 不确定型决策 ... 184
  - 8.2.1 乐观决策准则 ... 184
  - 8.2.2 悲观决策准则 ... 185
  - 8.2.3 折中决策准则 ... 185
  - 8.2.4 最小后悔值决策准则 ... 186
- 8.3 风险型决策 ... 186
  - 8.3.1 最大期望收益决策准则 ... 187
  - 8.3.2 最小期望损失决策准则 ... 187
  - 8.3.3 决策树法 ... 187
  - 8.3.4 完全情报价值 ... 190
- 8.4 效用理论 ... 191
  - 8.4.1 效用的概念 ... 191
  - 8.4.2 效用函数和效用曲线 ... 191
  - 8.4.3 用效用值进行决策分析 ... 194
- 8.5 决策问题软件求解 ... 195
  - 8.5.1 决策问题 Excel 求解 ... 195

  8.5.2 决策问题 WinQSB 求解 …………………………………………… 198
 8.6 案例分析 ………………………………………………………………… 202
  8.6.1 问题的提出 …………………………………………………………… 202
  8.6.2 问题分析 ……………………………………………………………… 203
  8.6.3 问题求解 ……………………………………………………………… 203
 习题 ………………………………………………………………………………… 206

附录 A 相关证明 …………………………………………………………………… 209
参考文献 …………………………………………………………………………………… 211

第1章

绪　　论

1.1　运筹学的简史

在公元前3世纪的楚汉相争中,汉高祖刘邦的著名谋士张良为推翻秦朝,打败项羽,统一全国立下了盖世奇功,刘邦赞誉他"夫运筹策帷帐之中,决胜于千里之外"。这千古名句也可以说是对张良的运筹思想的赞颂和褒奖,《史记》在《留侯世家》及其他多处也曾提及。这里的"运筹",指张良在帷幄中制定作战谋略与决策的过程。在西汉时代,"运筹"已被当作制定谋略与决策职能分工的代名词。

运筹学(Operational Research)是英国人最早在20世纪30年代末提出的,美国的写法略有不同(Operations Research),直译为"运作研究",其基本宗旨是运用科学的方法(如分析、试验、量化等)来决定如何最佳地运营和设计各种系统的一门学科。我国1955年开始研究运筹学时,从《史记》中摘取"运筹"一词作为"Operations Research"的意译,包含了运用筹划、以智取胜的深刻含义。从《史记》对"运筹"的记述表明,我国的运筹思想源远流长,至今对运筹学的发展仍有重要影响。

我国古代有许多关于运筹学的思想方法的典故,例如:

(1) 田忌赛马。孙膑的"斗马术"是我国古代运筹思想中争取总体最优的脍炙人口的著名范例(记载于《史记·孙子吴起列传》),成为军事上一条重要的用兵规律,即要善于用局部的牺牲去换取全局的胜利,从而达到以弱胜强的目的。"斗马术"的基本思想是不强求一局的得失,而争取全盘的胜利,这是一个典型的博弈问题。

(2) 丁谓修宫。距今1000多年前,开封一场大火使北宋皇城毁于一旦,宋真宗任命大臣丁谓主持重建全部宫室殿宇。当时,皇城都是砖木结构的,建筑材料必须通过汴水运进,因此就有三难:取土之难、运输之难、清场之难。丁谓深思熟虑,规划并实施了一个至今令人拍案叫绝的施工方案:将宫前大街开挖成河,取土烧砖,引汴水入宫,水运建材。皇宫建成后,以废砖烂瓦填平河沟,修复宫前大街。这样,一举解决了取土之难、运输之难、清场之难、可谓"一石三鸟",使重建皇城事半功倍。

(3) 沈括运粮。沈括(1031—1095年)是北宋时期大科学家、军事家。他在率兵抗击西夏侵扰的征途中,曾经从行军中各类人员可以背负粮食的基本数据出发,分析计算了后勤人员与作战士兵在不同行军天数中的不同比例关系,同时也分析计算了用各种牲畜运粮与人力运粮之间的利弊，最后做出了从敌国就地征粮、保障前方供应的重要决策，从而减少了后勤人员的比例，增强了前方作战的兵力。

虽然我国很早就有了朴素的运筹思想，而且已经在生产实践中运用了运筹方法，但是运筹学作为一门新兴的学科是在第二次世界大战期间出现的。当时英美联军成立了Operational Research小组，通过运用科学方法成功地解决了许多非常复杂的战略和战术问题。例如，如何合理运用雷达有效地对付德军的空袭；如何对商船进行编队护航，使船队遭受德国潜艇攻击时损失最少；如何调整反潜深水炸弹的爆炸深度，使得对德国潜艇的杀伤力最大等。第二次世界大战之后，从事这项工作研究的许多专家转到了经济部门、民营企业、大学、研究所等，继续从事决策的数量方法的研究，运筹学作为一门学科逐步形成并得到迅速发展。第二次世界大战后，运筹学主要在以下两方面得到了发展：一是运筹学的方法论得到快速发展，形成了运筹学的许多分支，如数学规划(线性规划、非线性规划、整数规划、目标规划、动态规划、随机规划等)、图论与网络、排队论、存储论、搜索论、博弈论等，其中最重要的也许当属1947年由丹捷格(George Dantzig)提出的求解线性规划问题的单纯形法；二是电子计算机的迅猛发展和广泛应用，使得运筹学方法能成功、及时地解决大量经济管理中的决策问题，因而使得运筹学真正成为广大管理工作者进行最优决策和有效管理的常用工具之一。

1.2 运筹学的分支

运筹学按要解决问题的差别，归结为一些不同类型的数学模型，这些数学模型构成了运筹学的不同分支。基本的运筹学分支如下：

(1)线性规划。线性规划是一种在线性约束条件下解决追求最大或最小线性目标函数的方法。例如，当管理者在现有的条件下追求最大利润或是在完成任务的前提下追求最小成本时，如果现有条件(或完成任务的前提)的约束可以用数学上变量的线性等式或不等式来表示，同时目标函数的最大利润(或最小成本)可以用变量的线性函数来表示，那么这样的问题就可以用线性规划的方法解决。线性规划的发展过程中有两个代表人物。一个是苏联学者康托洛维奇(Kantorovich)，他早在1939年解决工业生产组织的计划问题时，就提出了类似线性规划的模型，并给出了"解乘数法"的求解方法。1960年，他编写出版了《最佳资源利用的经济计算》一书，得到了国内外一致重视，为此他于1975年与美国经济学家库普曼斯共同获得了诺贝尔经济学奖。另一个在线性规划发展过程中起到重要作用的代表人物是美国数学家丹捷格(George Dantzig)，他在1947年提出了求解线性规划的单纯形法(Simple Method)，并给出了许多很有价值的理论，为线性规划奠定了理论基础，1953年他又提出了改进单纯形法。

(2)非线性规划。当用变量表达的约束条件或目标函数中存在非线性函数时就形成了非线性规划。非线性规划是20世纪50年代才开始形成的一个运筹学分支。其发展过程中的代表人物是库恩(H.W.Kuhn)和塔克(A.W.Tucker)，两人共同提出的关于最优性条件(后来称为Kuhn-Tucker条件)的论文是非线性规划正式诞生的一个重要标志。

(3)整数规划。整数规划是指一类要求问题中的全部或一部分变量为整数的数学规划。整数规划的代表人物是戈莫里(R.E.Gomory)，他在1958年提出了求解整数规划的割平面法，之后整数规划开始形成独立的分支。

(4) 目标规划。目标规划是解决多目标决策问题的一个运筹学分支，能够处理单个主目标与多个目标并存，以及多个主目标与多个次目标并存的问题，由美国学者查纳斯(A. Charnes)和库伯(W.W.Cooper)在1961年首次提出。

(5) 动态规划。动态规划是求解决策过程最优化的数学方法。20世纪50年代初美国数学家贝尔曼(R.E.Bellman)在研究多阶段决策过程的优化问题时，提出了著名的最优化原理，把多阶段过程转化为一系列单阶段问题，利用各阶段之间的关系逐个求解，创立了解决这类过程优化问题新方法。他于1957年出版的名著 *Dynamic Programming* 标志着动态规划这一分支的产生。

(6) 图论与网络优化。图论与网络优化是数学中一门既古老又年轻的学科，它把研究对象用点表示，对象之间的关系用边(或弧)表示，点边的集合构成图。图论最早是由大数学家欧拉(L.Euler)于1736年研究哥尼斯堡城的七桥问题而起步的。图论中有许多经典问题，如四色问题、哈密尔顿(W.Hamilton)回路问题等。1936年匈牙利数学家康尼格(D.König)写的第一本图论专著《有限图与无限图的理论》标志着图论成为了一门独立的学科。

(7) 存储论。存储论研究在各种供应与需求的条件下，应当在什么时候提出多大的订货批量来补充存储，使得订购费、存储费以及缺货所带来的损失费用之总和最小的问题。列温逊(Levinson)在20世纪30年代已经将存储论的思想应用到分析商业广告、顾客心理方面。

(8) 排队论。排队论是解决排队服务系统工作过程优化的模型，它可以帮助管理者对一些包括排队问题的动作系统做出更好的决策。丹麦工程师爱尔朗(A.K.Erlang)是排队论的奠基者，排队论的基本思想就是1909年他在研究电话通信系统时提出的一些著名公式。

(9) 博弈论。博弈论又称对策论，主要研究具有斗争或竞争性质现象的数学理论与方法，博弈论考虑参与博弈的个体的预测行为和实际行为，并研究它们的优化策略。1928年，冯·诺依曼(V.Neumann)证明了博弈论的基本原理，从而宣告了博弈论的正式诞生。1944年，冯·诺依曼和摩根斯坦共著的《博弈论与经济行为》将二人博弈推广到 N 人博弈结构并系统地应用于经济领域，从而奠定了这一学科的基础与理论体系。1950年，纳什(J.F.Nash)利用不动点定理证明了均衡点在存在，为博弈论的一般化奠定了坚实的基础。

(10) 决策分析。指从若干可能的方案中通过决策分析技术，如期望值法或决策树法等，选择其一的决策过程的定量分析方法。1966年美国斯坦福大学教授霍华德(R.A.Howard)在论文中首次使用"决策分析"这一术语，自此，决策分析成为运筹学的一个重要分支，霍华德也是决策分析工具"影响图"的创始人。

1.3 运筹学在经济管理中的应用

运筹学在经济管理中有着广泛而深入的应用。

(1) 生产计划。应用运筹学方法从总体上确定适应需求的生产、存储、资源安排等计划，以谋求最大的利润或最小的成本，主要用线性规划、整数规划等方法来解决此类问题。例如，巴基斯坦一家重型制造厂用线性规划安排生产计划，节省了10%的生产费用。此外，运筹学在生产作业计划、日程表安排、物料管理、合理下料等方面都有应用。

(2) 运输问题。运筹学可应用于确定最小成本的运输线路、物资调拨、运输工具的调度以及工厂选址等。例如，印度的巴罗达市对公共汽车行车路线和时刻表进行研究改进后，该市公共汽车载运率提高了11%，减少了10%的车辆，既节省了成本又改善了交通拥挤的状况。

(3) 库存管理。存储论与计算机物料管理信息系统相结合，应用于多种物料库存量的管理，确定某些设备的能力或容量，如工厂的库存、停车场大小、发电设备容量大小等。

(4) 市场销售。应用在广告预算的媒体选择、竞争性定价、新产品开发、销售计划的制定等方面，如美国杜邦公司从20世纪50年代起就非常重视运筹学在市场营销中的应用。

(5) 人事管理。可以应用运筹学方法对人员的需求与获得情况进行预测，确定人员的各种分配问题，对人才进行合理的评价，确定薪资和津贴等。

(6) 设备维修、更新和可靠度、项目选择和评价。如电力系统的可靠度分析、核能电厂的可靠度以及风险评估等。

(7) 工程的最优化设计。在土木、建筑、水利、信息、电子、电机、光学、机械、环境和化工等领域皆有运筹学的应用。

(8) 城市管理。包括各种紧急服务系统的设计和运行，如消防队救火站、救护车、警车等的分布点设立。美国曾用排队论方法确定纽约市紧急电话的值班人数。加拿大曾研究城市警车的配置和负责范围、事故发生后警车应走的路线等。此外，诸如城市垃圾的清扫、搬运和处理、供水和污水系统的规划等都可以应用运筹学的理论与方法。

国际运筹与管理协会(INFORMS)及其下属的管理科学实践学会主持评定的弗兰茨·厄德曼(Franz Edelman)奖是为运筹学的管理中的应用成就设立的奖项，每年评定一次。表1.1列出了发表在著名刊物 *Interface* 上的部分获奖项目。

表1.1

组　　织	应　　用	效　　果
联合航空公司	在满足乘客需求的前提下，以最低成本进行订票及机场工作班次安排	每年节约成本600万美元
Citgo石油公司	优化炼油程序及产品供应、配送和营销	每年节约成本7000万美元
AT&T	优化商业用户的电话销售中心选址	每年节约成本4.06亿美元，销售额大幅增加
标准品牌公司	控制成本库存(制定最优再定购点和定购量，确保安全库存)	每年节约成本380万美元
法国国家铁路公司	制定最优铁路时刻表并调整铁路日运营量	每年节约成本1500万美元，年收入大幅增加
Taco Bell	优化员工安排，以最低成本服务客户	每年节约成本1300万美元
Delta航空公司	优化配置上千个国内航线航班来实现利润最大化	每年节约成本1亿美元

1.4　运筹学的模型

在运用运筹学解决问题时，按研究对象的不同可以构造出各种不同的模型。模型是研究者对客观现实经过抽象后用文字、图表、符号、关系式以及实体模样描述所认识的客观对象。模型主要有三种基本形式：形象模型、模拟模型、符号或数学模型。目前应用最多的是符号或数学模型。根据所研究的问题构建模型是一种创造性劳动，成功的模型是科学与艺术的结晶，建模的思路与方法有以下五种。

(1) 直接分析法。按研究者对问题内在机理的认识直接构造出模型。运筹学中有不少现有的模型，如线性规划模型、排队模型、图论模型、存储模型等，这些模型都有很好的求解方法与软件。

(2) 类比法。有些问题可以用不同的方法构造模型,而这些模型的结构或性质比较雷同,这样就可以用类比的方法构建模型,如物理学中的机械系统、气体动力学系统、热力学系统及电路系统之间有不少雷同的现象,就可以用类比法建模。

(3) 数据分析法。当问题的内在机理不是很清楚,但是可以搜集到与此问题密切相关的大量数据时,可以运用统计分析方法构建模型。

(4) 试验分析法。当问题机理不清,又不能获得大量数据时,只能通过做局部试验的方法,利用获得的数据结合分析来构造模型。

(5) 构想法。当有些问题的机理不清,又缺少数据,还不能通过做试验获得数据时,如一些社会、经济、军事问题,人们只能在已有的知识、经验和某些研究的基础上,对于可能发生的情况给出合乎逻辑的设想和描述,然后运用已有的方法构造模型,并不断地加以修正完善。

运筹学研究问题的一般步骤如下所述。

(1) 提出需要解决的问题。确定目标,并分析问题所处的环境和约束条件。抓住主要矛盾,舍弃次要因素。

(2) 建立模型。选用合适的数学模型来描述问题,确定决策变量,建立目标函数、约束条件等,并据此建立相应的运筹学模型。

(3) 求解模型。确定与数学模型有关的各种参数,选择求解方法,求出解。解可以是最优解、次优解、满意解。

(4) 解的检验。首先检查求解步骤和程序有无错误,然后检查解是否反映现实问题。

(5) 解的控制。通过灵敏度分析等方法,对所求的解进行分析和评价,并据此对问题的提出和建模阶段进行修正。

(6) 解的实施。提供决策所需的依据、信息和方案,帮助决策者决定处理问题的方针和行动。

我们要把管理运筹学的教学与当前经济管理的实践紧密结合起来,要认识到学习管理运筹学的目的是用运筹学的方法去解决经济管理中的问题,而不是为学习运筹学而学习。在学习管理运筹学的方法时,一定要结合经济管理中的实际问题,要在解决实际问题的过程中学习运筹学的方法。另外,学习管理运筹学必须使用相应的计算机软件,必须注重学以致用的原则。本书结合 Excel 和 Lingo 这两种软件,对管理运筹学中的各种模型和方法给出了相应的软件应用。

第 2 章

线 性 规 划

本章学习目标

- 掌握线性规划的建模方法以及模型特征；
- 理解单纯形法与对偶单纯形法的基本思想，掌握两种方法的基本步骤、适用前提以及它们之间的区别与联系；
- 理解对偶问题的基本性质、经济解释以及在管理决策中的应用；
- 理解灵敏度分析的作用与意义，掌握灵敏度分析工具与分析内容。

本章需掌握的基本概念与基本方法

- 线性规划与线性规划标准形式；
- 可行解、基解、基可行解、最优解；
- 凸集、顶点、可行域；
- 检验系数、最小 θ 比值；
- 对偶问题与影子价格；
- 图解法、单纯形法、大 M 法、两阶段法、对偶单纯形法；
- 灵敏度分析。

2.1 问题的提出

线性规划是运筹学的一个重要分支，是帮助管理者做出决策的有效方法之一。在经济管理活动中，通常需要对有限的资源寻求最佳的利用或分配方式。任何资源，如劳动力、原材料、设备或资金等都是有限的，因此，必须进行合理的配置，寻求最佳的利用方式。所谓最佳的方式，必须有一个标准或目标，在单一目标问题中，就是使利润达到最大或成本达到最小，由此可以把有限资源的合理配置归纳为**两类问题**：一类是如何合理地使用有限的资源，使经济管理的效益达到最大；另一类是在经济管理的任务确定的条件下，如何合理地组织、安排活动，使所消耗的资源数最少，这是最常见的两类规划问题。

与规划问题有关的数学模型主要由以下内容组成：一部分是约束条件，反映有限资源对经济管理活动的种种约束，或者必须完成的任务；另一部分是目标函数，反映决策者在有限资源条件下希望达到的目标。在学习具体内容之前，要先了解以下问题。

第 2 章 线性规划

【例 2.1】 SY 公司计划生产Ⅰ、Ⅱ两种家电产品。已知各生产一件产品时分别占用设备的台时(小时/件)以及人工(小时/件)和资源总量,各售出一件产品时的收益(元/件)情况,见表 2.1。问该公司应如何生产可使获取的总收益为最大?这是一个如何合理地使用有限资源产生最大收益的问题。

表 2.1

产品 资源	Ⅰ	Ⅱ	现有资源
设备台时	2	3	300
人工	2	1.5	150
收益	100	120	

【例 2.2】 某加工厂要制作 100 套钢架,每套要用长为 2.9 m、2.1 m 和 1.5 m 的圆钢各一根。已知原料长为 7.4 m,问应如何下料可使所用材料最省?这是一个典型的在生产任务确定条件下,如何合理地组织生产(下料),使所消耗资源数量最少的问题。

【例 2.3】 某商场是个中型百货商场,现在需要对营业员的工作时间做出安排,营业员每周工作五天,休息两天,并要求休息的两天是连续的。问题归结为:如何安排营业员的作息时间,既能满足工作需要,又使配备的营业员人数最少?这是一个人力资源合理安排问题。

对营业员的需求进行统计分析,得到营业员每天的需求人数见表 2.2。

表 2.2

时 间	所需营业员人数	时 间	所需营业员人数	时 间	所需营业员人数
星期日	28 人	星期三	25 人	星期六	28 人
星期一	15 人	星期四	19 人		
星期二	24 人	星期五	31 人		

【例 2.4】 某部门现拥有资金 100 万元,可在今后 5 年中用于投资,拟议中的项目有 A、B、C、D 四个,各项目的投资周期及收益见表 2.3。需要解决的问题是:假定资金年初投资,投资周期末收回,那么该如何做出投资决策,能使五年末积累的资金最多?

表 2.3

项 目	A	B	C	D
投资周期	1 年	2 年	4 年	5 年
年投资收益率	8%	10%	16%	20%

上述四个问题是典型的线性规划问题,将分别在 2.2 和 2.9 节中加以讨论。

2.2 问题的数学模型

现在运用线性规划数学模型构建思路对**例 2.1** 和**例 2.2** 进行讨论。

例 2.1 中,先用变量 x_1 和 x_2 分别表示 SY 公司制造家电Ⅰ和Ⅱ的数量。这时该公司可获取的总收益为 $(100x_1+120x_2)$ 元,令 $z=(100x_1+120x_2)$ 元,因问题中要求获取的总收益为最大,即 max z。z 是该公司能获取的总收益的目标值,它是变量 x_1 和 x_2 的函数,称为目标函数。

x_1、x_2 的取值受到设备和工时能力的限制，用于描述限制条件的数学表达式称为约束条件。由此，例 2.1 的数学模型可表示为

目标函数 $\quad\max z = 100x_1 + 120x_2$

约束条件

$$\text{s.t.}\begin{cases} 2x_1 + 3x_2 \leq 300 & (2.1a) \\ 2x_1 + 1.5x_2 \leq 150 & (2.1b) \\ x_1, x_2 \geq 0 & (2.1c) \end{cases}$$

模型中的式(2.1a)和式(2.1b)分别表示家电Ⅰ，Ⅱ的制造件数受设备和工时能力的限制，式(2.1c)称为变量的非负约束，表明家电Ⅰ、Ⅱ制造数量不可能为负值。

例 2.2 可以这样考虑：在长度确定的原料上截取三种不同规格的圆钢，有不同的下料方案，但是各种下料方案的基本原则是下料以后剩下的余料足够少，已不能再截下任何一种规格的圆钢，即余料的长度必须短于 1.5 m。这样可以归纳出 8 种不同的下料方案，按余料长度逐步递增排序可得表 2.4。

表 2.4

圆钢/m \ 下料方案	①	②	③	④	⑤	⑥	⑦	⑧
2.9	1	2	0	1	0	1	0	0
2.1	0	0	2	2	1	1	3	0
1.5	3	1	2	0	3	1	0	4
余料/m	0	0.1	0.2	0.3	0.8	0.9	1.1	1.4

由此，问题归纳为如何混合使用这 8 种不同的下料方案来制造 100 套钢架，且要使剩余的料头总长为最短。

可假设 x_j 为第 j 种下料方案的取料根数，$j = 1, 2, \cdots, 8$，目标是使余料总长度 z 极小化，则

$$z = 0.1x_2 + 0.2x_3 + 0.3x_4 + 0.8x_5 + 0.9x_6 + 1.1x_7 + 1.4x_8$$

100 套钢架生产任务的约束条件为

$$x_1 + 2x_2 + x_4 + x_6 = 100$$
$$2x_3 + 2x_4 + x_5 + x_6 + 3x_7 = 100$$
$$3x_1 + x_2 + 2x_3 + 3x_5 + x_6 + 4x_8 = 100$$

同时要求 x_j ($j = 1, 2, 3, \cdots, 8$) 大于零且为整数。

所以，本例合理下料问题的线性规划模型为

$$\min z = 0.1x_2 + 0.2x_3 + 0.3x_4 + 0.8x_5 + 0.9x_6 + 1.1x_7 + 1.4x_8$$

$$\text{s.t.}\begin{cases} x_1 + 2x_2 + x_4 + x_6 = 100 \\ 2x_3 + 2x_4 + x_5 + x_6 + 3x_7 = 100 \\ 3x_1 + x_2 + 2x_3 + 3x_5 + x_6 + 4x_8 = 100 \\ x_j \geq 0 (j = 0, 1, 2, \cdots, 8, \text{且为整数}) \end{cases} \quad (2.2)$$

上述两个例子表明，规划问题的数学模型由三部分组成：(1)**变量**，或称决策变量，是问题中要确定的未知量，用于表明规划中用数量表示的方案、措施，可由决策者决定和控制；(2)**目标函数**，是决策变量的函数，按优化目标分别在这个函数前加上 max 或 min；(3)**约束条件**，指决策变量取值时受到各种资源条件的限制，通常用含决策变量的等式或不等式来表达。如果在规划问题的数学模型中，决策变量的取值是连续的，目标函数是决策变量的线性函数，约束条件是含决策变量的线性等式或不等式，则该类规划问题的数学模型称为线性规划的数学模型。实际问题中线性的含义，一是严格的比例性，如生产某产品对资源的消耗量和可获取的利润，同其生产数量严格成比例；二是可叠加性，如生产多种产品时，可获取的总利润是各项产品的利润之和，对某项资源的消耗量应等于各产品对该项资源消耗量的和。

假定线性规划问题中含 n 个变量，分别用 x_j $(j=1,\cdots,n)$ 表示，在目标函数中 x_j 的系数为 c_j，通常称 c_j 为**价值系数**，x_j 的取值受 m 项资源的限制；用 b_i $(i=1,\cdots,m)$ 表示第 i 种资源的拥有量，b_i 称为**资源系数**；用 a_{ij} 表示变量 x_j 取值为 1 个单位时所消耗或含有第 i 种资源的数量，通常称 a_{ij} 为**约束系数**或**工艺系数**，则上述线性规划问题的数学模型可表示为

$$\max(\text{或}\min)z = c_1x_1 + c_2x_2 + \cdots + c_nx_n$$

$$\text{s.t.}\begin{cases} a_{11}x_1 + a_{12}x_2 + \cdots + a_{1n}x_n \leqslant (\text{或} =, \geqslant)b_1 \\ a_{21}x_1 + a_{22}x_2 + \cdots + a_{2n}x_n \leqslant (\text{或} =, \geqslant)b_2 \\ \qquad\qquad\qquad \vdots \\ a_{m1}x_1 + a_{m2}x_2 + \cdots + a_{mn}x_n \leqslant (\text{或} =, \geqslant)b_m \\ x_1, x_2, \cdots, x_n \geqslant 0 \end{cases} \quad (2.3)$$

该模型的简写形式为

$$\max(\text{或}\min)z = \sum_{j=1}^{n} c_j x_j$$

$$\text{s.t.}\begin{cases} \sum_{j=1}^{n} a_{ij}x_j \leqslant (\text{或} =, \geqslant)b_i & (i=1,2,\cdots,m) \\ x_j \geqslant 0 & (j=1,2,\cdots,n) \end{cases} \quad (2.4)$$

用向量形式表达时，该模型可写为

$$\max(\text{或}\min)z = CX$$

$$\text{s.t.}\begin{cases} \sum_{j=1}^{n} \boldsymbol{P}_j x_j \leqslant (\text{或} =, \geqslant)\boldsymbol{b} \\ \boldsymbol{X} \geqslant 0 \end{cases} \quad (2.5)$$

式中，$\boldsymbol{C} = (c_1, c_2, \cdots, c_n), \boldsymbol{X} = \begin{bmatrix} x_1 \\ x_2 \\ \vdots \\ x_n \end{bmatrix}, \boldsymbol{P}_j = \begin{bmatrix} a_{1j} \\ a_{2j} \\ \vdots \\ a_{mj} \end{bmatrix}, \boldsymbol{b} = \begin{bmatrix} b_1 \\ b_2 \\ \vdots \\ b_n \end{bmatrix}$。

用矩阵和向量来表示可写为

$$\max(\min) z = \boldsymbol{CX}$$
$$\text{s.t.} \begin{cases} \boldsymbol{AX} \leq (\text{或} =, \geq) \boldsymbol{b} \\ \boldsymbol{X} \geq 0 \end{cases} \quad (2.6)$$

$$\boldsymbol{A} = \begin{bmatrix} a_{11} & a_{12} & \cdots & a_{1n} \\ a_{21} & a_{21} & \cdots & a_{2n} \\ \vdots & \vdots & \vdots & \vdots \\ a_{m1} & a_{m2} & \cdots & a_{mn} \end{bmatrix}$$

式中，$\boldsymbol{A}$ 称为约束方程组(约束条件)的**系数矩阵**。

变量 x_j 的取值一般为非负，$x_j \geq 0$。在数学意义上，可以有 $x_j \leq 0$。又如果变量 x_j 表示第 j 种产品本期内产量相对于前期产量的增加值，则 x_j 的取值范围为 $(-\infty, +\infty)$，称 x_j 取值不受约束，或 x_j 无约束。

2.3 线性规划问题的标准形式

2.3.1 标准形式

由于目标函数和约束条件内容和形式上的差别，线性规划问题可以有多种表达式。为了便于讨论和制定统一的求解方法，规定线性规划问题的标准形式如下：

$$\max z = \sum_{j=1}^{n} c_j x_j$$
$$\text{s.t.} \begin{cases} \sum_{j=1}^{n} a_{ij} x_j = b_i & (i = 1, \cdots, m) \\ x_j \geq 0 & (j = 1, \cdots, n) \end{cases} \quad (2.7)$$

式(2.7)用矩阵和向量来表示可写为。

$$\max z = \boldsymbol{CX}$$
$$\text{s.t.} \begin{cases} \boldsymbol{AX} = \boldsymbol{b} \\ \boldsymbol{X} \geq 0 \end{cases} \quad (2.8)$$

标准形式的线性规划模型中，必须符合以下四个条件：
(1) 目标函数为极大化型；
(2) 约束条件全为等式；
(3) 约束条件右端常数项 b_i 全为非负值；
(4) 变量 x_j 的取值全为非负值。

2.3.2 非标准形式线性规划的转换

对不符合标准形式的线性规划问题，可分别通过下列方法化为标准形式。

(1) 目标函数为求极小值的转换。设目标函数为

$$\min z = \sum_{j=1}^{n} c_j x_j$$

因为求 $\min z$ 等价于求 $\max(-z)$，所以令 $z' = -z$，即

$$\max z' = -\sum_{j=1}^{n} c_j x_j$$

(2) 右端项 $b_i<0$ 时，只需将等式或不等式两端同乘以 -1，则等式右端项必大于零。

(3) 约束条件为不等式。当约束条件为"$\leqslant$"时，如 $7x_1 + 3x_2 \leqslant 34$，可令 $7x_1 + 3x_2 + x_3 = 34$，显然 $x_3 \geqslant 0$；当约束条件为"$\geqslant$"时，如有 $15x_1 + 2x_2 \geqslant 10$，可令 $15x_1 + 2x_2 - x_4 = 10, x_4 \geqslant 0$。$x_3$ 和 x_4 是新加上去的变量，取值均为非负，加到原约束条件中去的目的是使不等式转化为等式。其中，x_3 称为**松弛变量**，x_4 一般称为**剩余变量**。松弛变量或剩余变量在实际问题中分别表示未被充分利用的资源和超出的资源数，均未转化为价值和利润，所以引进模型后它们在目标函数中的系数均为零。

(4) 取值无约束的变量。如果变量 x 代表某产品当年计划数与上一年计划数之差，显然 x 的取值可能为正也可能为负，这时可令 $x = x' - x''$，其中 $x' \geqslant 0, x'' \geqslant 0$，将其代入线性规划模型即可。

(5) 对 $x<0$ 的情况，令 $x = -x'$，显然 $x' \geqslant 0$。

【例 2.5】 将下述线性规划化为标准形式：

$$\min z = 7x_1 + 3x_2 + 5x_3$$

$$\text{s.t.} \begin{cases} -2x_1 + 3x_2 + x_3 \leqslant 6 \\ -4x_1 + 2x_2 - 2x_3 \geqslant 3 \\ 5x_1 - 3x_2 - 2x_3 = -6 \\ x_1 \leqslant 0, x_2 \geqslant 0, x_3 \text{取值无约束} \end{cases}$$

解：上述问题中令 $z' = -z$，$x_1 = -x_1'$，$x_3 = x_3' - x_3''$，其中 $x_3' \geqslant 0$，$x_3'' \geqslant 0$，并按上述规则，该问题的标准形式为

$$\max z' = 7x_1' - 3x_2 - 5x_3' + 5x_3'' + 0x_4 + 0x_5$$

$$\text{s.t.} \begin{cases} 2x_1' + 3x_2 + x_3' - x_3'' + x_4 = 6 \\ 4x_1' + 2x_2 - 2x_3' + 2x_3'' - x_5 = 3 \\ 5x_1' + 3x_2 + 2x_3' - 2x_3'' = 6 \\ x_1', x_2, x_3', x_3'', x_4, x_5 \geqslant 0 \end{cases}$$

2.4 标准型线性规划解的概念

考虑以下标准的线性规划问题：

$$\max z = \boldsymbol{CX} \tag{2.9}$$

$$\text{s.t.} \begin{cases} AX = b & (2.10) \\ X \geqslant 0 & (2.11) \end{cases}$$

其中，C 是 n 维行向量；X 是 n 维列向量；b 是 m 维列向量；A 是 $m \times n$ 阶矩阵。通常可假定 $m \times n$ 阶矩阵满足 $m \leqslant n$，而且 A 的秩 $R(A) = m$，否则可以删去一些多余等式，使之满足条件。

下面介绍线性规划问题各种解的概念。

(1) **可行解**。满足上述约束条件式 (2.10) 和式 (2.11) 的 $X = [x_1, \cdots, x_n]^T$，称为线性规划问题的**可行解**，全部可行解的集合称为**可行域**。

(2) **最优解**。使目标函数 (2.9) 达到最大值的可行解称为**最优解**。

(3) **基**。设 A 为约束方程组 (2.10) 的 $m \times n$ 阶系数矩阵 (设 $n > m$)，其秩为 m；B 是矩阵 A 中的一个 $m \times m$ 阶的满秩子矩阵，称为线性规划问题的一个**基**。不失一般性地，设

$$B = \begin{bmatrix} a_{11} & \cdots & a_{1m} \\ \vdots & & \vdots \\ a_{m1} & \cdots & a_{mm} \end{bmatrix} = (P_1, \cdots, P_m)$$

B 中的每个列向量 P_j ($j = 1, \cdots, m$) 称为**基向量**，与基向量 P_j 对应的变量 x_j 称为**基变量**。线性规划中除基变量以外的变量称为**非基变量**。

(4) **基解**。在约束方程组 (2.10) 中，令所有非基变量 $x_{m+1} = x_{m+2} = \cdots = x_n = 0$，又因为有 $|B| \neq 0$，根据克莱姆规则，由 m 个约束方程可解出 m 个基变量的唯一解 $X_B = [x_1, \cdots, x_m]^T$。将这个解加上非基变量取 0 的值，有 $X = [x_1, \cdots, x_m, 0, \cdots, 0]^T$，称为线性规划问题的**基解**。显然，在基解中变量取非零值的个数不大于方程数 m，故基解的总数不超过 C_n^m 个。

(5) **基可行解**。满足变量非负约束条件式 (2.11) 的基解称为**基可行解**。

(6) **可行基**。对应于基可行解的基称为**可行基**。

【**例 2.6**】 求出下列线性规划问题的全部基解，指出其中的基可行解，并确定最优解：

$$\max z = 3x_1 + 2x_2$$

$$\text{s.t.} \begin{cases} x_1 + x_2 + x_3 = 4 \\ 2x_1 + 6x_2 + x_4 = 12 \\ x_j \geqslant 0, \ (j = 1, \cdots, 4) \end{cases}$$

该线性规划问题的全部基解见表 2.5，表中打 √ 者为基可行解，标注 * 者为最优解 $z^* = 12$。

表 2.5

序号	x_1	x_2	x_3	x_4	z	是否基可行解
①	0	0	4	12	0	√
②	0	4	0	−12	8	×
③	0	2	2	0	4	√
④	4	0	0	4	12	√*
⑤	6	0	−2	0	18	×
⑥	3	1	0	0	11	√

2.5 线性规划的图解法

线性规划的图解法是借助几何图形来求解线性规划的一种方法。这种方法通常只适用于求解两个变量的线性规划问题，因此它不是线性规划问题的通常算法，但是有助于直观地了解线性规划的基本性质以及将在 2.6 节介绍的单纯形法的基本思想。

2.5.1 图解法的基本步骤

【例 2.7】 利用图解法求解下列线性规问题：

$$\max z = 10x_1 + 5x_2$$
$$\text{s.t.} \begin{cases} 3x_1 + 4x_2 \leqslant 9 & (2.12a) \\ 5x_1 + 2x_2 \leqslant 8 & (2.12b) \\ x_1, x_2 \geqslant 0 & (2.12c) \end{cases}$$

现结合例 2.7 对图解法的主要步骤进行说明：

(1) 以变量 x_1 为横坐标轴、x_2 为纵坐标轴画出直角平面坐标系，并适当选取单位坐标长度。由变量的非负约束条件式(2.12c)知，满足该约束条件的解(对应坐标系中的一个点)均在第 1 象限内。

(2) 图示约束条件，找出可行域。约束条件式(2.12a)可分解为 $3x_1 + 4x_2 = 9$ 和 $3x_1 + 4x_2 < 9$，前者是斜率为 $-\dfrac{3}{4}$ 的直线，后者为位于这条直线下方的半平面。因此，$3x_1 + 4x_2 \leqslant 9$ 是位于直线 $3x_1 + 4x_2 = 9$ 的点及其下方的半平面，如图 2.1 所示。类似地，约束条件式(2.12b)，在坐标系中是 $5x_1 + 2x_2 = 8$ 这条直线上的点及其左下方的半平面。同时满足约束条件式(2.12a)～式(2.12c)的点如图 2.2 所示，图中的凸多边形 $OABC$ 所包含的区域(用阴影线表示)是例 2.7 线性规划问题的**可行域**。

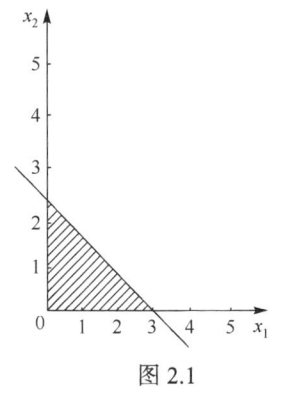

图 2.1

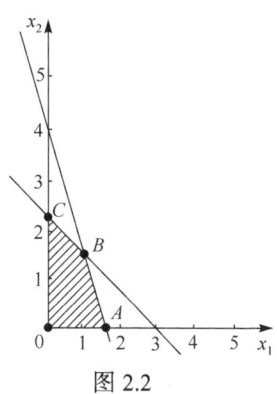

图 2.2

(3) 图示目标函数。由于 z 是一个要优化的目标函数值，随 z 的变化，$z = 10x_1 + 5x_2$ 是斜率为 -2 的一族平行的直线，如图 2.3 所示，图中向量 **P** 代表目标函数值 z 的增大方向。

(4) 最优解的确定。因最优解是可行域中使目标函数值达到最优的点，将图 2.2 和图 2.3 合并得到图 2.4，可以看出，当代表目标函数的那条直线由原点开始向右上方移动时，z 值逐渐增大，一直移动到目标函数的直线与约束条件包围成的凸多边形相切时为止，切点就是代表最优解的点。因为再继续向右上方移动，z 值仍然可以增大，但在目标函数的直线上找不出一个点位于约束条件包围成的凸多边形内部或边界上。

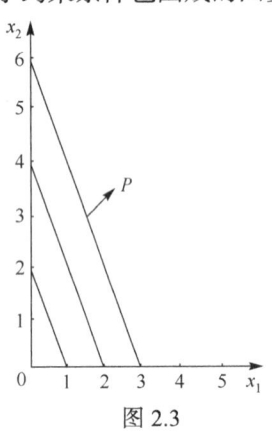
图 2.3

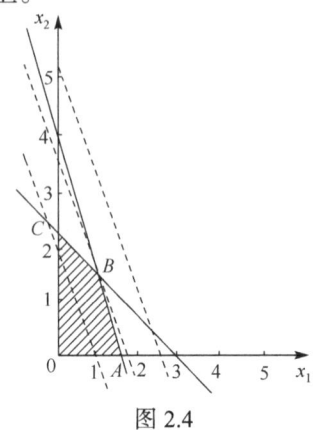
图 2.4

本例中目标函数直线与凸多边形的切点是 B，该点坐标可由求解直线方程 $3x_1 + 4x_2 = 9$ 和 $5x_1 + 2x_2 = 8$ 得到，$\boldsymbol{X}^* = \left[1, \dfrac{3}{2}, 0, 0\right]^\mathrm{T}$，将其代入目标函数得 $z^* = 17.5$。

2.5.2 图解法的几种可能结果

在运用图解法求解线性规划过程中，除了存在上述唯一最优解的结果，还可能存在多个解、无界解和无可行解，下面分别讨论总结。

(1) 可行域为封闭的有界区域

① 存在唯一最优解，如图 2.5 所示。

② 存在无穷多最优解，如图 2.6 所示。

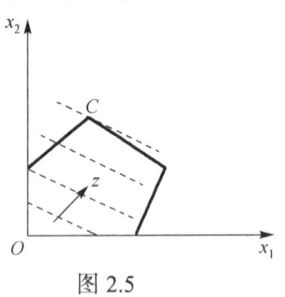

图 2.5　　　　　图 2.6

(2) 可行域为非封闭的无界区域。

① 存在唯一最优解，如图 2.7 所示。

② 存在无穷多最优解，如图 2.8 所示。

③ 存在无界解，如图 2.9 所示。

(3) 可行域为空集。这种情况下无可行解，如图 2.10 所示。

2.5.3 图解法基本结论

对于两个变量的线性规划问题，可以利用图解法求解，从几何的角度得出以下几个结论。

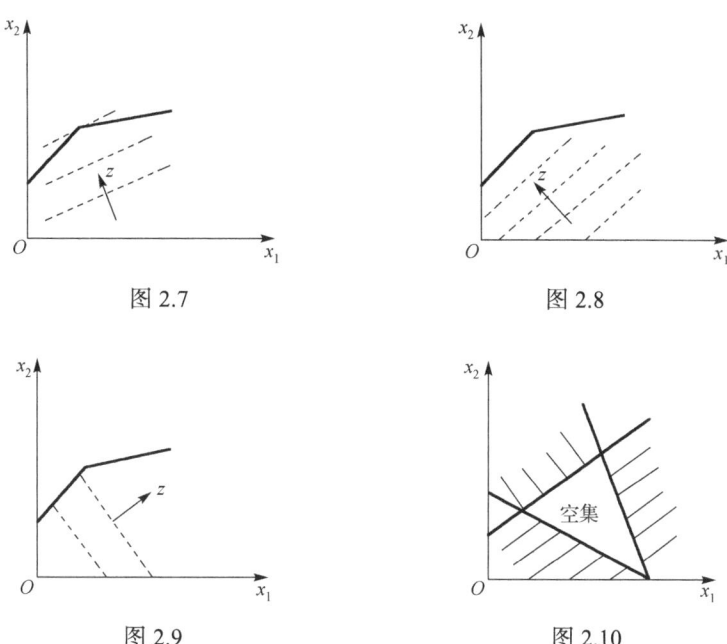

图 2.7　　　　　　　　　　　图 2.8

图 2.9　　　　　　　　　　　图 2.10

(1) 线性规划问题的可行域是一个有界或无界的凸多边形，其顶点个数是有限个，且对应该问题的基可行解。

(2) 若线性规划问题有唯一最优解，那么最优解一定可在可行域的某个顶点（基可行解）上找到。

(3) 求解线性规划问题时，解的可能情况有：唯一最优解、无穷多最优解、无界解、无可行解等。

2.6　线性规划的单纯形法

在图解法中，线性规划可行域的顶点与线性规划的基可行解之间存在的对应关系，启发我们思考如下问题：若线性规划问题有最优解，那么这个最优解是否一定能在线性规划的基可行解中找到？如果结论是肯定的，那么线性规划问题的求解过程将大大简化。因为线性规划问题的基可行解的个数不会超过 C_n^m 个，在有限个基可行解中寻找最优解显然要比在所有可行解中寻找方便得多。单纯形法就是一种基于上述基本结论提出的求解线性规划的通用算法，下面将从理论上做出证明。

2.6.1　单纯形法的基本原理

1. 几个基本概念

(1) **凸集**。设 K 是 n 维欧氏空间的一个点集，若在任意两点 $\boldsymbol{X}^{(1)} \in K$ 和 $\boldsymbol{X}^{(2)} \in K$ 的连线上的一切点，有 $\alpha \boldsymbol{X}^{(1)} + (1-\alpha)\boldsymbol{X}^{(2)} \in K$（$0 \leq \alpha \leq 1$），则称 K 为**凸集**。

凸集的几何特征是：连接几何形体中任意两点的线段仍完全在该几何形体之中。不难证明：有限个凸集的交集仍然是凸集。

(2) 凸组合。设 $X^{(1)}, X^{(2)}, \cdots, X^{(k)}$ 是 n 维欧氏空间中的 k 个点，若存在 $\mu_1, \mu_1, \cdots, \mu_k$ 满足 $0 \leq \mu_i \leq 1$ ($i=1, 2, \cdots, k$)，$\sum_{i=1}^{k} \mu_i = 1$，使 X 为 $X^{(1)}, X^{(2)}, \cdots, X^{(k)}$ 的凸组合。

显然，凸集 K 中任意两点 $X^{(1)}$ 和 $X^{(2)}$ 连线上的任一点 X 都是 $X^{(1)}$ 与 $X^{(2)}$ 的一个凸组合。

(3) 顶点。设 K 为凸集，$X \in K$，若 X 不能用 $X^{(1)} \in K$ 和 $X^{(2)} \in K$ 两点的一个凸组合表示为 $\alpha X^{(1)} + (1-\alpha) X^{(2)} \in K (0 \leq \alpha \leq 1)$，则称 X 为 K 的一个顶点。

2．线性规划的基本定理

定理 1 若线性规划问题存在可行域，则其可行域 $D = \{X \mid AX = b, X \geq 0\}$ 是一个凸集。（证明见附录 A）

定理 2 设线性规划问题的可行域 $D = \left\{X \mid \sum_{j=1}^{n} P_j x_j = b, x_j \geq 0, j=1,2,\cdots,n\right\}$，则 X 是 D 的一个顶点的充分必要条件是 X 为线性规划问题的基可行解。（证明见附录 A）

定理 3 若线性规划问题有最优解，则一定存在一个基可行解是最优解。（证明见附录 A）

2.6.2 单纯形法的基本思路

由**定理 3** 可知，如果线性规划问题存在最优解，则一定有一个基可行解是最优解。因此，单纯形法迭代的基本思路是：先找出一个基可行解，判断其是否为最优解，如为否，则通过换基迭代转换到相邻的基可行解，并使目标函数值不断增大，这称为换基迭代，直至找到最优解为止。单纯形法的基本思路如图 2.11 所示。下面通过一个例子来解释单纯形法求解最优解的基本过程。

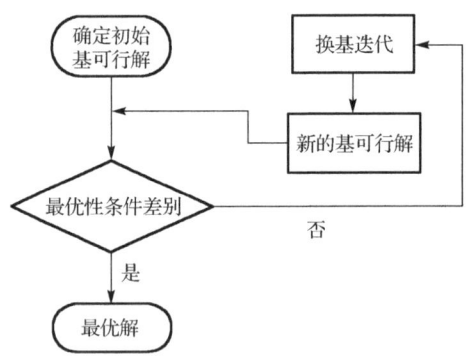

图 2.11 单纯形法的基本过程

【**例 2.8**】 用单纯形基本思路求解例 2.7 的线性规划问题：

$$\max z = 10x_1 + 5x_2$$

$$\text{s.t.} \begin{cases} 3x_1 + 4x_2 \leq 9 \\ 5x_1 + 2x_2 \leq 8 \\ x_1, x_2 \geq 0 \end{cases}$$

解：(1) 化为标准形式

$$\max z = 10x_1 + 5x_2 + 0x_3 + 0x_4$$
$$\text{s.t.} \begin{cases} 3x_1 + 4x_2 + x_3 = 9 \\ 5x_1 + 2x_2 + x_4 = 8 \\ x_1, x_2, x_3, x_4 \geq 0 \end{cases}$$

(2) 确定初始的基可行解。本例中 $A = [P_1, P_2, P_3, P_4] = \begin{bmatrix} 3 & 4 & 1 & 0 \\ 5 & 2 & 0 & 1 \end{bmatrix}$，$b = \begin{bmatrix} 9 \\ 8 \end{bmatrix}$，$C = [10, 5, 0, 0]$，因为在系数矩阵 A 中存在一个单位矩阵 $B_1 = [P_3, P_4] = \begin{bmatrix} 1 & 0 \\ 0 & 1 \end{bmatrix}$，所以容易确定一个初始的基可行解。可取 x_3、x_4 为基变量，x_1、x_2 为非基变量，此时令非基变量为零，求得初始基可行解为 $X^{(0)} = [0, 0, 9, 8]^T$，相当于图 2.4 中的原点 O，此时，目标值 $z^{(0)} = 0$。

(3) 最优性判断。判断 $X^{(0)} = [0, 0, 9, 8]^T$ 是否最优。由该问题的约束方程可得 $x_3 = 9 - 3x_1 - 4x_2$，$x_4 = 8 - 5x_1 - 2x_2$，将此二式代入目标函数，用非基变量来表示目标函数，此时 $z = 10x_1 + 5x_2$，$[10, 5]$ 为判断 $X^{(0)}$ 是否为最优解的检验系数，用 σ_1、σ_2 表示，$\sigma_i (i=1,2)$ 称为最优性判断的**检验系数**。因为 $\sigma_1 > 0, \sigma_2 > 0,$，所以无论 x_1 或 x_2 变为基变量(进基)都能使当前的目标值 $z^{(0)}$ 增加，据此判断，$X^{(0)}$ 不是最优解。

(4) 换基迭代，求新的基可行解。换基的目的是找一个非基变量作为进基(换入)变量，同时确定一个基变量作为出基(换出)变量，以使新的解目标值增加，同时新的解又在基可行解集合内。

①选择进基变量。按最大目标值增加原则，$\max[\sigma_1, \sigma_2] = [10, 5] = 10$，所以 x_1 为进基变量。

②确定出基变量。因为 x_2 未被选为进基变量，所以仍为非基变量，令 $x_2 = 0$，由该问题的约束方程得 $x_3 = 9 - 3x_1, x_4 = 8 - 5x_1$。为保持新的解在基可行解范围内，无论是 x_3 或 x_4 被选为出基变量，都需满足 $x_3 \geq 0$，$x_4 \geq 0$，即 $9 - 3x_1 \geq 0, 8 - 5x_1 \geq 0$，得到 $x_1 \leq \frac{9}{3}$，$x_1 \leq \frac{8}{5}$。令 $\theta_1 = \frac{9}{3}$，$\theta_2 = \frac{8}{5}$，称 $\frac{9}{3}$ 和 $\frac{8}{5}$ 为 θ 比值，此时应取 $\min \theta_i = \left\{\frac{9}{3}, \frac{8}{5}\right\} = 1.6 (i=1,2)$，才能保证 $x_3 \geq 0$，$x_4 \geq 0$，由此得到出基变量为 x_4。从这里可以看出 θ 比值是判断出基变量的指标。

③迭代，求新的基可行解。可对约束方程组的增广矩阵进行初等行变换，使进基变量 x_1 所对应的系数列向量 $P_1 = \begin{bmatrix} 3 \\ 5 \end{bmatrix}$ 变换成出基变量 x_4 所对应的单位向量 $P_4 = \begin{bmatrix} 0 \\ 1 \end{bmatrix}$，需要注意的是，在变换过程中必须保持基变量 x_3 的系数列向量 $P_3 = \begin{bmatrix} 0 \\ 1 \end{bmatrix}$ 为单位向量不变。

$$\begin{bmatrix} 3 & 4 & 1 & 0 & 9 \\ 5 & 2 & 0 & 1 & 8 \end{bmatrix} \xrightarrow{\text{第二行除以5}} \begin{bmatrix} 3 & 4 & 1 & 0 & 9 \\ 1 & \frac{2}{5} & 0 & \frac{1}{5} & \frac{8}{5} \end{bmatrix} \xrightarrow{\text{第一行减去第二行乘以3}} \begin{bmatrix} 0 & \frac{14}{5} & 1 & -\frac{3}{5} & \frac{21}{5} \\ 1 & \frac{2}{5} & 0 & \frac{1}{5} & \frac{8}{5} \end{bmatrix} \quad (2.13)$$

下面的增广矩阵是在原约束方程组增广矩阵的基础上通过初等行变换得到的，因此所对应的约束方程组与原约束方程组是同解的线性方程组，在讨论中具有同等地位，由此可得到

改进的新基可行解 $X^{(1)}$。此时，$X^{(1)} = \left[\dfrac{8}{5}, 0, \dfrac{21}{5}, 0\right]^{\mathrm{T}}$，$z^{(1)} = 16$，相当于图 2.4 中的 A 点。

(5) 回到最优性判断。判断 $X^{(1)} = \left[\dfrac{8}{5}, 0, \dfrac{21}{5}, 0\right]^{\mathrm{T}}$ 是否为最优解，由式(2.13)最终的增广矩阵可以得到 $x_3 = \dfrac{21}{5} - \dfrac{14}{5}x_2 + \dfrac{3}{5}x_4$，$x_1 = \dfrac{8}{5} - \dfrac{2}{5}x_2 - \dfrac{1}{5}x_4$。将此二式代入目标函数，用非基变量来表示目标函数，此时，

$$z = 10x_1 + 5x_2 = 16 + \underset{\underset{\sigma_2}{\uparrow}}{x_2} - \underset{\underset{\sigma_4}{\uparrow}}{2x_4}$$

由于非基变量检验系数 $\sigma_2 = 1$ 大于零，表明若 x_2 进基，则能使当前的目标值 16 增加，所以 $X^{(1)} = \left[\dfrac{8}{5}, 0, \dfrac{21}{5}, 0\right]^{\mathrm{T}}$ 不是最优解，需改进。

(6) 再次换基迭代，求新的基可行解。
①选择进基变量。因为只有 x_2 的检验系数 $\sigma_2 > 1$，所以选取 x_2 为进基变量。
②确定出基变量。由于 x_4 仍然为非基变量，所以令 $x_4 = 0$，由式(2.13)最终的增广矩阵可得 $x_3 = \dfrac{21}{5} - \dfrac{14}{5}x_2$，$x_1 = \dfrac{8}{5} - \dfrac{2}{5}x_2$。为了保证新的解在基可行解范围中，需满足 $x_3 = \dfrac{21}{5} - \dfrac{14}{5}x_2 \geq 0$，$x_1 = \dfrac{8}{5} - \dfrac{2}{5}x_2 \geq 0$，计算 θ 比值得 $\theta_1 = \dfrac{3}{2}$，$\theta_2 = 4$，取 $\min \theta_i = \left\{\dfrac{3}{2}, 4\right\} = \dfrac{3}{2}$ $(i = 1, 2)$，表明出基变量是 x_3。

③迭代，求新的基可行解。对式(2.13)再施以初等行变换，使进基变量 x_2 所对应的系数列向量 $P_2 = \begin{bmatrix} \dfrac{14}{5} \\ \dfrac{2}{5} \end{bmatrix}$ 变换成出基变量 x_3 所对应的单位向量 $P_3 = \begin{bmatrix} 1 \\ 0 \end{bmatrix}$，见式(2.14)。需要注意的是，在变换过程中必须保持基变量 x_1 的系数列向量 $P_1 = \begin{bmatrix} 1 \\ 0 \end{bmatrix}$ 为单位向量不变。变换过程如下：

$$\begin{bmatrix} 0 & \dfrac{14}{5} & 1 & -\dfrac{3}{5} & \dfrac{21}{5} \\ 1 & \dfrac{2}{5} & 0 & \dfrac{1}{5} & \dfrac{8}{5} \end{bmatrix} \xrightarrow{\text{第一行除以}\frac{14}{5}} \begin{bmatrix} 0 & 1 & \dfrac{5}{14} & -\dfrac{3}{14} & \dfrac{3}{2} \\ 1 & \dfrac{2}{5} & 0 & \dfrac{1}{5} & \dfrac{8}{5} \end{bmatrix} \xrightarrow{\text{第二行减去第一行乘以}\frac{2}{5}} \begin{bmatrix} 0 & 1 & \dfrac{5}{14} & -\dfrac{3}{14} & \dfrac{3}{2} \\ 1 & 0 & -\dfrac{1}{7} & \dfrac{2}{7} & 1 \end{bmatrix} \quad (2.14)$$

于是可得新的基可行解 $X^{(2)} = \left[1, \dfrac{3}{2}, 0, 0\right]^{\mathrm{T}}$，$z^{(1)} = 17.5$，相当于图解法例 6 中图 2.4 的 B 点。

(7) 再次回到最优性判断。判断 $X^{(2)} = \left[1, \dfrac{3}{2}, 0, 0\right]^{\mathrm{T}}$ 是否为最优解，由式(2.14)最终的增广矩阵可得 $x_2 = \dfrac{3}{2} - \dfrac{5}{14}x_3 + \dfrac{3}{14}x_4$，$x_1 = 1 + \dfrac{1}{7}x_3 - \dfrac{2}{7}x_4$，将此二式代入目标函数，用非基变量来表示目标函数，此时有

$$z = 10x_1 + 5x_2 = 17\frac{1}{2} - \frac{5}{14}x_3 - \frac{25}{14}x_4$$

$$\underset{\sigma_3}{\uparrow} \quad \underset{\sigma_4}{\uparrow}$$

所有非基变量的检验系数均小于零，表明不管是 x_3 或 x_4 进基都不能使目标值在 17.5 的基础上增加，所以求得最优解 $\boldsymbol{X}^* = \left[1, \frac{3}{2}, 0, 0\right]^{\mathrm{T}}$, $z^* = 17.5$。

2.6.3 表格形式的单纯形法

对于如下形式的线性规划问题 ($b_i > 0, i = 1, 2, \cdots, m$):

$$\max z = c_1 x_1 + c_2 x_2 + \cdots + c_n x_n$$

$$\text{s.t.} \begin{cases} a_{11}x_1 + a_{12}x_2 + \cdots + a_{1n}x_n \leqslant b_1 \\ a_{21}x_1 + a_{22}x_2 + \cdots + a_{2n}x_n \leqslant b_2 \\ \quad\quad\quad\quad\quad \vdots \\ a_{m1}x_1 + a_{m2}x_2 + \cdots + a_{mn}x_n \leqslant b_m \\ x_1, x_2, \cdots, x_n \geqslant 0 \end{cases}$$

加入松弛变量后化为标准式

$$\max z = c_1 x_1 + c_2 x_2 + \cdots c_n x_n + c_{n+1} x_{n+1} + \cdots + c_{n+m} x_{n+m}$$

$$\text{s.t.} \begin{cases} a_{11}x_1 + a_{12}x_2 + \cdots + a_{1n}x_n + x_{n+1} = b_1 \\ a_{21}x_1 + a_{22}x_2 + \cdots + a_{2n}x_n + x_{n+2} = b_2 \\ \quad\quad\quad\quad\quad \vdots \\ a_{m1}x_1 + a_{m2}x_2 + \cdots + a_{mn}x_n + x_{n+m} = b_m \\ x_1, x_2, \cdots, x_n, x_{n+1}, \cdots, x_{n+m} \geqslant 0 \end{cases} \quad (2.15)$$

为了书写规范和便于计算，对单纯形法的计算设计了一种专门表格，称为单纯形表(见表 2.6)。迭代计算中每找出一个新的基可行解时，就需重新画一张单纯形表。含初始基可行解的单纯形表称为初始单纯形表，含最优解的单纯形表称为最终(优)单纯形表。

表 2.6

c_j			c_1	c_2	...	c_n	c_{n+1}	c_{n+2}	...	c_{n+m}	θ_i
C_B	X_B	b	x_1	x_2	...	x_n	x_{n+1}	x_{n+2}	...	x_{n+m}	
c_{n+1}	x_{n+1}	b_1	a_{11}	a_{12}	...	a_{1n}	1	0	...	0	θ_1
c_{n+2}	x_{n+2}	b_2	a_{21}	a_{22}	...	a_{2n}	0	1	...	0	θ_2
$\vdots$	$\vdots$	$\vdots$	$\vdots$	$\vdots$		$\vdots$	$\vdots$	$\vdots$		$\vdots$	$\vdots$
c_{n+m}	x_{n+m}	b_m	a_{n1}	a_{m2}	...	a_{mn}	0	0	...	1	θ_m
z		z	σ_1	σ_2	...	σ_n	0	0	...	0	

1. 单纯形表的含义

表 2.6 是初始单纯形表，$\boldsymbol{X}_B$ 列填入基变量，$\boldsymbol{C}_B$ 列填入基变量对应的价值系数; b 列中

填入约束方程右端项系数，代表基变量的取值；第2行填入所有的变量；第1行填入相应的价值系数；第4列至倒数第2列、第3行至倒数第2行填入整个约束系数矩阵；最后一行是检验系数行，用来确定进基变量，对应于各个非基变量的检验系数为 σ_j，而基变量的检验系数都为零。

在整个运算过程中，C_B 列的价值系数随着基变量的变化而变化，以便计算新的检验系数，若非基变量存在大于零的检验系数，则当前的基可行解不是最优解。检验系数的计算公式为（推导见 2.6.4 小节）

$$\sigma_j = c_j - C_B P_j = c_j - \sum_{i=1}^{m} c_{n+i} a_{ij} \tag{2.16}$$

单纯形表最右边这列是 θ 比值，用来确定出基变量。在确定了进基变量 x_k 之后，分别由 b 列元素 b_i 除以 x_k 列的对应元素 a_{ik} 确定，即当 $a_{ik} > 0$ 时，有

$$\theta_i = \frac{b_i}{a_{ik}} \quad (i = 1, 2, \cdots, m) \tag{2.17}$$

为了保证新的基解是可行的，取 θ 比值最小值所在行的变量作为出基变量。

2. 表格形式单纯形法计算步骤

(1) 化标准形式，建立初始单纯形表(见表 2.6)。

(2) 计算非基变量的检验系数，若所有检验系数小于等于零，则得到最优解，停止计算，否则转下一步，检验系数计算公式(2.16)。

(3) 确定进基变量和出基变量。$\sigma_k = \max\{\sigma_j \mid \sigma_j > 0\}$，取 x_k 为进基变量。根据最小 θ 规则，$\theta_i = \min\left\{\dfrac{b_i}{a_{ik}} \mid a_{ik} > 0\right\}$，取 x_i 为出基变量，若此时 a_{ik} 都小于零，则无最优解，停止计算，否则进入下一步。

(4) 换基迭代，求出新的基可行解，转步骤(2)。

【例 2.9】 利用单纯形表求例 2.7 中的最优解。

解：(1) 求初始基可行解，列出初始单纯形表。

根据例 2.7 的标准形，取 x_3、x_4 为基变量，它们所对应的系数列向量构成一个单位矩阵，可作为初始可行基，由此可得初始的单纯形表，见表 2.7。

表 2.7

C_B	C X_B	b	10 x_1	5 x_2	0 x_3	0 x_4	θ
0	x_3	9	3	4	1	0	3
0	x_4	8	[5]	2	0	1	8/5
	z	0	10	5	0	0	

得初始基本可行解 $X^{(0)} = [0, 0, 9, 8]^T$，$z^{(0)} = 0$。

(2) 最优性检验。因为检验系数行存在正的检验数，所以 $X^{(0)}$ 不是最优解。

(3) 换基迭代，求新的基可行解。

① 确定进基变量。因为 $\max\{10, 5\}=10$，由最大增加原则，取 x_1 为进基变量。

② 确定出基变量。因为 $\min \theta_i = \left\{\dfrac{9}{3}, \dfrac{8}{5}\right\} = 1.5$，由最小比值原则，确定 x_4 为出基变量。

③ 迭代，求新的基可行解。以 x_4 所在行和 x_1 所在列的交叉元素"5"为主元素(加上"□"，以示区别)，进行初等行变换，可得新的单纯形表，见表2.8。

表2.8

	C		10	5	0	0	θ
C_B	X_B	b	x_1	x_2	x_3	x_4	
0	x_3	21/5	0	14/5	1	−3/5	3/2
10	x_1	8/5	1	2/5	0	1/5	4
	z	16	0	1	0	−2	

(4) 回到步骤(2)，再次检验。得到改进的基本可行解为 $\boldsymbol{X}^{(1)} = \left[\dfrac{8}{5}, 0, \dfrac{21}{5}, 0\right]^{\mathrm{T}}$，$z^{(1)} = 16$。但是检验数 $\sigma_2 > 0$，所以改进后的 $\boldsymbol{X}^{(1)}$ 仍不是最优解。

由于只有一个正检验数 σ_2，所以取 x_2 为进基变量。此时 $\min \theta_i = \left\{\dfrac{3}{2}, 4\right\} = \dfrac{3}{2}$，所以取 x_3 为出基变量，再以 14/5 为主元素进行初等行变换，可得表2.9。

表2.9

	C		10	5	0	0
C_B	X_B	b	x_1	x_2	x_3	x_4
5	x_2	3/2	0	1	5/14	−3/14
10	x_1	1	1	0	−1/7	2/7
	z	17.5	0	0	−5/14	−25/14

因为不再存在大于零的检验系数，所以现行的基可行解为最优解，$\boldsymbol{X}^* = \left[1, \dfrac{3}{2}, 0, 0\right]^{\mathrm{T}}$，相应的最优值 $z^* = 17.5$。

2.6.4 单纯形法的矩阵表示

对于以下标准形式线性规划问题：

$$\max z = \boldsymbol{CX}$$
$$\text{s.t.} \begin{cases} \boldsymbol{AX} = \boldsymbol{b} \\ \boldsymbol{X} \geq 0 \end{cases}$$

设 $\boldsymbol{A} = [\boldsymbol{P}_1, \boldsymbol{P}_2, \cdots, \boldsymbol{P}_n]$，其中 $\boldsymbol{P}_j (j = 1, 2 \cdots, n)$ 是系数矩阵 $\boldsymbol{A}$ 的第 j 个列向量。再设 $\boldsymbol{B} = (\boldsymbol{P}_{B_1}, \boldsymbol{P}_{B_2}, \cdots, \boldsymbol{P}_{B_m})$ 是系数矩阵 $\boldsymbol{A}$ 的一个基矩阵，这样系数矩阵 $\boldsymbol{A}$ 可分为两块，$\boldsymbol{A} = (\boldsymbol{B}, \boldsymbol{N})$，$\boldsymbol{N}$ 是非基变量的系数矩阵。相应的向量 $\boldsymbol{X}$ 和 $\boldsymbol{C}$ 可以记为

$$X = \begin{bmatrix} X_B \\ X_N \end{bmatrix}, \quad C = [C_B, C_N]$$

这样，目标函数可写成

$$\max z = (C_B, C_N) \begin{bmatrix} X_B \\ X_N \end{bmatrix} = C_B X_B + C_N X_N \tag{2.18}$$

约束条件 $AX = b$ 可写成

$$(B, N) \begin{bmatrix} X_B \\ X_N \end{bmatrix} = B X_B + N X_N = b$$

由于 B 可逆，可得到

$$X_B = B^{-1} b - B^{-1} N X_N \tag{2.19}$$

对于一个确定的基 B，将式(2.19)代入式(2.18)，目标函数可以表示为

$$\begin{aligned} z &= C_B (B^{-1} b - B^{-1} N X_N) + C_N X_N \\ &= C_B B^{-1} b + (C_N - C_B B^{-1} N) X_N \end{aligned} \tag{2.20}$$

令

$$\sigma_N = C_N - C_B B^{-1} N \tag{2.21}$$

为非基变量的检验系数。

又令非基变量 $X_N = 0$，可得相应的解为

$$X = \begin{bmatrix} X_B \\ X_N \end{bmatrix} = \begin{bmatrix} B^{-1} b \\ 0 \end{bmatrix} \tag{2.22}$$

如果 B 为可行基，则有

$$X = \begin{bmatrix} X_B \\ X_N \end{bmatrix} = \begin{bmatrix} B^{-1} b \\ 0 \end{bmatrix} \geqslant 0$$

目标函数为 $z = C_B B^{-1} b$。

用矩阵描述时，θ 规则的表达式是

$$\theta = \min \left\{ \frac{(B^{-1} b)_i}{(B^{-1} P_k)_i} \mid (B^{-1} P_k)_i > 0 \right\} = \frac{(B^{-1} b)_l}{(B^{-1} P_k)_l} \tag{2.23}$$

式中，k 是出基变量的下标；l 是进基变量的下标。

用矩阵和向量表示的单纯形表见表 2.10。

表 2.10

C_B	X_B	b	C_B	C_N	θ
			X_B	X_N	
C_B	X_B	$B^{-1} b$	$B^{-1} B$	$B^{-1} N$	$\dfrac{(B^{-1} b)_i}{(B^{-1} P_k)_i}$
	z	$C_B B^{-1} b$	0	$C_N - C_B B^{-1} N$	

从表 2.9 中可以看出，单纯形表的每一次迭代，其实质都是在系数增广矩阵的左边乘以 B^{-1}，这个结论将在 2.7.7 小节灵敏度分析中得到运用。

2.6.5 单纯形法的进一步讨论

1. 借助人工变量求初始的基可行解

在**例 2.8** 中，化为标准形式后约束条件的系数矩阵中含有单位矩阵，以此作为初始基，使得求初始基可行解和建立初始单纯形表都十分方便。但在下述的**例 2.9** 中，化为标准形后的约束条件的系数矩阵中不存在单位矩阵，解决这类问题，必须引入人工变量。

引入人工变量后的约束方程组与未引入人工变量的约束方程组一般是不等价的。在这点上，人工变量与松弛变量或剩余变量是不同的，松弛变量或剩余变量只是将约束方程不等式改写成等式，改写前后两个约束是等价的。而人工变量则不同，因为人工变量是在约束方程已为等式的基础上，人为地加上去的一个新变量，因此加上人工变量后的约束方程与原来是不一样的。加上人工变量以后，线性规划的基可行解不一定是原线性规划问题的基可行解，只有当基可行解中所有人工变量都取零值的非基变量时，该基可行解对原线性规划才有意义。此时只需去掉基可行解中的人工变量部分，剩余部分即为原线性规划的一个基可行解，而这正是我们引入人工变量的主要目的。人工变量法主要有大 M 法和两阶段法两种，下面分别介绍。

（1）**大 M 法**。以下通过例题来讲解大 M 法的思路和过程。

【**例 2.10**】
$$\max z = -x_1 + 2x_2$$
$$\text{s.t.} \begin{cases} x_1 + x_2 \geqslant 2 \\ -x_1 + x_2 \geqslant 1 \\ x_2 \leqslant 3 \\ x_1, x_2 \geqslant 0 \end{cases}$$

化为标准形式后得

$$\max z = -x_1 + 2x_2$$
$$\text{s.t.} \begin{cases} x_1 + x_2 - x_3 = 2 & (2.24\text{a}) \\ -x_1 + x_2 - x_4 = 1 & (2.24\text{b}) \\ x_2 + x_5 = 3 & (2.24\text{c}) \\ x_j \geqslant 0 \, (j=1,2,3,4,5) \end{cases}$$

在将线性规划问题化为标准形式的基础上可以添加两列单位向量 P_6、P_7，与约束条件中的向量 P_5 构成单位矩阵

$$\begin{matrix} P_6 & P_7 & P_5 \\ \begin{bmatrix} 1 & 0 & 0 \\ 0 & 1 & 0 \\ 0 & 0 & 1 \end{bmatrix} \end{matrix}$$

P_6、P_7 是人为添加的，它相当于在上述问题的约束条件式(2.24a)中添加变量 x_6，约束条件式(2.24b)中添加变量 x_7，变量 x_6、x_7 称为人工变量。由于约束条件式(2.24a)和式(2.24b)

在添加人工变量前已是等式，为使这些等式得到满足，在最优解中人工变量取值必须为零。为此，令目标函数中人工变量的系数为任意大的负值，用"$-M$"表示，称为惩罚因子，即只要人工变量取值大于零，目标函数就不可能实现最优，因而添加人工变量后，例 2.10 的数学模型形式就变为

$$\max z = -x_1 + 2x_2 - Mx_6 - Mx_7$$

$$\text{s.t.} \begin{cases} x_1 + x_2 - x_3 + x_6 = 2 \\ -x_1 + x_2 - x_4 + x_7 = 1 \\ x_2 + x_5 = 3 \\ x_j \geq 0 (j = 1, 2, 3, 4, 5, 6, 7) \end{cases}$$

求解过程见表 2.11。

表 2.11

C_B	X_B	b	-1 x_1	2 x_2	0 x_3	0 x_4	0 x_5	$-M$ x_6	$-M$ x_7	θ
$-M$	x_6	2	1	1	-1	0	0	1	0	2/1
$-M$	x_7	1	-1	[1]	0	-1	0	0	1	1/1
0	x_5	3	0	1	0	0	1	0	0	3/1
z		$-3M$	-1	$2+2M$	$-M$	$-M$	0	0	0	
$-M$	x_6	1	2^*	0	-1	1	0	1	-1	1/2
2	x_2	1	-1	1	0	-1	0	0	1	—
0	x_5	2	1	0	0	1	1	0	-1	2/1
z		$2-M$	$1+2M$	0	$-M$	$2+M$	0	0	$-2-2M$	
-1	x_1	1/2	1	0	$-1/2$	[1/2]	0	1/2	$-1/2$	0.5/0.5
2	x_2	3/2	0	1	$-1/2$	$-1/2$	0	1/2	1/2	—
0	x_5	3/2	0	0	1/2	1/2	1	$-1/2$	$-1/2$	1.5/0.5
z		5/2	0	0	1/2	3/2	0	$-1/2-M$	$-3/2-M$	
0	x_4	1	2	0	-1	1	0	1	-1	
2	x_2	2	1	1	-1	0	0	1	0	
0	x_5	1	-1	0	[1]	0	1	-1	0	
z		4	-3	0	2	0	0	$-2-M$	$-M$	
0	x_4	2	1	0	0	1	1	0	-1	
2	x_2	3	0	1	0	0	1	0	0	
0	x_3	1	-1	0	1	0	1	-1	0	
z		6	-1	0	0	0	-2	$-M$	$-M$	

表 2.11 中最后一行表明，所有检验数均为非正，故为最优单纯形表，同时基变量中不含人工变量 x_6、x_7，所以基本可行解 $X^* = [0, 3, 1, 2, 0]^T$ 为原问题的最优解，且 $\max z^* = 6$。

如上所述，在线性规划问题中引入人工变量是一种手段，目的是寻求原问题的一个初始基本可行解，一旦任务完成，人工变量实际上就已经完成了使命，不再有任何使用价值。因此在利用大 M 法求解最优解时可以简化部分计算。

(2) **两阶段法**。两阶段法的第一阶段必须建立一个辅助线性规划，目标函数取所有人工变量之和，并对目标函数取极小化，约束条件为原问题中引入若干人工变量后包含一个单位矩阵的标准型的约束条件。

如果辅助线性规划存在一组基可行解，使目标函数的最小值等于零，则所有人工变量都为零，此时所有人工变量都成了非基变量，表明原问题已经得到了一个初始的基可行解，所对应的基为单位矩阵，可转入第二阶段继续计算；否则，说明至少有一个人工变量无法从基变量中替换出去，因此原问题没有可行解，可停止计算。

第二阶段是在第一阶段已求得原问题的一个初始基本可行解的基础上，再求原问题的最优解，因此第二阶段的初始单纯形表只需对第一阶段的最优表稍加改动即可。首先必须把第一行的价值系数替换成原问题的价值系数，将人工变量全部从表中舍去；然后计算最后一行各非基变量检验系数，以判别初始的基可行解是否为最优解，若是，则停止计算，否则通过基变换加以改进。

【例 2.11】 用两阶段法求解例 2.10 中的线性规划问题。

解：第一阶段，建立辅助线性规划问题：

$$\min w = x_6 + x_7$$

$$\text{s.t.} \begin{cases} x_1 + x_2 - x_3 + x_6 = 2 \\ -x_1 + x_2 - x_4 + x_7 = 1 \\ x_2 + x_5 = 3 \\ x_j \geq 0 (j=1,2,3,4,5,6,7) \end{cases}$$

其中，x_6、x_7 为人工变量，用单纯形表求解辅助线性规划的最优解，由于辅助线性规划的目标函数是极小化，因此最优解的判别准则应改为所有非基变量是检验数大于等于零。

最优表见表 2.12，其中的基变量里不含人工变量，辅助问题的目标函数为零。至此，原问题已经得到了一个初始基可行解 $\boldsymbol{X}^{(0)} = \left[\dfrac{1}{2}, \dfrac{3}{2}, 0, 0, \dfrac{3}{2}\right]^{\text{T}}$。

表 2.12

C_B	X_B	b	x_1	x_2	x_3	x_4	x_5	x_6	x_7	θ
	c		0	0	0	0	0	1	1	
1	x_6	2	1	1	−1	0	0	1	0	2/1
1	x_7	1	−1	1	0	−1	0	0	1	1/1
0	x_5	3	0	1	0	0	1	0	0	3/1
	z	3	0	−2	1	1	0	0	0	
1	x_6	1	2	0	−1	1	0	1	−1	1/2
0	x_2	1	−1	1	0	−1	0	0	1	—
0	x_5	2	1	0	0	1	1	0	−1	2/1
	z	1	−2	0	1	−1	0	0	0	
0	x_1	1/2	1	0	−1/2	1/2	0	1/2	−1/2	
0	x_2	3/2	0	1	−1/2	−1/2	0	1/2	1/2	
0	x_5	3/2	0	0	1/2	1/2	1	−1/2	−1/2	
	z	0	0	0	0	0	0	1	1	

第二阶段是将表 2.12 中的人工变量 x_6、x_7 除去，目标函数回归到 $\max z = -x_1 + 2x_2$，再从表 2.11 中的最后一个表出发，继续用单纯形法计算，求解过程见表 2.13。

表 2.13

C			−1	2	0	0	0	θ
C_B	X_B	b	x_1	x_2	x_3	x_4	x_5	
−1	x_1	1/2	1	0	−1/2	[1/2]	0	0.5/0.5
2	x_2	3/2	0	1	−1/2	−1/2	0	—
0	x_5	3/2	0	0	1/2	1/2	1	1.5/0.5
	z	5/2	0	0	1/2	3/2	0	
0	x_4	1	2	0	−1	1	0	
2	x_2	2	1	1	−1	0	0	
0	x_5	1	−1	0	[1]	0	1	
	z	4	0	0	1/2	3/2	0	
0	x_4	2	1	0	0	1	1	
2	x_2	3	0	1	0	0	1	
0	x_3	1	−1	0	1	0	1	
	z	6	−1	0	0	0	−2	

由此可得最优解 $X^* = [0, 3, 1, 2, 0]^T$，相应的目标函数值为 max $z^* = 6$。

2. 几种特殊情况

(1) 无可行解。 如果某一线性规划问题的标准型的系数矩阵中不存在以单位矩阵形式出现的初始可行基，则可通过人工变量法求解线性规划，若此时人工变量的值大于零，那么该线性规划就不存在可行解。人工变量本身没有经济意义，引入人工变量的目的只是使系数矩阵中含有单位矩阵。人工变量的值不能取零，说明原线性规划数学模型的约束条件出现了相互矛盾的约束方程。

【例 2.12】 求解线性规划问题

$$\max z = 20x_1 + 30x_2$$

$$\text{s.t.} \begin{cases} 3x_1 + 10x_2 \leq 150 \\ x_1 \leq 3 \\ x_1 + x_2 \geq 40 \\ x_1, x_2 \geq 0 \end{cases}$$

解： 由于本问题转化成标准型后不存在初始单位基矩阵，所以需用人工变量法进行求解。现用大 M 法进行求解如下：

$$\max z = 20x_1 + 30x_2 + 0x_3 + 0x_4 + 0x_5 - Mx_6$$

$$\text{s.t.} \begin{cases} 3x_1 + 10x_2 + x_3 = 150 \\ x_1 + x_4 = 3 \\ x_1 + x_2 - x_5 + x_6 = 40 \\ x_j \geq 0 \ (j = 1, 2, \cdots, 6) \end{cases}$$

求解过程见表 2.14。

表 2.14

c			20	30	0	0	0	$-M$	θ
C_B	X_B	b	x_1	x_2	x_3	x_4	x_5	x_6	
0	x_3	150	3	[10]	1	0	0	0	150/10
0	x_4	3	1	0	0	1	0	0	—
$-M$	x_6	40	1	1	0	0	-1	1	40/1
	z	0	$20+M$	$30+M$	0	0	$-M$	0	
				⋮					
30	x_2	6	0	1	1/10	$-3/10$	0	0	
20	x_1	30	1	0	0	1	0	0	
$-M$	x_6	4	0	0	$-1/10$	$-7/10$	-1	1	
	z	0	0	0	$-3-M/10$	$-11-7M/10$	$-M$	0	

表 2.14 显示的是初始单纯形表和最终单纯形表。可以看出，在最终单纯形表中，人工变量 x_6 未出基，还是基变量不为零，所以该问题无可行解。

（2）**无界解**。无界解是指线性规划问题存在可行解，但是可行解的目标函数可以趋于无穷大或者无穷小，因此为无有限最优解。在用表格单纯形法求解极大化的线性规划问题过程中，若某张单纯形表的检验系数行存在某个大于零的检验系数，但是该检验系数所对应的非基变量系数列向量的全部系数都为负数或零，则该线性规划问题存在无界解。

【例 2.13】 求解线性规划问题

$$\max z = 2x_1 + 3x_2$$

$$\text{s.t.} \begin{cases} x_1 - x_2 \leqslant 2 \\ -3x_1 + x_2 \leqslant 4 \\ x_1, x_2 \geqslant 0 \end{cases}$$

解：化为标准形式得

$$\max z = 2x_1 + 3x_2$$

$$\text{s.t.} \begin{cases} x_1 - x_2 + x_3 = 2 \\ -3x_1 + x_2 + x_4 = 4 \\ x_j \geqslant 0 (j = 1, 2, 3, 4) \end{cases}$$

求解过程见表 2.15。

表 2.15

c			2	3	0	0	θ
C_B	X_B	b	x_1	x_2	x_4	x_5	
0	x_3	2	1	-1	1	0	—
0	x_4	4	-3	[1]	0	1	4/1
	z	0	2	3	0	0	
0	x_3	6	-2	0	1	1	
3	x_2	4	-3	1	0	1	
	z	12	11	0	0	-3	

由表 2.15 可以看出，如果进行第二次迭代，此时 $\sigma_1 = 11$，应选 x_1 为进基变量，但选择出基变量时遇到了问题，第一列系数全部为负数，找不到大于零的主元素来确定出基变量，在这种情况下可以判定该线性规划问题存在无界解。

本例中，经第一次迭代后，假定选择 x_1 为进基变量，则 x_4 仍为非基变量，$x_4 = 0$，从第二张单纯形表中得到如下方程：

$$-2x_1 + x_3 = 6, \quad -3x_1 + x_2 = 4$$

移项后可得

$$x_3 = 6 + 2x_1, \quad x_2 = 4 + 3x_1$$

从上述两个关系式中可以发现，右侧 x_1 的系数 2、3 都大于零，这意味着 x_2、x_3 在 x_1 取任意大于等于零的数值时恒大于零，不影响解的可行性，所以当 $x_1 \to \infty$ 时，$z \to \infty$，存在无界解。

(3) **无穷多最优解**。若线性规划问题某个基可行解所有的非基变量检验系数都小于等于零，但其中存在一个检验系数等于零，那么该线性规划问题有无穷多个最优解。

【例 2.14】 求解线性规划问题

$$\max z = 4x_1 + 14x_2$$

$$\text{s.t.} \begin{cases} 2x_1 + 7x_2 \le 21 \\ 7x_1 + 2x_2 \le 21 \\ x_1, x_2 \ge 0 \end{cases}$$

解：化为标准形式得

$$\max z = 4x_1 + 14x_2$$

$$\text{s.t.} \begin{cases} 2x_1 + 7x_2 + x_3 = 21 \\ 7x_1 + 2x_2 + x_4 = 21 \\ x_j \ge 0 \, (j = 1,2,3,4) \end{cases}$$

用表格形式单纯形法求解，见表 2.16。

表 2.16

C_B	X_B	c	4	14	0	0	θ
		b	x_1	x_2	x_4	x_5	
0	x_3	21	2	7	1	0	21/7
0	x_4	21	7	2	0	1	21/2
	z	0	2	3	0	0	
14	x_2	3	2/7	1	1/7	0	21/2
0	x_4	15	45/7	0	-2/7	1	7/3
	z	42	0	0	-2	0	
14	x_2	7/3	0	1	7/45	-2/45	
4	x_1	7/3	1	0	-2/45	7/45	
	z	42	0	0	-2	0	

从表 2.16 可以看到，经过二次迭代以后，检验数全部非正，可得最优解 $X_1^{(*)} = [0, 3, 0, 15]^T$，$\min z^* = 42$。但其中存在一个非基变量 x_1 的检验数 $\sigma_1 = 0$，因此该问题有无穷多个最优解。以 x_1 为进基变量、x_4 为出基变量，再进行一次迭代，可得另一个最优解 $X_2^{(*)} = [7/3, 7/3, 0, 0]^T$，$\min z^*$ 仍为 42。这两个非退化的基可行解分别对应可行域的两个顶点。由可行域凸集的

性质不难得知，这两个顶点的凸组合 $X^*= \alpha X_1^* +(1-\alpha)X_2^*$ $(0\leqslant\alpha\leqslant 1)$ 仍然在可行域内，而且和 X_1^* 和 X_2^* 具有相同的目标函数值，因此本线性规划具有无穷多最优解，其一般表达式可写成 $X^*=\alpha[0,3,0,15]^T+(1-\alpha)[7/3,7/3,0,0]^T(0\leqslant\alpha\leqslant 1)$。

(4) **退化解**。当线性规划问题的基可行解中有一个或多个基变量取零值时，称此基可行解为退化解。退化解产生的原因通常是由于单纯形法计算中用最小比值原则确定换出变量时，有时存在两个或两个以上相同的最小比值 θ，那么在下次迭代中就会出现一个甚至多个基变量等于零，产生了退化的基可行解。

在用单纯形法求解线性规划的过程中，如果遇到退化解，可能会出现循环现象。如何避免循环现象的发生呢？1952年查尼斯(Charnes A.)提出了摄动法，1974年勃兰特(Bland)提出了勃兰特法则，即当使用最小比值原则计算存在两个及两个以上相同的最小比值时，选取下标最大的基变量为换出变量，按此方法进行迭代一定能避免循环现象的产生。

【例 2.15】 求解线性规划问题

$$\max z = 3x_1 - 80x_2 + 2x_3 - 24x_4$$

$$\text{s.t.} \begin{cases} x_1 - 32x_2 - 4x_3 + 36x_4 \leqslant 0 \\ x_1 - 24x_2 - x_3 + 6x_4 \leqslant 0 \\ x_3 \leqslant 1 \\ x_j \geqslant 0 (j=1,2,3,4) \end{cases}$$

解：引入松弛变量 x_5、x_6、x_7，化为标准形式

$$\max z = 3x_1 - 80x_2 + 2x_3 - 24x_4$$

$$\text{s.t.} \begin{cases} x_1 - 32x_2 - 4x_3 + 36x_4 + x_5 = 0 \\ x_1 - 24x_2 - x_3 + 6x_4 + x_6 = 0 \\ x_3 + x_7 = 1 \\ x_j \geqslant 0 (j=1,2,3,4,5,6,7) \end{cases}$$

由最优表(表2.17)可得最优解 $X^* = [1,0,1,0,3,0,0]^T$，$z^*=5$。本例中第一次迭代中使用了摄动法原理，选择下标为6的基变量 x_6 离基，顺利地求得了最优解。

表 2.17

C_B	X_B	b	c_j 3 x_1	-80 x_2	2 x_3	-24 x_4	0 x_5	0 x_6	0 x_7	θ
0	x_5	0	1	-32	-4	36	1	0	0	0
0	x_6	0	[1]	-24	-1	6	0	1	0	0
0	x_7	1	0	0	1	0	0	0	1	1
	z	0	3	-80	2	-24	0	0	0	
0	x_5	0	0	-2	-3	30	1	-1	0	
3	x_1	0	1	-24	-1	6	0	1	0	
0	x_7	1	0	0	[1]	0	0	0	1	
	z	5	0	-8	5	-42	0	-3	0	
0	x_5	3	0	-8	0	30	1	-1	3	
3	x_1	1	1	-24	0	6	0	1	1	
2	x_3	1	0	0	1	0	0	0	1	
	z	5	0	-8	0	-42	0	-3	-5	

2.6.6 单纯形法小结

通过前面几小节的分析，对于目标函数是极大化型线性规划问题的求解过程可以在图 2.11 的基础上扩展为图 2.12。

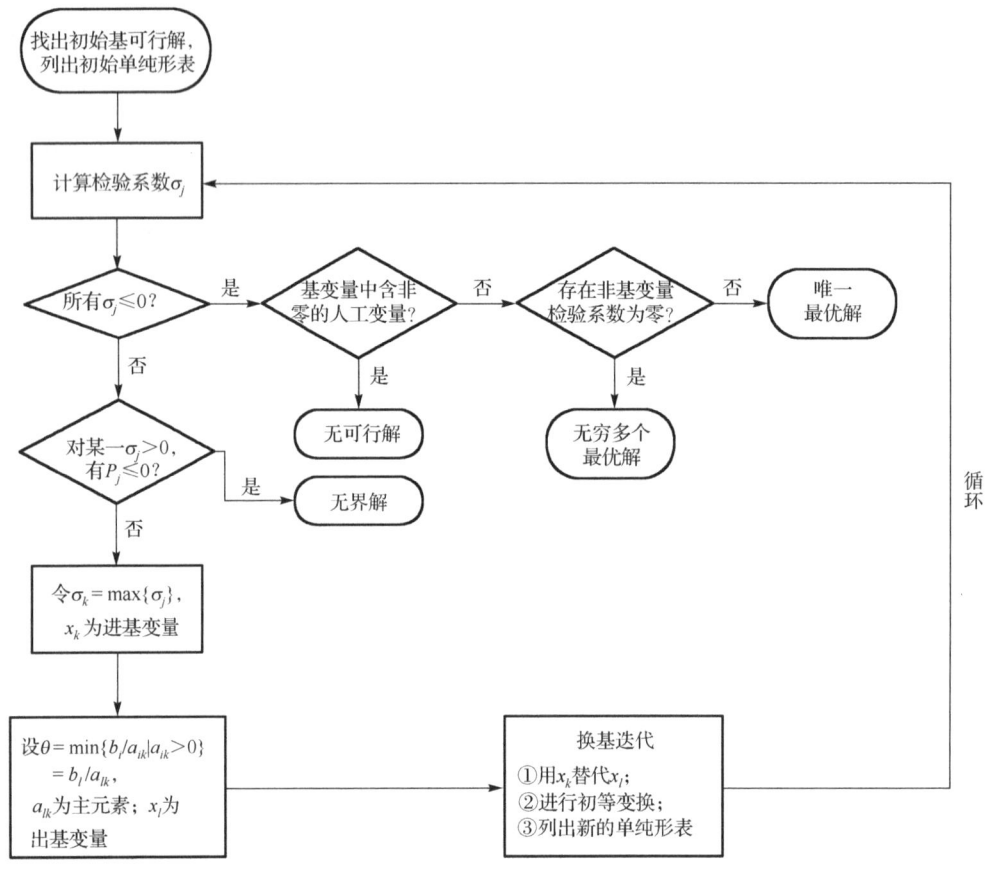

图 2.12　单纯形法的基本过程的扩展

单纯形法最早是由美国数学家 Dantzing 于 1947 年提出的，在 20 世纪 80 年代以前，它几乎是求解线性规划的唯一算法。之后，人们提出了新的一类算法——内点法。内点法也是迭代算法，与单纯形法不同的是，它是直接从可行域的内部逼近最优解。从理论上讲，内点法具有单纯形法不具备的一些优势，尤其对于大规模的问题(如变量规模上万)，使用内点法可能更有效，但内点法的理论较为复杂，有兴趣的读者可以参考相关文献资料。

2.7　线性规划的对偶问题与灵敏度分析

2.7.1　对偶问题的提出

无论从理论或实践角度，对偶理论都是线性规划中最重要和有意义的概念。对偶理论的基本思想是：每个线性规划问题都存在一个与其对偶的问题，在求出一个问题解的时候，也同时给出了对偶问题的解。下面先通过实际例子看对偶问题的意义。

【例 2.16】 在例 2.1 中，SY 公司利用该公司资源生产两种家电产品时，其线性规划问题为

$$(\text{LP1}) \quad \max z = 100x_1 + 120x_2$$

$$\text{s.t.} \begin{cases} 2x_1 + 3x_2 \leqslant 300 \\ 2x_1 + 1.5x_2 \leqslant 150 \\ x_1, x_2 \geqslant 0 \end{cases}$$

现从另一角度提出问题。假定有某个公司想购买 SY 公司的资源，它至少应付出多大代价，才能使 SY 公司愿意放弃生产活动，出让自己的资源？显然，SY 公司愿出让自己资源的条件是，出让代价应不低于用同等数量资源自己组织生产活动时所获取的赢利。设 y_1 和 y_2 分别代表单位设备台时和工时的出让代价，因 SY 公司用 2 单位设备台时和 2 单位工时可生产一件家电 I，赢利 100 元；用 3 单位设备台时和 1.5 单位工时可生产一件家电 II，赢利 120 元，故 y_1、y_2 的取值应满足

$$\begin{cases} 2y_1 + 2y_2 \geqslant 100 \\ 3y_1 + 1.5y_2 \geqslant 120 \end{cases} \tag{2.25}$$

这家公司又希望用最小代价把 SY 公司的全部资源收买过来，故有

$$\min w = 300y_1 + 150y_2 \tag{2.26}$$

显然，$y_i \geqslant 0 \, (i=1,2,3)$，再综合式 (2.25) 和式 (2.26)，有

$$(\text{LP2}) \quad \min w = 300y_1 + 150y_2$$

$$\text{s.t.} \begin{cases} 2y_1 + 2y_2 \geqslant 100 \\ 3y_1 + 1.5y_2 \geqslant 120 \\ y_1, y_2 \geqslant 0 \end{cases}$$

对于上述 LP1 和 LP2 两个线性规划问题，通常称前者为原问题，后者是前者的对偶问题。

2.7.2 对称形式下对偶问题的一般形式

定义 2.1：满足下列条件的线性规划问题称为具有对称形式，其变量均具有非负约束，其约束条件：当目标函数求极大时均取"≤"号，当目标函数求极小时均取"≥"号。对称形式下，线性规划原问题的一般形式为

$$\max z = c_1 x_1 + c_2 x_2 + \cdots + c_n x_n$$

$$\text{s.t.} \begin{cases} a_{11}x_1 + a_{12}x_2 + \cdots + a_{1n}x_n \leqslant b_1 \\ a_{21}x_1 + a_{22}x_2 + \cdots + a_{2n}x_n \leqslant b_2 \\ \quad\quad\quad\quad\quad\quad \vdots \\ a_{m1}x_1 + a_{m2}x_2 + \cdots + a_{mn}x_n \leqslant b_m \\ x_j \geqslant 0 \, (j=1,\cdots,n) \end{cases} \tag{2.27}$$

用 $y_i(i=1,\cdots,m)$ 代表第 i 种资源的估价，则其对偶问题的一般形式为

$$\min w = b_1 y_1 + b_2 y_2 + \cdots + b_m y_m$$

$$\text{s.t.} \begin{cases} a_{11} y_1 + a_{12} y_2 + \cdots + a_{m1} y_m \geq c_1 \\ a_{21} y_1 + a_{22} y_2 + \cdots + a_{m2} y_m \geq c_2 \\ \quad\quad\quad\quad \vdots \\ a_{1n} y_1 + a_{2n} y_2 + \cdots + a_{mn} y_m \geq c_n \\ y_j \geq 0 (j=1,\cdots,m) \end{cases} \quad (2.28)$$

用矩阵形式表示，对称形式的线性规划问题的原问题为

$$\max z = CX$$

$$\text{s.t.} \begin{cases} AX \leq b \\ X \geq 0 \end{cases} \quad (2.29)$$

其对偶问题为

$$\min w = Yb$$

$$\text{s.t.} \begin{cases} YA \geq C \\ Y \geq 0 \end{cases} \quad (2.30)$$

其中，$Y = [y_1, y_2, \cdots, y_m]$。

将上述对称形式下线性规划的原问题与对偶问题进行比较，可以列出表 2.18 所示的对应关系。

表 2.18

	原 问 题	对偶问题
A	约束系数矩阵	其约束系数矩阵的转置
b	约束条件的右端项向量	目标函数中的价格系数向量
C	目标函数中的价格系数向量	约束条件的右端项向量
目标函数	$\max z = CX$	$\min w = Yb$
约束条件	$AX \leq b$	$YA \geq C$

2.7.3 非对称形式的原-对偶问题关系

并非所有线性规划问题都具有对称形式，一般情况下，线性规划问题是如何写出其对偶问题的呢？由于任何一个线性规划都可以变换成等价的对称形式，因此从理论上讲，从任何一个线性规划出发，都可以求出相应的对偶规划，但在实际求解过程中，通常不通过求对称形式，而是利用表 2.19，该表反映了原问题与对偶问题的对应关系。

【例 2.17】 将下列线性规划问题转换成对偶问题：

$$\min z = 2x_1 + 4x_2 - x_3$$

$$\text{s.t.} \begin{cases} 3x_1 - x_2 + 2x_3 \geq 6 \\ -x_1 + 2x_2 - 3x_3 = 12 \\ 2x_1 + x_2 + 2x_3 \leq 8 \\ x_1 + 3x_2 - x_3 \geq 15 \\ x_1 \geq 0, x_2 \leq 0, x_3 \text{无非负要求} \end{cases}$$

解：根据表 2.19 中的关系，对偶问题形式如下：

$$\max z = 6y_1 + 12y_2 + 8y_3 + 15y_4$$

$$\text{s.t.} \begin{cases} 3y_1 - y_2 + 2y_3 + y_4 \leq 2 \\ -y_1 + 2y_2 + y_3 + 3y_4 \geq 4 \\ 2y_1 - 3y_2 + 2y_3 - y_4 = -1 \\ y_1 \geq 0, y_2 \text{无非负要求}, y_3 \leq 0, y_4 \geq 0 \end{cases}$$

表 2.19

原问题（或对偶问题）	对偶问题（或原问题）
目标函数 $\max z$	目标函数 $\min w$
约束条件个数：m 个 第 i 个约束条件 $\begin{cases} \leq \\ \geq \\ = \end{cases}$ ($i=1,2,\cdots,m$)	对偶变量个数：m 个 第 i 个变量 $\begin{cases} \geq 0 \\ \leq 0 \\ \text{无约束} \end{cases}$ ($i=1,2,\cdots,m$)
决策变量个数：n 个 第 j 个变量 $\begin{cases} \geq 0 \\ \leq 0 \\ \text{无约束} \end{cases}$ ($j=1,2,\cdots,n$)	约束条件个数：n 个 第 j 个约束条件 $\begin{cases} \geq \\ \leq \\ = \end{cases}$ ($j=1,2,\cdots,n$)
约束条件右端项 目标函数变量系数	目标函数变量系数 约束条件右端项

2.7.4 对偶问题的基本性质

首先将原问题式(2.29)进行标准化，然后写出对偶问题式(2.30)的标准型，结果如下：

原问题标准形式　　　　　　对偶问题标准形式

$$\max z = \boldsymbol{CX} \qquad\qquad \min w = \boldsymbol{Yb}$$

$$\text{s.t.} \begin{cases} \boldsymbol{AX} + \boldsymbol{X}_L = \boldsymbol{b} \\ \boldsymbol{X}, \boldsymbol{X}_L \geq 0 \end{cases} \qquad \text{s.t.} \begin{cases} \boldsymbol{YA} - \boldsymbol{Y}_S = \boldsymbol{C} \\ \boldsymbol{Y}, \boldsymbol{Y}_S \geq 0 \end{cases}$$

其中，$\boldsymbol{X}_L$ ($L=n+1, n+2, \cdots, n+m$) 为原问题的约束条件的松弛变量，$\boldsymbol{X}_L = [X_{n+1}, X_{n+2}, \cdots, X_{n+m}]^T$；$\boldsymbol{Y}_S$ ($S=m+1, m+2, \cdots, m+n$) 为对偶问题约束条件的剩余变量，$\boldsymbol{Y}_S = [Y_{m+1}, Y_{m+2}, \cdots, Y_{m+n}]^T$。

根据以上对称形式的对偶问题模型，就可不加证明地给出以下对偶问题的性质。

(1) **对称性**。对偶问题的对偶是原问题。

(2) **弱对偶性**。若 $\overline{\boldsymbol{X}}$ 是原(极大化)问题的可行解，$\overline{\boldsymbol{Y}}$ 是对偶(极小化)问题的可行解，那么 $\boldsymbol{C}\overline{\boldsymbol{X}} \leq \overline{\boldsymbol{Y}}\boldsymbol{b}$。

(3) **最优性定理**。若 $\overline{\boldsymbol{X}}$ 是原问题的可行解，$\overline{\boldsymbol{Y}}$ 是对偶问题的可行解，而且两者的目标函

数值相等，即 $C\hat{X} = \hat{Y}b$，则 $\hat{X}$ 和 $\hat{Y}$ 分别是原问题和对偶问题的最优解。

(4) **互补松弛定理**。如果 $\hat{X}$ 和 $\hat{Y}$ 分别是原问题和对偶问题的可行解，那么 $\hat{X}$ 和 $\hat{Y}$ 为最优解的充要条件是 $\hat{Y}X_L = 0$，$Y_S\hat{X} = 0$。其中，X_L 为原问题的松弛变量；Y_S 为对偶问题剩余变量。

【例 2.18】 根据对偶性质求解以下线性规划问题：

$$\max z = 2x_1 + x_2 + 5x_3 + 6x_4$$

$$\text{s.t.} \begin{cases} 2x_1 + x_3 + x_4 \leq 8 \\ 2x_1 + 2x_2 + x_3 + 2x_4 \leq 12 \\ x_1, x_2, x_3, x_4 \geq 0 \end{cases}$$

解：(1) 写出对偶问题模型

$$\min w = 8y_1 + 12y_2$$

$$\text{s.t.} \begin{cases} 2y_1 + 2y_2 \geq 2 \\ 2y_2 \geq 1 \\ y_1 + y_2 \geq 5 \\ y_1 + 2y_2 \geq 6 \\ y_1, y_2 \geq 0 \end{cases}$$

(2) 运用图解法(略)得到对偶问题的解为 $Y^* = [4,1]^T$，$w^* = 44$。

(3) 写出原问题和对偶问题的标准形式。

原问题标准形式为

$$\max z = 2x_1 + x_2 + 5x_3 + 6x_4$$

$$\text{s.t.} \begin{cases} 2x_1 + x_3 + x_4 + x_5 = 8 \\ 2x_1 + 2x_2 + x_3 + 2x_4 + x_6 = 12 \\ x_1, x_2, x_3, x_4, x_5, x_6 \geq 0 \end{cases}$$

对偶问题标准形式为

$$\min w = 8y_1 + 12y_2$$

$$\text{s.t.} \begin{cases} 2y_1 + 2y_2 - y_3 = 2 \\ 2y_2 - y_4 = 1 \\ y_1 + y_2 - y_5 = 5 \\ y_1 + 2y_2 - y_6 = 6 \\ y_1, y_2, y_3, y_4, y_5, y_6 \geq 0 \end{cases}$$

(4) 将 $Y^* = [4,1]$ 代入对偶标准型的约束条件，可得

$$y_3^* = 8, y_4^* = 1, y_5^* = 0, y_6^* = 0$$

(5) 根据互补松弛定理，可以得到以下关系：

$$y_1^* x_5^* = 0, y_2^* x_6^* = 0, x_1^* y_3^* = 0, x_2^* y_4^* = 0, x_4^* y_6^* = 0$$

(6) 根据对偶问题的最优性定理，可得

$$2x_1^* + x_2^* + 5x_3^* + 6x_4^* = 8y_1^* + 12y_2^* \text{ (最优目标值相等)}$$

进一步得到 $x_5^* = 0, x_6^* = 0, x_1^* = 0, x_2^* = 0$ 以及 $5x_3^* + 6x_4^* = 44$。

(7) 将得到的原问题的变量取值代入原问题的标准型的约束条件中，得到

$$\begin{cases} x_3^* + x_4^* = 8 \\ x_3^* + 2x_4^* = 12 \end{cases}$$

解得 $x_3^* = 4, x_4^* = 4$。

至此，我们得到了原问题的最优解为 $\boldsymbol{X}^* = [0 \quad 0 \quad 4 \quad 4]^T$，目标函数最优值 $z^* = 44$。

2.7.5 对偶最优解的经济解释——影子价格

从 2.7.4 小节对偶问题的基本性质可以看出，当线性规划原问题求得最优解 x_j ($j=1, \cdots, n$) 时，其对偶问题也得到最优解 y_i^* ($i=1, \cdots, m$)，且代入各自的目标函数后有

$$z^* = \sum_{j=1}^{n} c_j x_j^* = \sum_{i=1}^{m} b_i y_i^* = w^* \tag{2.31}$$

式中，b_i 是线性规划原问题约束条件的右端项系数，它代表第 i 种资源的拥有量；对偶变量 y_i^* 代表在资源最优利用条件下对第 i 种资源的估价。这种估价不是资源的市场价格，而是根据资源在生产中做出的贡献而做的估价，为区别起见，称为影子价格(Shadow Price)。

例如，在**例 2.1** 中，原问题

$$\max z = 100x_1 + 120x_2$$

$$\text{s.t.} \begin{cases} 2x_1 + 3x_2 \leqslant 300 \\ 2x_1 + 1.5x_2 \leqslant 150 \\ x_1, x_2 \geqslant 0 \end{cases}$$

的最优解为 $\boldsymbol{X}^* = [x_1, x_2]^T = [0, 100]^T$，$\max z = 12\,000$。

对偶问题的最优解为 $\boldsymbol{Y}^* = [30, 20]$，$\min w = 12\,000$，其中，$y_1^* = 30$ 元为第 1 种资源，即设备的影子价格，在资源得到最优解利用的条件下，设备每增加 1 个单位的可供台时，可以使总收益增加 30 元。同理可以讨论第 2 种资源，即工时的影子价格或边际价格 $y_2^* = 20$ 元的情况。关于影子价格，可以从以下几个方面更进一步地理解。

(1) 影子价格是一种边际价格，在式(2.31)中，对 z 求 b_i 的偏导数得 $\dfrac{\partial z}{\partial b_i} = y_i^*$，这说明 y_i^* 的值相当于在资源得到最优利用的生产条件下，b_i 每增加一个单位时目标函数 z 的增量。

(2) 资源的市场价格是已知数，相对比较稳定，而它的影子价格则有赖于资源的利用情况，是未知数。由于企业的生产任务、产品结构等情况发生变化，资源的影子价格也随之改变。

(3) 资源的影子价格实际上又是一种机会成本。在纯市场经济条件下，如当第 1 种资源的市场价格低于 30 元时，可以买进这种资源；相反，当市场价格高于影子价格时，就会卖出这种资源。随着资源的买进卖出，它的影子价格也将随之发生变化，一直到影子价格与市场价格保持同等水平时，才处于平衡状态。

(4) 影子价格的大小客观地反映了各种不同资源在系统内的稀缺程度。如果第 i 种资源供

大于求，即在达到最优解时，该种资源没有用完，那么反映在原问题第 i 个约束中，用最优解 X^* 代入时应为严格不等式或松弛变量 $X_{n+i} > 0$。由互补松弛定理，在对偶最优解 Y^* 中，必有 $y_i^* = 0$，即第 i 种资源的影子价格为 0，此时增加该种资源的供应不会使目标函数值有所增加。反之，如果第 i 种资源的影子价格 $y_i^* > 0$，那么由互补松弛定理，原问题的第 i 个约束为严格等式，即 $X_{n+i} = 0$，这表明第 i 种资源已经用完，成为稀缺资源，再增加这种资源的供应量可以使目标函数值有所增加。而且影子价格超高，说明资源在系统内较稀缺，增加该种稀缺资源的供应量对目标函数值影响也越大，因此企业管理者可以根据各种资源在企业内影子价格的高低决定企业的经营策略。

由此可见，企业资源的影子价格直接关系到资源的最有效利用。根据影子价格，企业可以对有限的资源进行合理的配置，自主地节约使用某些稀缺资源，使有限的资源发挥最大的经济效益。

2.7.6 对偶单纯形法

1. 对偶单纯形法的基本思想

对偶单纯形法是利用对偶原理求解原问题最优解的一种方法，之前介绍的单纯形法是以保持原问题可行为条件，即不论进行怎样的基变换，常数列 b 必须保持非负。而对偶问题所对应的基解在原问题求得最优解之前，则没有必须可行的要求。事实上，对偶问题基解可行是单纯形迭代的目的，一旦达到这一目的，原问题最优解已经求出。

利用对偶问题的对称性，我们从另一个角度来考虑求解原问题最优解的方法。这种方法以保持对偶问题可行为条件，即不论进行何种基变换，必须保持所有的检验系数非正，同时取消原问题必须可行的要求，即取消常数列的非负限制，通过基变换使原问题在非可行解的基础上逐步转换成基可行解，一旦原问题的基解可行，则该基可行解也就是最优解，这就是对偶单纯形法的基本思想。

2. 对偶单纯形法的计算步骤

对偶单纯形法的计算步骤如下。

(1) 列出初始对偶单纯形表。

(2) 检查 b 列数字和检验行元素，若 b 列数字全部非负，检验数全部非正，则已经求得最优解，停止计算。若 b 列中至少有一个负分量，检验数全部非正，则转入 (3)。

(3) 确定出基变量：$l = min\{b_i | b_i < 0\}$，x_l 为出基变量。

(4) 确定进基变量：检验 x_l 所在行各元素 $a_{lj}(j = 1, 2, \cdots, n)$，若所有 $a_{lj} \geq 0$，则无可行解，停止计算。否则，按最小比值原则 $\theta = min\left\{\dfrac{\sigma_j}{a_{lj}} | a_{lj} < 0, j \text{为非基变量下标}\right\}$。

(5) 以 a_{lk} 为主元素进行初等变换，得新的单纯形表。

(6) 重复 (2)~(5)，直到求出最优解。

【例 2.19】 用对偶单纯形法求解

$$\min z = x_1 + 2x_2 + 3x_3$$
$$\text{s.t.} \begin{cases} x_1 - x_2 + x_3 \geq 4 \\ x_1 + x_2 + 2x_3 \leq 8 \\ x_2 - x_3 \geq 2 \\ x_1, x_2, x_3 \geq 0 \end{cases}$$

解：（1）先化为标准形式

$$\max z' = -x_1 - 2x_2 - 3x_3$$
$$\text{s.t.} \begin{cases} x_1 - x_2 + x_3 - x_4 = 4 \\ x_1 + x_2 + 2x_3 + x_5 = 8 \\ x_2 - x_3 - x_6 = 2 \\ x_j \geq 0 \ (j=1,2,\cdots,6) \end{cases}$$

若用一般单纯形法求解，需要在第 1 个和第 3 个约束方程中各引入一个人工变量，但是对偶单纯形法允许约束方程右端为负，因此可将方程 1 和方程 3 两端同乘以 -1，可得含单位矩阵的标准型

$$\max z' = -x_1 - 2x_2 - 3x_3$$
$$\text{s.t.} \begin{cases} -x_1 + x_2 - x_3 + x_4 = -4 \\ x_1 + x_2 + 2x_3 + x_5 = 8 \\ -x_2 + x_3 + x_6 = -2 \\ x_j \geq 0 \ (j=1,2,\cdots,6) \end{cases}$$

（2）列出初始单纯形表（见表 2.20），并进行对偶单纯形法迭代，步骤如下。

由初始单纯形表，b 列中含有两个负分量，检验系数行的元素全部非正，因此可用对偶单纯形法求解。

表 2.20

	c_j		-1	-2	-3	0	0	0
C_B	X_B	b	x_1	x_2	x_3	x_4	x_5	x_6
0	x_4	-4	[-1]	1	-1	1	0	0
0	x_5	8	1	1	2	0	1	0
0	x_6	-2	0	-1	1	0	0	1
	$-z$	0	-1	-2	-3	0	0	0
0	x_1	4	1	-1	1	-1	0	0
0	x_5	4	0	2	1	1	1	0
-2	x_6	-2	0	[-1]	1	0	0	1
	$-z$	-4	0	-3	-2	-1	0	0
-1	x_1	6	1	0	0	-1	0	-1
0	x_5	0	0	0	3	1	1	2
-2	x_2	2	0	1	-1	0	0	-1
	$-z$	-16	0	0	-5	-1	0	-3

由 $\min\{-4, -2\} = -4$，确定 x_4 为出基变量。又由 $\min\left\{\dfrac{-1}{-1}, \dfrac{-3}{-1}\right\} = 1$，确定 x_1 为进基变量。以 -1 为主元素进行初等变换，得第二张单纯形表，b 列仅有一个负分量，直接确定 x_6 为出基变

量，由于 x_6 所在行中只有 x_2 的系数为负数，因此可确定 x_2 为进基变量。

以 –1 为主元素进行初等变换，得第三张单纯形表。经过二次迭代，第三张单纯形表已为最优表，此时常数列均为正数，检验行仍保持非正。

由此可得最优解 $X^* = [6, 2, 0, 0, 0]^T$，$\max z' = -10$，即 $\min z = 10$。

2.7.7 灵敏度分析

在之前讨论的线性规划问题中，都假定问题中的 a_{ij}、b_i、c_j 是已知常数，但实际上这些参数往往是一些估计和预测的数字，如果市场条件发生变化，c_j 值就会变化，a_{ij} 会随工艺技术条件的改变而改变，而 b_i 值则是根据资源投入后能产生多大经济效益来决定的一种决策选择。因此，就会提出以下问题。

(1) 当这些参数中的一个或几个发生变化时，问题的最优解会有什么变化？或者这些参数在多大范围内变化时，问题的最优解不变？

(2) 若最优解发生变化，应如何用最简单的方法找到新的最优解？

这就是灵敏度分析所要研究解决的问题。

当然，当线性规划问题中的一个或几个参数变化时，可以用单纯形法从头计算，看最优解有无变化，但这样做既麻烦又没有必要。因为前面已经讲到，单纯形法迭代时，每次计算都与基 B 有关，是从一组基向量变换为另一组基向量，表中每步迭代得到的数字只随基向量的不同选择而改变，因此有可能把个别参数的变化直接在最终单纯形表上反映出来。这样就不需要从头计算，而直接对计算得到最优解的单纯形表进行审查，考查一些参数变化后，是否仍满足最优解的条件，如果不满足，再从这个表开始进行迭代计算，求得新的最优解。

1. 价值系数 c_j 的变化

线性规划目标函数中变量系数 c_j 的变化仅仅影响检验系数 σ_j 的变化。以下分别就价值系数对应非基变量和基变量两种情况加以讨论。

(1) 非基变量价值系数 c_j 的变化。

① 【例 2.20】讨论在下列问题中，c_3 在什么范围内变化时对原问题的最优性没有影响：

$$\max z = 2x_1 + 3x_2 + x_3$$

$$\text{s.t.} \begin{cases} x_1 + x_2 + x_3 \leq 3 \\ x_1 + 4x_2 + 7x_3 \leq 9 \\ x_j \geq 0 (j = 1, 2, 3) \end{cases}$$

解：引入 x_4、x_5 两个松弛变量，将该问题化为标准形式，然后用单纯形法求出最优解，得最优单纯形表（见表 2.21）。

令 $c_3' = 1 + \Delta c_3$，则 $\sigma_3' = 1 + \Delta c_3 - \begin{bmatrix} 2 & 3 \end{bmatrix} \begin{bmatrix} -1 \\ 2 \end{bmatrix} = -3 + \Delta c_3$

欲使原问题的最优性保持不变，则 $\sigma_3' \leq 0$，即 $-3 + \Delta c_3 \leq 0$，得 $\Delta c_3 \leq 3$，也即 $c_3 \leq 4$。

表 2.21

C_j			2	3	1	0	0
C_B	X_B	b	x_1	x_2	x_3	x_4	x_5
2	x_1	1	1	0	−1	4/3	−1/3
3	x_2	2	0	1	2	−1/3	1/3
	z	8	0	0	−3	−5/3	−1/3

② 一般情况讨论。若 c_r 为非基变量的检验系数，令 $c_r' = c_r + \Delta c_r$，则 $\sigma_r' = c_r' - C_B P_r = c_r - C_B P_r + \Delta c_r = \sigma_r + \Delta c_r$。

若要保持最优性不变，则 $\sigma_r + \Delta c_r \leqslant 0$，得

$$\Delta c_r \leqslant -\sigma_r \tag{2.32}$$

例 2.20 中，$\Delta c_3 \leqslant -\sigma_3$，即 $\Delta c_3 \leqslant 3, c_3 \leqslant 4$，结论一致。

(2) 基变量价值系数 c_j 的变化。

① **【例 2.21】** 在例 2.20 中，讨论价值系数 c_2 的变化范围。

解：根据最优单纯形表 2.20，c_2 是基变量 x_2 的价值系数，它的变化将影响所有非基变量检验系数，计算 x_3、x_4、x_5 相应的检验系数并保持最优性不变，需满足如下条件：

$$\sigma_3 = 1 - [2, c_2]\begin{bmatrix} -1 \\ 2 \end{bmatrix} = 3 - 2c_2 \leqslant 0,\ 得 c_2 \geqslant \frac{3}{2}$$

$$\sigma_4 = 0 - [2, c_2]\begin{bmatrix} 4/3 \\ -1/3 \end{bmatrix} = -\frac{8}{3} + \frac{1}{3}c_2 \leqslant 0,\ 得 c_2 \leqslant 8$$

$$\sigma_5 = 0 - [2, c_2]\begin{bmatrix} -1/3 \\ 1/3 \end{bmatrix} = \frac{2}{3} - \frac{1}{3}c_2 \leqslant 0,\ 得 c_2 \geqslant 2$$

所以 c_2 的变化范围是 $2 \leqslant c_2 \leqslant 8$。

② 一般情况讨论。假定 c_k 为基变量的价值系数，设 $c_k' = c_k + \Delta c_k$，对于任一非基变量，$\sigma_j' = c_j - [c_1, \cdots, c_k + \Delta c_k, \cdots, c_m][a_{1j}, \cdots, a_{kj}, \cdots, a_{mj}]^\mathrm{T}$，得 $\sigma_j' = c_j - (c_1 a_{1j} + \cdots + c_k a_{kj} + \cdots + c_m a_{mj} + \Delta c_k a_{kj}) = \sigma_j - \Delta c_k a_{kj}$。

若要使原最优解保持不变，则需满足 $\sigma_j' \leqslant 0$，即 $\sigma_j - \Delta c_k a_{kj} \leqslant 0$，所以，当 $a_{kj} > 0$ 时，$\Delta c_k \geqslant \dfrac{\sigma_j}{a_{kj}}$；当 $a_{kj} < 0$ 时，$\Delta c_k \leqslant \dfrac{\sigma_j}{a_{kj}}$。

对于所有的非基变量都应满足上述不等式，这样的不等式有 $n-m$ 个，则有

$$\max\left\{\frac{\sigma_j}{a_{kj}}\,\Big|\,a_{kj} > 0\right\} \leqslant \Delta c_k \leqslant \min\left\{\frac{\sigma_j}{a_{kj}}\,\Big|\,a_{kj} < 0\right\} \tag{2.33}$$

【例 2.22】 利用例 2.20 的最优单纯形表求价值系数 c_2 的变化范围，并讨论 c_2 由 3 变为 1 时，应如何修改原最优解？

解：利用式（2.33）求 c_2 的变化范围，有

$$\max\left\{\frac{-3}{2}, \frac{-\frac{1}{3}}{\frac{1}{3}}\right\} \leq \Delta c_2 \leq \frac{-\frac{5}{3}}{-\frac{1}{3}}$$

可得 $-1 \leq \Delta c_2 \leq 5$，即 $2 \leq c_2 \leq 8$。

当 c_2 由 3 变为 1 时，已超出 c_2 的变化范围，需修改原来的最优解，利用原最优单纯形表和单纯形法求出新的最优解，求解过程见表 2.22。

表 2.22

C_B	X_B	b	c_j →	2	1	1	0	0	θ
				x_1	x_2	x_3	x_4	x_5	
2	x_1	1		1	0	−1	4/3	−1/3	
1	x_2	2		0	1	[2]	−1/3	1/3	1
	z	4		0	0	1	−7/3	1/3	
2	x_1	2		1	1/2	0	7/6	−1/6	
1	x_3	1		0	1/2	1	−1/6	[1/6]	6
	z	5		0	−1/2	0	−13/6	1/6	
2	x_1	3		1	1	1	1	0	
0	x_5	6		0	3	6	−1	1	
	z	6		0	−1	−1	−2	0	

得到新的最优解为 $X^* = [3,0,0,0,6]^T$，$z^* = 6$。

2. 右端系数 b_i 的变化

假设线性规划只有一个常数 b_i 发生变化，其他系数不发生变化。

由于 b_i 的变化只影响解的可行性，而不会影响最优性（检验系数）的变化，根据基可行解的矩阵表示可知 $X_B = B^{-1}b$，所以只要 b_i 发生变化，就会引起最优解的数值发生变化，但最优解的变化分为两类，一类是最优解 $B^{-1}b \geq 0$，最优基 B 不变；另一类是 $B^{-1}b$ 中出现负分量，这将导致最优基 B 发生变化。下面将分别讨论。

（1）**【例 2.23】** 例 2.20 中，分别讨论 b_1 由 3 变为 9 对原最优解有无影响。b_2 的变化区间为多少时对最优性无影响？

解：根据该问题的初始单纯形表和最优单纯形表（见表 2.23），可以得到 X_B 和 B^{-1} 的值为

表 2.23

C_B	X_B	b	c_j →	2	3	1	0	0	θ
				x_1	x_2	x_3	x_4	x_5	
0	x_4	3		1	1	1	1	0	
0	x_5	9		1	4	7	0	1	1
	z	0		2	3	1	−7/3	1/3	
2	x_1	1		1	0	−1	4/3	−1/3	
3	x_2	2		0	1	2	−1/3	1/3	6
	z	8		0	0	−3	−5/3	−1/3	

$$\boldsymbol{B}^{-1} = \begin{bmatrix} 4/3 & -1/3 \\ -1/3 & 1/3 \end{bmatrix}, \quad \boldsymbol{X}_B = \begin{bmatrix} 1 \\ 2 \end{bmatrix}$$

① 当 b_1 由 3 变为 9 时,有

$$\boldsymbol{X}_B = \boldsymbol{B}^{-1}\boldsymbol{b}' = \begin{bmatrix} 4/3 & -1/3 \\ -1/3 & 1/3 \end{bmatrix}\begin{bmatrix} 9 \\ 9 \end{bmatrix} = \begin{bmatrix} 9 \\ 0 \end{bmatrix} \geq 0$$

所以,当 b_1 由 3 变为 9 时,最优性未受到影响,最优解的数值发生了改变,属于第一类情况。

② 讨论 b_2 的变化区间。设 $b_2' = b_2 + \Delta b_2$,为保持最优基不变,需满足 $\boldsymbol{B}^{-1}\boldsymbol{b}' \geq 0$,即 $\boldsymbol{B}^{-1}\begin{bmatrix} b_1 \\ b_2 + \Delta b_2 \end{bmatrix} \geq 0$,则有如下关系:

$$\begin{bmatrix} 4/3 & -1/3 \\ -1/3 & 1/3 \end{bmatrix}\begin{bmatrix} 3 \\ 9 + \Delta b_2 \end{bmatrix} \geq 0$$

整理后解得 $-6 \leq \Delta b_2 \leq 3$,即 $3 \leq b_2' \leq 12$,所以当 $3 \leq b_2' \leq 12$ 时对最优性无影响。

(2) 一般情况讨论。设 $b_r' = b_r + \Delta b_r$,则

$$\begin{aligned} \boldsymbol{X}_B' &= \boldsymbol{B}^{-1}\boldsymbol{b}' = \boldsymbol{B}^{-1}[b_1, \cdots, b_r + \Delta b_r, \cdots, b_m]^{\mathrm{T}} \\ &= \boldsymbol{B}^{-1}[b_1, \cdots, b_r, \cdots, b_m]^{\mathrm{T}} + \boldsymbol{B}^{-1}[0, \cdots, \Delta b_r, \cdots, 0]^{\mathrm{T}} \\ &= \boldsymbol{B}^{-1}\boldsymbol{b} + \boldsymbol{B}^{-1}[0, \cdots, \Delta b_r, \cdots, 0]^{\mathrm{T}} \end{aligned}$$

若要使最优性保持不变,则 $\boldsymbol{B}^{-1}\boldsymbol{b} + \boldsymbol{B}^{-1}[0, \cdots, \Delta b_r, \cdots, 0]^{\mathrm{T}} \geq 0$。

对任意 i,有 $(\boldsymbol{B}^{-1}\boldsymbol{b})_i + (\boldsymbol{B}^{-1})_{ir}\Delta b_r \geq 0 (i = 1, 2, \cdots, m)$。

令 $(\boldsymbol{B}^{-1}\boldsymbol{b})_i = \bar{b}_i$,当 $(\boldsymbol{B}^{-1})_{ir} > 0$ 时,$\Delta b_r \geq -\dfrac{\bar{b}_i}{(\boldsymbol{B}^{-1})_{ir}}(i = 1, 2, \cdots, m)$;当 $(\boldsymbol{B}^{-1})_{ir} < 0$ 时,$\Delta b_r \leq -\dfrac{\bar{b}_i}{(\boldsymbol{B}^{-1})_{ir}}(i = 1, 2, \cdots, m)$。得一般关系式

$$\max\left\{-\dfrac{\bar{b}_i}{(\boldsymbol{B}^{-1})_{ir}} \mid (\boldsymbol{B}^{-1})_{ir} > 0\right\} \leq \Delta b_r \leq \min\left\{-\dfrac{\bar{b}_i}{(\boldsymbol{B}^{-1})_{ir}} \mid (\boldsymbol{B}^{-1})_{ir} < 0\right\} \tag{2.34}$$

$$(i = 1, 2, \cdots, m)$$

【例 2.24】 在例 2.20 中,讨论 b_2 的变化范围以及 b_2 由 9 变为 15 时,应如何修改原最优计划。

解: ① 讨论 b_2 的变化范围,根据式(2.34),只需考虑最优解的分量与最优基逆矩阵 $\boldsymbol{B}^{-1}$ 第 2 列(见表 2.24 中阴影部分)的分量之比即可,即

$$-\dfrac{2}{1/3} \leq \Delta b_2 \leq -\dfrac{1}{-1/3},$$

得 $-6 \leq \Delta b_2 \leq 3 \to 3 \leq b_2 \leq 12$

表 2.24

c_j			2	3	1	0	0
C_B	X_B	b	x_1	x_2	x_3	x_4	x_5
2	x_1	1	1	0	-1	4/3	-1/3
3	x_2	2	0	1	2	-1/3	1/3
	z	8	0	0	-3	-5/3	-1/3

② 当 b_2 由 9 变为 15 时，已超出了 b_2 的变化范围，需求出新的最优解。先求出变化后的解

$$X'_B = B^{-1}b' = \begin{bmatrix} 4/3 & -1/3 \\ -1/3 & 1/3 \end{bmatrix} \begin{bmatrix} 3 \\ 15 \end{bmatrix} = \begin{bmatrix} -1 \\ 4 \end{bmatrix}$$

将其换入表 2.24，因为 b_2 的变化破坏了该问题的可行性，此时最优性不受影响，所以可用对偶单纯形法求出新的最优解，求解过程见表 2.25。

表 2.25

c_j			2	3	1	0	0
C_B	X_B	b	x_1	x_2	x_3	x_4	x_5
2	x_1	-1	1	0	-1	4/3	-1/3
3	x_2	4	0	1	2	-1/3	1/3
	z	8	0	0	-3	-5/3	-1/3
0	x_5	3	3	0	3	-4	1
3	x_2	3	1	1	1	1	0
	z	9	-1	0	-2	-3	0

得到新的最优解为 $X^* = [0, 3, 0, 0, 3]^T$，$z^* = 9$。

2.8 线性规划软件求解

2.8.1 用 Excel 规划工具求解线性规划模型

【例 2.25】 用 Excel 求解线性规划模型

$$\min z = -2x_1 + x_2 - x_3$$

$$\text{s.t.} \begin{cases} 3x_1 + x_2 + x_3 \leq 60 \\ x_1 - x_2 + 2x_3 \leq 10 \\ x_1 + x_2 - x_3 \leq 20 \\ x_j \geq 0 (j = 1, 2, 3) \end{cases}$$

解：先将线性规划模型输入 Excel 表格中，如图 2.13 所示。

	A	B	C	D	E	F	G
1		x1	x2	x3			
2	1	3	1	1	0	<=	60
3	2	1	-1	2	0	<=	10
4	3	1	1	-1	0	<=	20
5	单位利润	-2	1	-1	0		
6	最优解				0		

图 2.13

单击"工具"→"规划求解"命令,弹出如图 2.14 所示的"规划求解参数"对话框,按照上述步骤添加规划求解参数。

图 2.14

根据计算提示可知,得到了一个最优解,满足所有的约束及目标的最大化要求,选中"保存规划求解结果",然后单击"确定"按钮,可以得到求解的结果,如图 2.15 所示。

	A	B	C	D	E	F	G
1		x1	x2	x3			
2	1	3	1	1	50	<=	60
3	2	1	-1	2	10	<=	10
4	3	1	1	-1	20	<=	20
5	单位利润	-2	1	-1	-25		
6	最优解	15	5	0			

图 2.15

根据图 2.15 可知,最优解为 $\boldsymbol{X}^* = [15, 5, 0]^T$,目标函数最优值为 $z = -25$。

2.8.2 用 Lingo 软件求解线性规划问题

Lingo (Linear Interactive and General Optimizer) 即"交互式的线性和通用优化求解器",可用来求解线性规划和非线性规划的大规模优化问题,且建模和输入方便,执行速度快。

【例 2.26】 有如下线性规划问题,请用 Lingo 软件求解:

$$\max z = 10x_1 + 5x_2$$

$$\begin{cases} 3x_1 + 4x_2 \leqslant 9 \\ 5x_1 + 2x_2 \leqslant 8 \\ x_1, x_2 \geqslant 0 \end{cases}$$

解:对于决策变量少、约束方程不多的线性规划模型,只需按照 Lingo 程序书写规则,将线性规划模型直接输入。本例在 Lingo 软件中输入如图 2.16 所示内容。

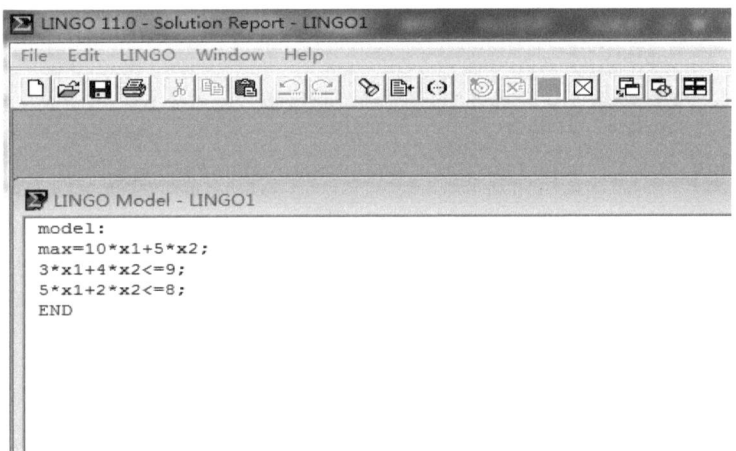

图 2.16

单击运行按钮,得到如图 2.17 所示的结果。

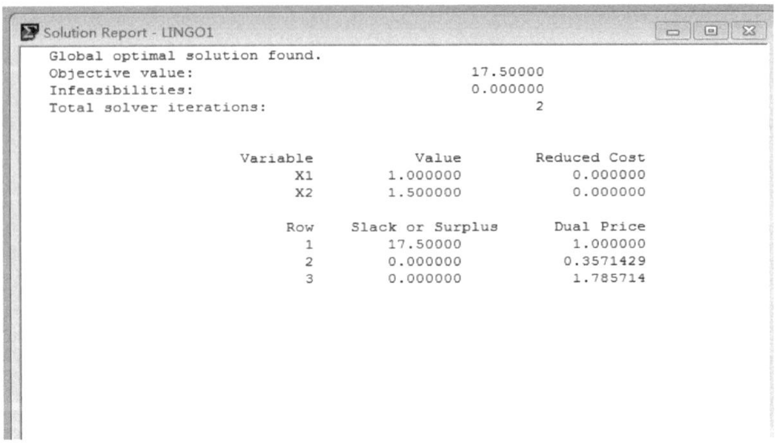

图 2.17

在图 2.17 中，第 2 行表示最优目标值为 17.5；第 3 行表示经过 2 次迭代后得到全局最优解，Value 给出的是最优解各分量的值，即 $x_1=1, x_2=1.5$；"Reduced Cost"列给出了各变量的检验系数，其中基变量的检验系数为 0；"Slack or Surplus"列给出了松弛变量的值，第 1 行松弛变量的值为 17.5（模型的第 1 行表示目标函数，所以第 2 行对应模型的第一个约束方程），因此，第 1、2 约束方程松弛变量的值都为 0；"Dual Price"列表示对偶价格（即影子价格），第 2、3 行分别表示第 1、2 种资源的影子价格。所以，经过 2 次迭代得到最优解为 $X^*=[1,1.5]^T$，$z^*=17.5$。

2.9 线性规划应用分析

线性规划问题种类繁多，形式各异，但问题分析和模型构建的思路还是有相通之处的，以下通过两个实例（人力资源合理安排问题与投资决策问题）介绍线性规划的典型应用。

2.9.1 人力资源合理安排问题

例 2.3 人力资源合理安排问题的目标是如何安排营业员的作息时间，既能满足工作需要，又使配备的营业员人数最少。

1. 问题分析

根据该问题的目标要求以及统计数据，可以设 x_j 为第 j 天开始休息的人数 $(1,2,\cdots,7)$，由于营业员每周工作 5 天，休息 2 天，并要求休息的两天是连续的，所以每天上班的营业员人数要去除昨天和今天开始休息的人数，这样就有 7 个类似的约束方程，目标函数就是营业员人数总和最小。

2. 构建数学模型

目标函数为 $\min z = x_1 + x_2 + x_3 + x_4 + x_5 + x_6 + x_7$，约束条件为

$$\text{s.t.} \begin{cases} x_1 + x_2 + x_3 + x_4 + x_5 \geq 28 \\ x_2 + x_3 + x_4 + x_5 + x_6 \geq 15 \\ x_3 + x_4 + x_5 + x_6 + x_7 \geq 24 \\ x_4 + x_5 + x_6 + x_7 + x_1 \geq 25 \\ x_5 + x_6 + x_7 + x_1 + x_2 \geq 19 \\ x_6 + x_7 + x_1 + x_2 + x_3 \geq 31 \\ x_7 + x_1 + x_2 + x_3 + x_4 \geq 28 \\ x_j \geq 0 (j=1,2,\cdots,7) \end{cases}$$

3. 求解模型

运用 Lingo 软件求解模型，程序如下：

```
MODEL:
MIN=x1+x2+x3+x4+x5+x6+x7;
```

```
x1+x2+x3+x4+x5>=28;
x2+x3+x4+x5+x6>=15;
x3+x4+x5+x6+x7>=24;
x4+x5+x6+x7+x1>=25;
x5+x6+x7+x1+x2>=19;
x6+x7+x1+x2+x3>=31;
x7+x1+x2+x3+x4>=28;
@gin(x1);!变量 x1 为整数;
@gin(x2);!变量 x2 为整数;
@gin(x3);!变量 x3 为整数;
@gin(x4);!变量 x4 为整数;
@gin(x5);!变量 x5 为整数;
@gin(x6);!变量 x6 为整数;
@gin(x7);!变量 x7 为整数;
END
```

求解结果如下:

```
  Global optimal solution found.
  Objective value:                              36.00000
  Objective bound:                              36.00000
  Infeasibilities:                              0.000000
  Extended solver steps:                               0
  Total solver iterations:                             5

                    Variable          Value        Reduced Cost
                          X1       12.00000            1.000000
                          X2       0.000000            1.000000
                          X3       11.00000            1.000000
                          X4       5.000000            1.000000
                          X5       0.000000            1.000000
                          X6       8.000000            1.000000
                          X7       0.000000            1.000000

                         Row    Slack or Surplus        Dual Price
                           1       36.00000            -1.000000
                           2       0.000000            0.000000
                           3       9.000000            0.000000
                           4       0.000000            0.000000
                           5       0.000000            0.000000
                           6       1.000000            0.000000
                           7       0.000000            0.000000
                           8       0.000000            0.000000
```

求得最优解为 $x_1=12, x_2=0, x_3=11, x_4=5, x_5=0, x_6=8, x_7=0$,最优目标函数值为 36。

4. 灵敏度分析

在 Lingo 软件中，单击菜单命令 Lingo→Options→General solver→Dual computations→Prices and Range，求解完成后，最小化求解报告窗口，单击菜单命令 Lingo→Range，可得如下灵敏度分析报告：

```
Ranges in which the basis is unchanged:

                        Objective Coefficient Ranges
                    Current       Allowable      Allowable
       Variable    Coefficient    Increase       Decrease
         X1         1.000000      0.5000000      1.000000
         X2         1.000000      INFINITY       0.3333333
         X3         1.000000      0.5000000      1.000000
         X4         1.000000      0.0            1.000000
         X5         1.000000      INFINITY       0.0
         X6         1.000000      INFINITY       0.0
         X7         1.000000      0.0            1.000000

                          Righthand Side Ranges
         Row        Current       Allowable      Allowable
                    RHS           Increase       Decrease
          2         28.00000      3.000000       1.500000
          3         15.00000      1.000000       INFINITY
          4         24.00000      3.000000       1.500000
          5         25.00000      3.000000       1.500000
          6         19.00000      1.000000       INFINITY
          7         31.00000      3.000000       1.500000
          8         28.00000      8.000000       INFINITY
```

在人力资源合理安排问题中，目标函数价值系数的灵敏度分析意义不大，主要分析约束方程右端项系数（营业员人数）的变化对最优解的影响。上述分析报告中，Righthand Side Ranges 部分表示营业员人数的变化对最优解的影响。由于是整数问题，报告中的小数需取整。另外，b_2、b_5、b_7 在分析报告中显示变化无下界约束，但考虑到营业员人数必须是正数，因此取下界 ≥ 0，所以右端项系数 $b_1, b_2, \cdots, b_7$ 的变化区间分别是 $27 \leq b_1 \leq 31$，$0 \leq b_2 \leq 16$，$23 \leq b_3 \leq 27$，$24 \leq b_4 \leq 28$，$0 \leq b_5 \leq 20$，$30 \leq b_6 \leq 34$，$0 \leq b_7 \leq 36$。

5. 结果分析

在 Lingo 软件求解结果中，第 2 行表示最优目标值为 36；第 6 行表示经过 5 次迭代后得到全局最优解；"Value" 列给出的是最优解各分量的值，即 $x_1=12$，$x_2=0$，$x_3=11$，$x_4=5$，$x_5=0$，$x_6=8$，$x_7=0$；"Reduced Cost" 列给出了各变量的检验系数，其中非基变量的检验系数为 1；"Slack or Surplus" 列给出了松弛变量的值，第 1 行松弛变量的值为 36（模型的第 1 行表示目标函数，所以第 2 行对应模型的第 1 个约束方程），因此，第 1~7 个约束方程松弛变量的值分别为 0、9、0、0、1、0、0。所以，经过 5 次迭代得到最优解为 $\boldsymbol{X}^* = [12,0,11,5,0,8,0]^T$，$z^* = 36$，即当该商场员工第 1 天休息 12 人、第 3 天休息 11 人、第 4 天休息 5 人、第 6 天休息 8 人，其余时间没有员工休息时才能既满足工作需要，又使配备的营业员人数最少。

另外，在灵敏度分析中可以发现，周一、周四、周六的营业员人数变化区间较大，而其余几天变化区间较小，所以若要在不影响最优性的前提下调整休息人数，可以考虑周一、周四、周六时间段。

2.9.2 投资决策问题

例 2.4 投资决策问题是一个连续投资问题，现在有 100 万现金，在 5 年中，有 A、B、C、D 四个项目可以选择，假定年初投资，投资周期末收回，投资收益率都高于银行存款利率。该问题的决策目标是如何进行投资决策，能使 5 年末积累的资金最多。

1. 问题分析

从表 2.3 中可以看出，A 项目为 1 年期，在 5 年中，每年年初都可以投资；B 项目为 2 年期，从第 1 年年初至第 4 年年初都能投资，可投资 4 次；同理，C 项目可以在第 1 和第 2 年年初投资，共 2 次；而 D 项目因是 5 年期，只能投资 1 次。现设 x_{ij} 为第 i 年对第 j 个项目的投资额（$i=1,2,\cdots,5$；$j=1,\cdots,4$），每年都有投资约束方程，投资周期末收回的资金可以作为下一年的可用投资资金。

2. 构建数学模型

目标函数为 $\max z = 1.08x_{51} + 1.10x_{42} + 1.16x_{23} + 1.20x_{14}$，约束条件为

$$\begin{cases} x_{11} + x_{12} + x_{13} + x_{14} = 100 & （第 1 年年初）\\ x_{21} + x_{22} + x_{23} - 1.08x_{11} = 0 & （第 2 年年初）\\ x_{31} + x_{32} - 1.08x_{21} - 1.10x_{12} = 0 & （第 3 年年初）\\ x_{41} + x_{42} - 1.08x_{31} - 1.10x_{22} = 0 & （第 4 年年初）\\ x_{51} - 1.08x_{41} - 1.10x_{32} - 1.16x_{13} = 0 & （第 5 年年初）\\ x_{ij} \geq 0 (i=1,2,\cdots,5; j=1,\cdots,4) \end{cases}$$

3. 求解模型

运用 Excel 软件求解模型，输入模型，如图 2.18 所示。其中，N2 单元格的命令为"=sumproduct（B2:M2,B8:M8）"；N3 单元格的命令为"=sumproduct（B3:M3,B8:M8）"；同理，一直到 N7 单元格。

也可以利用 Excel 函数的复制功能，免去重复输入公式的烦琐。纵向复制可以把含有资源系数的单元格区域相对引用，把放有决策变量的单元格区域绝对引用或者混合引用，即 N2 单元格的命令为"= sumproduct（B2:M2,B$8:M$8）"，然后，将 N2 单元格的公式通过拖动复制到 N3、N4、N5、N6 和 N7 单元格中。将规划求解参数如图 2.18 所示填好，单击"求解"按钮，得到计算结果，如图 2.19 所示。

求得最优解为 $x_{11}=100$，$x_{21}=108$，$x_{31}=116.64$，$x_{41}=126$，$x_{51}=136.05$，其余变量都为 0，最优目标值 $z^*=146.93$。

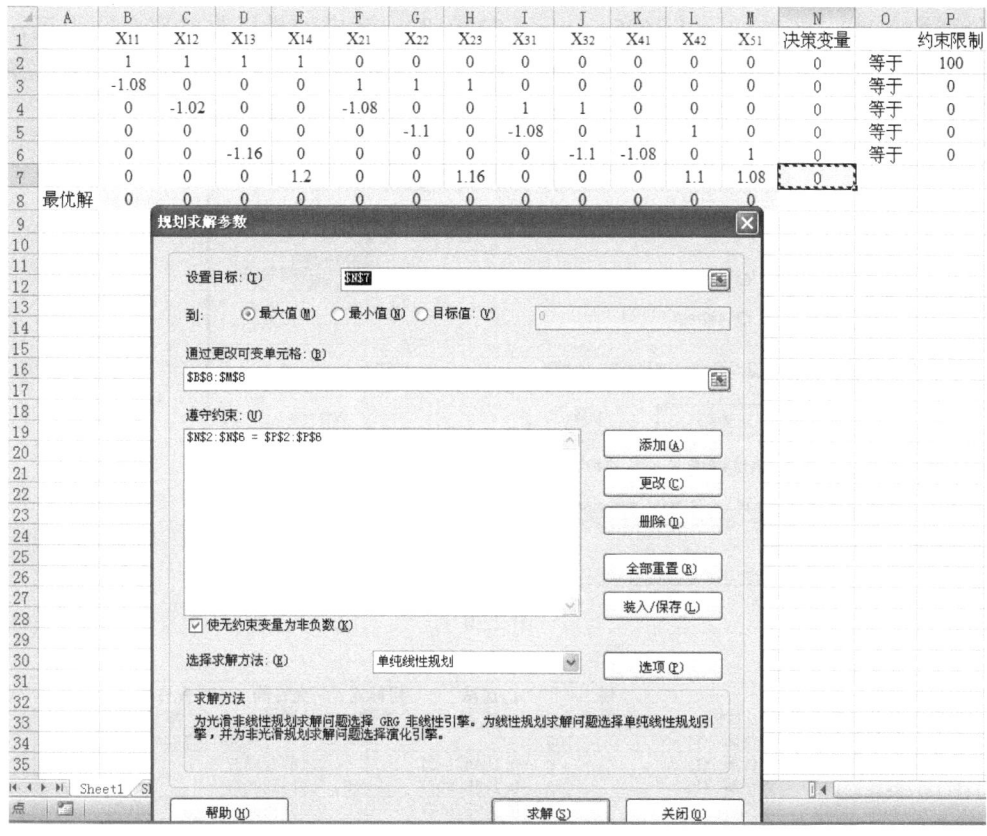

图 2.18

图 2.19

4．灵敏度分析

（1）对最优解进行灵敏度分析。用 Excel 规划求解以后，会出现"规划求解结果"对话框，在"报告"中选择"敏感性报告"，如图 2.20 所示。

单击"确定"按钮，会显示一份敏感度分析报告，包含目标函数各系数的允许变化范围，如图 2.21 所示。

（2）对决策变量 x_{51}、x_{42}、x_{23}、x_{14} 的价值系数 c_1、c_2、c_3、c_4 进行灵敏度分析。通过图 2.21 可以看到，4 个决策变量的价值系数变化区间各不相同。例如，x_{51} 的价值系数 c_1 的变化无上界约束（图 2.21 中显示允许的增量是 1E+30，即 10^{30}，代表无穷大），减少量约为 0.0615，也就是说，当其他条件都不发生变化时，只要是 $c_1 \geq 1.0185$，最优解就不会发生变化，即只要项目 A 的年投资收益率高于 1.85%就不会引起最优解的变化。同理可以分析 c_2、c_3、c_4 的变化

范围分别为 $c_2 \leqslant 1.1664$，$c_3 \leqslant 1.3605$，$c_4 \leqslant 1.2269$ 时，考虑到投资收益率必须为正，因此 c_2、c_3、c_4 的变化范围分别为 $0 \leqslant c_2 \leqslant 1.1664$，$0 \leqslant c_3 \leqslant 1.3605$，$0 \leqslant c_4 \leqslant 1.4693$，即其他条件不变的情况下，$c_2$、$c_3$、$c_4$ 在这些范围内变动时，都不会引起最优解的变化。

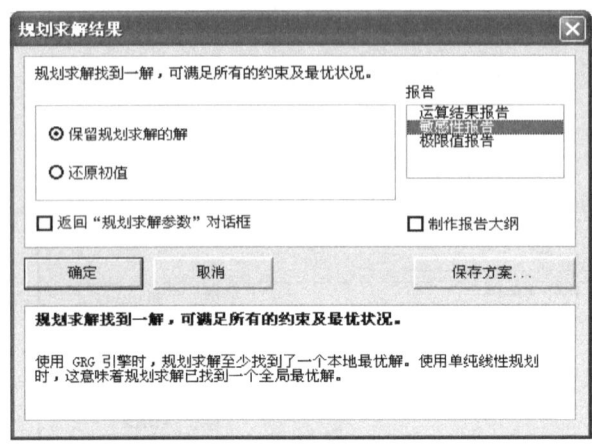

图 2.20

单元格	名称	终值	递减成本	目标式系数	允许的增量	允许的减量
$B$8	最优解 X11	100	0	0	1E+30	0.184421837
$C$8	最优解 X12	0	-0.184421837	0	0.184421837	1E+30
$D$8	最优解 X13	0	-0.216528077	0	0.216528077	1E+30
$E$8	最优解 X14	0	-0.269328077	1.2	0.269328077	1E+30
$F$8	最优解 X21	108	0	0	1E+30	0.07744896
$G$8	最优解 X22	0	-0.07744896	0	0.07744896	1E+30
$H$8	最优解 X23	0	-0.20048896	1.16	0.20048896	1E+30
$I$8	最优解 X31	116.64	0	0	1E+30	0.071712
$J$8	最优解 X32	0	-0.071712	0	0.071712	1E+30
$K$8	最优解 X41	125.9712	0	0	1E+30	0.0664
$L$8	最优解 X42	0	-0.0664	1.1	0.0664	1E+30
$M$8	最优解 X51	136.048896	0	1.08	1E+30	0.061481481

图 2.21

5．结果分析

通过求解模型和灵敏度分析可以发现，最优投资方案是在 5 年中只对 A 项目投资，其他项目的投资额都为零。造成这种情况的主要原因有：

(1) 短期投资项目(投资周期 $\leqslant$ 1 年)的年投资收益率与 2、4、5 年投资周期的年收益率差异不够大，这从灵敏度分析中也可以看出，如在其他条件都不发生变化的前提下，4 年期年投资收益率低于 36% 时，都不会对最优方案造成影响。

(2) 对短期投资项目的投资额没有限制，如果再加入对 1、2 年投资项目投资额度限制条件，那么最优方案会随之改变。

习 题

1．某企业能生产 A、B 两种产品，生产 1 kg A 产品需要煤 10 t、劳动力 6 个(以工作日算)，电力 4 kW；生产 1 kg B 产品需要煤 3 t，劳动力 10 个，电力 15 kW。并知道，生产 1 kg

A 产品能创造经济价值 5000 元，生产 1 kg B 产品能创造经济价值 8000 元。该企业由于条件限制，只有煤 380 t、电力 250 kW、劳动力 360 个可以利用。问在现有资源条件下，应生产 A 和 B 产品各多少才能创造总的价值最大？试建立该问题的线性规划模型。

2. 某饲养场饲养动物出售，设每头动物每天至少需 600 g 蛋白质、40 g 矿物质、150 mg 维生素。现有 5 种饲料可供选用，各种饲料的每千克营养成分含量及单价见表 2.26。

表 2.26

饲料	蛋白质/g	矿物质/g	维生素/mg	价格/(元/kg)
1	3	1	0.5	0.2
2	2	0.5	1.0	0.7
3	1	0.2	0.2	0.4
4	6	2	2	0.3
5	18	0.5	0.8	0.8

要求确定既满足动物生长的营养需要，又使费用最省的选用饲料的方案。(建立这个问题的线性规划模型，不求解。)

3. 某医院护士值班班次、每班工作时间及各班所需护士人数见表 2.27。每班护士值班开始时向病房报到，并连续工作 8 h。试决定该医院最少需要多少名护士才能满足轮班需要，建立线性规划模型。

表 2.27

班次	工作时间	所需护士人数
1	6:00~10:00	50
2	10:00~14:00	65
3	14:00~18:00	55
4	18:00~22:00	45
5	22:00~2:00	25
6	2:00~6:00	30

4. 求出下列线性规划问题所有基解，指出哪些是基可行解，并确定最优解：

(1) max $z = 3x_1 + x_2 + 2x_3$

s.t. $\begin{cases} 12x_1 + 3x_2 + 6x_3 + 3x_4 = 9 \\ 8x_1 + x_2 - 4x_3 + 2x_5 \leqslant 14 \\ 3x_1 - x_6 \geqslant 2 \\ x_j \geqslant 0 (j = 1, \cdots, 6) \end{cases}$

(2) min $z = 5x_1 - 2x_2 + 3x_3 + 2x_4$

s.t. $\begin{cases} x_1 + 2x_2 + 3x_3 + 4x_4 = 7 \\ 2x_1 + 2x_2 + x_3 + 2x_4 = 3 \\ x_j \geqslant 0 (j = 1, \cdots, 4) \end{cases}$

5. 用图解法求解下列线性规划问题：

(1) min $z = 2x_1 + 3x_2$

s.t. $\begin{cases} 4x_1 + 6x_2 \geqslant 6 \\ 2x_1 + 2x_2 \geqslant 4 \\ x_1, x_2 \geqslant 0 \end{cases}$

(2) min $z = 3x_1 + 2x_2$

s.t. $\begin{cases} 2x_1 + x_2 \leqslant 2 \\ 3x_1 + 4x_2 \geqslant 12 \\ x_1, x_2 \geqslant 0 \end{cases}$

6. 将下述线性规划问题化成标准形式：

(1) max $z = -3x_1 + 4x_2 - 2x_3 + 5x_4$

(2) min $z = 2x_1 - 2x_2 + 3x_3$

$$\text{s.t.} \begin{cases} 4x_1 - x_2 + 2x_3 - x_4 = -2 \\ x_1 + x_2 - x_3 + 2x_4 \leq 14 \\ -2x_1 + 3x_2 + x_3 - x_4 \geq 2 \\ x_i \geq 0 (i=1,2,3), x_4 \text{无约束} \end{cases} \qquad \text{s.t.} \begin{cases} -x_1 + x_2 + x_3 = 4 \\ -2x_1 + x_2 - x_3 \leq 6 \\ x_1 \leq 0, x_2 \geq 0, x_3 \text{无约束} \end{cases}$$

7. 用单纯形表求解下列线性规划问题：

(1) $\max z = 3x_1 - 4x_2 + x_3$

$$\text{s.t.} \begin{cases} 3x_1 + x_2 + x_3 \leq 60 \\ x_1 - x_2 + 2x_3 \leq 10 \\ x_1 + x_2 - x_3 \leq 20 \\ x_j \geq 0 (j=1,2,3) \end{cases}$$

(2) $\min z = x_1 - 2x_2 + 5x_3 + 2x_4$

$$\text{s.t.} \begin{cases} -2x_1 + 2x_2 + x_3 = 4 \\ 3x_1 + x_2 + x_4 = 6 \\ x_j \geq 0 (j=1,2,3,4) \end{cases}$$

8. 用单纯形法中的大 M 法和两阶段法求解下列线性规划问题：

(1) $\max z = 2x_1 - x_2 + 2x_3$

$$\text{s.t.} \begin{cases} x_1 + x_2 + x_3 \geq 6 \\ -2x_1 + x_3 \geq 2 \\ 2x_2 - x_3 \geq 0 \\ x_i \geq 0 (i=1,2,3) \end{cases}$$

(2) $\min z = 2x_1 + 3x_2 + x_3$

$$\text{s.t.} \begin{cases} x_1 + 4x_2 + x_3 \geq 8 \\ 3x_1 + 2x_2 \geq 6 \\ 2x_2 - x_3 \geq 0 \\ x_i \geq 0 (i=1,2,3) \end{cases}$$

9. 给出线性规划问题

$$\min z = 2x_1 + 3x_2 + 5x_3 + 6x_4$$

$$\text{s.t.} \begin{cases} x_1 + 2x_2 + 3x_3 + x_4 \geq 2 \\ -2x_1 + x_2 - x_3 + 3x_4 \leq -3 \\ x_j \geq 0 (j=1,\cdots,4) \end{cases}$$

(1)写出其对偶问题；(2)用图解法求解对偶问题；(3)利用(2)的结果及根据对偶问题性质写出原问题最优解。

10. 用对偶单纯形法求解下列线性规划问题：

(1) $\min z = 2x_1 + x_2 + 4x_3$

$$\text{s.t.} \begin{cases} 2x_1 - x_2 + x_3 \geq 4 \\ x_1 + x_2 + 2x_3 \leq 8 \\ x_2 - x_3 \geq 2 \\ x_j \geq 0 \ (j=1,2,3) \end{cases}$$

(2) $\max z = -4x_1 - 3x_2$

$$\text{s.t.} \begin{cases} x_1 + x_2 \leq 1 \\ x_2 \geq 0 \\ -x_1 + 2x_2 \leq 1 \\ x_j \geq 0 \ (j=1,2) \end{cases}$$

11. 有如下线性规划问题：

$$\max z = -3x_1 + 11x_2 + 15x_3$$

$$\text{s.t.} \begin{cases} -x_1 + x_2 + 3x_3 \leq 20 \\ 12x_1 + 4x_2 + 10x_3 \leq 90 \\ x_j \geq 0 \ (j=1,2,3) \end{cases}$$

当下列参数改变时，试用灵敏度分析的方法分别求出参数的变化区间和新的最优解：

(1)第 1 个约束的右端项系数 $b_1 = 35$；

(2)目标函数中 x_2 的系数 $c_2 = 8$；

(3)目标函数中 x_3 的系数 $c_3 = 6$。

第3章

运 输 问 题

本章学习目标

- 掌握运输问题的数学模型及模型特征;
- 掌握产销平衡运输问题的表上作业法;
- 能把产销不平衡运输问题转化为产销平衡运输问题;
- 能熟练运用软件(Excel/Lingo)求解运输问题。

本章需掌握的基本概念与方法

- 表上作业法;
- 最小元素法;
- 伏格尔法;
- 闭回路;
- 位势/位势法。

运输问题的实质是线性规划问题,基于该问题的特殊性,人们找到了一些特殊的解法,这些解法与单纯形法相比,效率更高,尤其对于大规模的运输问题,更能体现其优越性。本章主要介绍运输问题的模型与性质、产销平衡运输问题与产销不平衡运输问题的建模举例以及求解运输问题的一种特殊解法——表上作业法。

3.1 运输问题数学模型

3.1.1 产销平衡运输问题数学模型

在经济建设中,经常碰到大宗物资调运问题,如煤炭、钢材、木材、粮食等物资,在全国有若干个生产基地,根据已有交通网络,应如何制定调运方案,将这些物资运到各消费地点,而总运费最小?这个问题可以用以下数学语言描述:

已知某种物资有 m 个产地 A_1,A_2,$\cdots$,A_m 和 n 个销地 B_1,B_2,$\cdots$,B_n,现在需要将物资从各产地运到各销地。已知各产地的产量为 a_i($i=1,2,\cdots,m$),各销地销量为 b_j($j=1,2,\cdots,n$),c_{ij} 表示从产地 A_i 到销地 B_j 的单位运价,应如何组织调运,才能使总运输费用最小?

设 x_{ij} 表示从产地 A_i 到销地 B_j 的物资运量,在产销平衡的条件下(即总产量和总销量相等),列出表 3.1 和表 3.2,分别称为单位运价表和平衡表。有时可以将这两张表合二为一,见表 3.3。

表 3.1

产地＼销地	B_1	B_2	…	B_n
A_1	c_{11}	c_{12}	…	c_{1n}
A_2	c_{21}	c_{22}	…	c_{2n}
…	…	…	…	…
A_m	c_{m1}	c_{m2}	…	c_{mn}

表 3.2

产地＼销地	B_1	B_2	…	B_n
A_1	x_{11}	x_{12}	…	x_{1n}
A_2	x_{21}	x_{22}	…	x_{2n}
…	…	…	…	…
A_m	x_{m1}	x_{m2}	…	x_{mn}

表 3.3

产地＼销地	B_1	B_2	…	B_n	产量
A_1	x_{11} | c_{11}	x_{12} | c_{12}	…	x_{1n} | c_{1n}	a_1
A_2	x_{21} | c_{21}	x_{22} | c_{22}	…	x_{2n} | c_{2n}	a_2
…	…	…	…	…	…
A_m	x_{m1} | c_{m1}	x_{m2} | c_{m2}	…	x_{mn} | c_{mn}	a_m
销量	b_1	b_2	…	b_n	$\sum_{i=1}^m a_i = \sum_{j=1}^n b_j$

由 A_i 运出去的物资总量应该等于 A_i 的产量,即

$$\sum_{j=1}^n x_{ij} = a_i \ (i=1,2,\cdots,m) \tag{3.1}$$

同样,运到销地 B_j 的物资总量应该等于 B_j 的销量,即

$$\sum_{i=1}^m x_{ij} = b_j \ (j=1,2,\cdots,n) \tag{3.2}$$

又因为产销平衡,即

$$\sum_{i=1}^m a_i = \sum_{j=1}^n b_j \tag{3.3}$$

总运输费用为

$$z = \sum_{i=1}^{m}\sum_{j=1}^{n}c_{ij}x_{ij} \quad (3.4)$$

显然，$x_{ij} \geqslant 0$。

因此，运输问题的线性规划模型为

$$\min z = \sum_{i=1}^{m}\sum_{j=1}^{n}c_{ij}x_{ij}$$

$$\text{s.t.}\begin{cases}\sum_{j=1}^{n}x_{ij}=a_{i}(i=1,2,\cdots,m)\\ \sum_{i=1}^{m}x_{ij}=b_{j}(j=1,2,\cdots,n)\\ x_{ij}\geqslant 0(i=1,2,\cdots,m;j=1,2,\cdots,n)\end{cases} \quad (3.5)$$

3.1.2 产销不平衡运输问题数学模型

在实际问题中，总产量和总销量不见得恰好相等，更多时候是产销不平衡。在产销不平衡条件下，需要把产销不平衡问题转化为产销平衡的问题。

1. 产大于销

当总产量大于总销量，即 $\sum_{i=1}^{m}a_{i} > \sum_{j=1}^{n}b_{j}$ 时，运输问题的数学模型可写成

$$\min z = \sum_{i=1}^{m}\sum_{j=1}^{n}c_{ij}x_{ij}$$

$$\text{s.t.}\begin{cases}\sum_{j=1}^{n}x_{ij}\leqslant a_{i}(i=1,2,\cdots,m)\\ \sum_{i=1}^{m}x_{ij}=b_{j}(j=1,2,\cdots,n)\\ x_{ij}\geqslant 0(i=1,2,\cdots,m;j=1,2,\cdots,n)\end{cases} \quad (3.6)$$

由于总产量大于总销量，就要考虑多余的物资在哪个产地就地储存的问题。这个多余物资的储存地可以看成是一个假想的销地，令这个假想销地的销量为

$$\sum_{i=1}^{m}x_{i,n+1}=\sum_{i=1}^{m}a_{i}-\sum_{j=1}^{n}b_{j}=b_{n+1} \quad (3.7)$$

令

$$c'_{ij} = c_{ij} \ (i=1,2,\cdots,m; j=1,2,\cdots,n)$$

$$c'_{ij} = 0 \ (i=1,2,\cdots,m; j=n+1)$$

将其分别代入，得到

$$\min z' = \sum_{i=1}^{m}\sum_{j=1}^{n+1} c'_{ij} x_{ij} = \sum_{i=1}^{m}\sum_{j=1}^{n} c'_{ij} x_{ij} + \sum_{i=1}^{m} c'_{i,n+1} x_{ij} = \sum_{i=1}^{m}\sum_{j=1}^{n} c_{ij} x_{ij}$$

$$\text{s.t.} \begin{cases} \sum_{j=1}^{n+1} x_{ij} = a_i (i=1,2,\cdots,m) \\ \sum_{i=1}^{m} x_{ij} = b_j (j=1,2,\cdots,n+1) \\ x_{ij} \geq 0 (i=1,2,\cdots,m; j=1,2,\cdots,n+1) \end{cases} \tag{3.8}$$

由于这个模型中 $\sum_{i=1}^{m} a_i = \sum_{j=1}^{n} b_j + b_{n+1} = \sum_{j=1}^{n+1} b_j$，所以这是一个产销平衡的运输问题。

2. 销大于产

当总销量大于总产量，即 $\sum_{j=1}^{n} b_j > \sum_{i=1}^{m} a_i$ 时，运输问题的数学模型可写成

$$\min z = \sum_{i=1}^{m}\sum_{j=1}^{n} c_{ij} x_{ij}$$

$$\text{s.t.} \begin{cases} \sum_{j=1}^{n} x_{ij} = a_i (i=1,2,\cdots,m) \\ \sum_{i=1}^{m} x_{ij} \leq b_j (j=1,2,\cdots,n) \\ x_{ij} \geq 0 (i=1,2,\cdots,m; j=1,2,\cdots,n) \end{cases} \tag{3.9}$$

与此类似，当总销量大于总产量时，可以在产销平衡表中增加一个假想的产地 $i=m+1$，该假想产地产量为 $\sum_{j=1}^{n} b_j - \sum_{i=1}^{m} a_i$。

这个假想的产地事实上并不存在，求出的由它发往各销地的运量 $x_{m+1,j}$ 实际上是各销地的物品欠缺额。显然，其相应的单位运价应等于 0，即 $c'_{m+1,j} = 0$，$(j=1,2,\cdots,n)$。在单位运价表上令从该假想产地到各销地的运价 $c'_{m+1,j} = 0$，同样可以转化为一个产销平衡的运输问题。此时，总销量大于总产量的运输问题模型可以表示为

$$\min z' = \sum_{i=1}^{m+1}\sum_{j=1}^{n} c'_{ij} x_{ij}$$

$$\text{s.t.} \begin{cases} \sum_{j=1}^{n} x_{ij} = a_i \ (i=1,2,\cdots,m+1) \\ \sum_{i=1}^{m+1} x_{ij} = b_j \ (j=1,2,\cdots,n) \\ x_{ij} \geq 0 (i=1,2,\cdots,m+1; j=1,2,\cdots,n) \end{cases} \tag{3.10}$$

3.1.3 运输问题的基本性质

运输问题是线性规划问题,但它具有一些特殊的性质。这些性质是运输问题特殊解法的基础。下面给出几个主要性质。

性质 3.1 运输问题模型的系数矩阵每列只有第 i 行和第 $m+j$ 行两个元素为 1,其余均为 0。具体如下:

$$A = \begin{bmatrix} 1 & 1 & \cdots & 1 & & & & & & & & \\ & & & & 1 & 1 & \cdots & 1 & & & & \\ & & & & & & & & \ddots & & & \\ & & & & & & & & & 1 & 1 & \cdots & 1 \\ 1 & & & & 1 & & & & & 1 & & & \\ & 1 & & & & 1 & & & & & 1 & & \\ & & \ddots & & & & \ddots & & & & & \ddots & \\ & & & 1 & & & & 1 & & & & & 1 \end{bmatrix} \tag{3.11}$$

性质 3.2 系数矩阵 A 的秩为 $m+n-1$,因此运输问题的基变量一定是 $m+n-1$ 个。

性质 3.3 产销平衡运输问题一定存在最优解。

性质 3.4 若各产地的产量和各销地的销量都为整数,则有可行解的运输问题必有整数最优解。

3.2 表上作业法

如前所述,运输问题是一个线性规划问题,可采用单纯形法进行求解,然而由于其变量较多,在问题的规模比较大时,采用单纯形法进行求解的效率很低。表上作业法是单纯形法在求解运输问题时的一种简化方法。表上作业法的实质仍然是单纯形法,因此具有单纯形法类似的解题步骤。

(1)找出初始基可行解,即在 $m \times n$ 产销平衡表上填出 $m+n-1$ 个数字格(基变量),不填数的空格代表非基变量。

(2)求各非基变量的检验数,即在表上计算空格的检验数,判别是否达到最优。如果全部检验数均为非负，则已达到最优，停止计算，否则，转到下一步。

(3)确定换入变量和换出变量。

(4)重复步骤(2)、(3)，直到得到最优解为止。

以上运算都可以在表中完成，下面通过例子说明表上作业法的计算步骤。

【例3.1】某公司有3个生产同类产品的加工厂(产地)，生产的产品由4个销售点(销地)出售，各加工厂的生产量、各销售点的销售量(假定单位均为吨)以及各加工厂到各销售点的单位运价(元/吨)见表3.4，产品应如何调运才能使总费用最小？

表3.4

销地 产地	B_1	B_2	B_3	B_4	产量
A_1	4	12	4	11	8
A_2	2	10	3	9	5
A_3	8	5	11	6	11
销量	4	7	6	7	24

3.2.1 初始基可行解的确定

确定初始基可行解的方法有很多，常见的方法有最小元素法、伏格尔(Vogel)法、西北角法三种。一般而言，伏格尔法效果最好，最小元素法次之，西北角法更次之。这里只介绍最小元素法和伏格尔法。

1. 最小元素法

这种方法的基本出发点，是按单位运价的大小决定供应的先后，优先满足单位运价最小者的供销要求(若以运距代替运价，其原则就是就近供应)。

就例3.1来说，由于A_2到B_1的单位运价最小，故首先满足它们之间的供销关系。A_2的生产量为5吨，B_1的需要量为4吨，若从A_2运4吨物品给B_1，则B_1的需要量即可得到满足。我们在表3.5中A_2行和B_1列的交叉格(A_2，B_1)中填入4，并划去第1列。这表明由A_2运4吨物品给B_1，这时，B_1已不再需要继续运入物品(见表3.5)。

表3.5

销地 产地	B_1	B_2	B_3	B_4	产量	
A_1	4	12	5 4	3 11	8	⑥
A_2	4 2	10	1 3	9	5	②
A_3	8	7 5	11	4 6	11	⑤
销量	4	7	6	7	24	
	①	④	③	⑥		

在此时未划去的格中，找出单位运价最小的供销单位(A_2，B_3)，由于A_2供应完B_1后仅

剩下1吨物品,故只能供给$B_3$1吨。在(A_2,B_3)格中填入1,因A_2的供应量已用完,故再划去A_2行。

继续按以上方法操作下去,直到全部格子均被划去,所有产销要求均已得到满足。格子中填入的数字(即x_{ij}的值)为该运输问题的一个初始基可行解(初始调运方案):由A_1运5吨至B_3,运3吨至B_4;由A_2运4吨至B_1,运1吨至B_3;由A_3运7吨至B_2,运4吨至B_4。即$x_{13}=5$,$x_{14}=3$,$x_{21}=4$,$x_{23}=1$,$x_{32}=7$,$x_{34}=4$,其他变量全部为0。这个初始方案满足所有约束条件,且其非零变量的个数等于独立的约束方程数,即等于$m+n-1=3+4-1=6$。此时的目标函数值(即总运费)为

$$z = 5\times 4 + 3\times 11 + 4\times 2 + 1\times 3 + 7\times 5 + 4\times 6 = 123(元)$$

表3.5下部和左侧小圆圈内的数字,指出了各行各列划去的先后顺序,即得出这个初始调运方案的步骤顺序。

2. 伏格尔(Vogel)法

最小元素法初看起来似乎合理,但有时为了优先考虑某一最小元素,却可能使其他供销点的运输费用大大增加。事实上,如不能按最小运价供销,就应考虑次小运价。这两个运价差额越大,说明在该处不按最小运价供销的损失就越多。伏格尔法考虑到这种情况,先计算出每行及每列单位运价次小和最小的两个元素之间的差值,并称其为**罚数**,再从罚数最大的行或列中找出单位运价最小者,优先满足其供销关系。

仍就例3.1来说,先计算表3.4中每行及每列的最小和次小单位运价的差值,并依次填入表3.6中行罚数栏的第1列和列罚数栏的第1行。例如,A_1行中最小和次小单位运价都等于4,其罚数等于0;B_1列中的最小和次小元素分别为2和4,其罚数等于2……如此依次计算,将行罚数栏的第1列和列罚数的第1行填满(见表3.6)。其中,最大的罚数等于5(在小圆圈内),位于B_2列。在B_2列中,最小单位运价是5,因此,在相应的(A_3,B_2)格中填入尽可能大的运量7,此时B_2的需求得到满足,应划去B_2列。

表3.6

产地\销地	B_1	B_2	B_3	B_4	产量	行罚数				
A_1	4	12	6 4	2 11	8	0	0	0	⑦	0
A_2	4 2	10	1 3 9		5	1	1	1	6	0
A_3	8	7 5	11	4 6	11	1	2	—	—	
销量	4	7	6	7						
列罚数	2	⑤	1	3						
	2		1	③						
	②	—	1	2						
	—		1	2						
	—		—	②						

在尚未划去的各行、各列中,重新计算各行和各列的罚数,填入行罚数栏的第2列和列罚数栏的第2行,继续如此操作下去,依次算出每次迭代的行罚数和列罚数,在表中填入一个运输量,划去一行或一列,直至最后在(A_1,B_4)中填入2,并同时划去A_1行和B_4列。

这样得到的初始调运方案为：由 A_1 运 6 吨至 B_3，运 2 吨至 B_4；由 A_2 运 4 吨至 B_1，运 1 吨至 B_4；由 A_3 运 7 吨至 B_2，运 4 吨至 B_4。

此时的目标函数值为

$$z = 6 \times 4 + 2 \times 11 + 4 \times 2 + 1 \times 9 + 7 \times 5 + 4 \times 6 = 122(元)$$

由上述结果可见，由伏格尔法得到的初始调运方案比最小元素法得到的总运费低。一般来说，伏格尔法给出的初始方案质量较好，常用来作为最优运输方案的近似解。

3.2.2 解的最优性检验

给定了一个初始方案后，要判定这个方案是否最优，就需要对其检验数进行计算、判断。运输问题是线性规划问题的特殊问题，有其独特的计算检验数的方法，常用的有**闭回路法**和**位势法**。若检验出是最优解，则迭代停止；若不是最优解，则用闭回路法进行调整。

1. 闭回路法

在表上作业法的运输表中，填入数字的格对应的变量是基变量，其数字就等于这个变量值；未填入数字的格(空格)对应的变量是非基变量，在这个解中该变量之值等于零。要判定一个解是否为最优解，需要计算各非基变量的检验数，即空格的检验数。现从初始方案(见表 3.5)出发，说明如何利用闭回路计算每个空格的检验数。

先考虑表 3.5 中的空格(A_1，B_1)：若改为从产地 A_1 运 1 吨物品给销地 B_1，为了保持各产地的物品都有去向，各销地的需要量都能得到满足，就要分别将(A_1，B_3)处的运量减少 1 吨，(A_2，B_3)处的运量增加 1 吨，(A_2，B_1)处的运量减少 1 吨(见表 3.7)。由表 3.7 可见，这 4 个方格正好处于以它们为顶点的同一条闭回路上。这样的调整对运输费用有什么影响呢？这可由相应各方格的单位运价看出来：由于(A_1，B_1)、(A_1，B_3)、(A_2，B_3)和(A_2，B_1)各方格的单位运价分别是 4 元、4 元、3 元和 2 元，故如此调整 1 吨物品运费的增加量为

$$c_{11} - c_{13} + c_{23} - c_{21} = 4 - 4 + 3 - 2 = +1(元)$$

表 3.7

销地 产地	B_1	B_2	B_3	B_4	产量
A_1	(+1) ⎡4⎤	⎡12⎤	5 (−1) ⎡4⎤	⎡3⎤ 11	8
A_2	4 (−1) ⎡2⎤	⎡10⎤	1 (+1) ⎡3⎤	⎡9⎤	5
A_3	⎡8⎤	7 ⎡5⎤	⎡11⎤	4 ⎡6⎤	11
销量	4	7	6	7	24

这正是空格(A_1，B_1)的检验数。检验数为正说明这样的方案改变将会使运输费用增加，因而是不可取的。也就是说，不应将其对应的变量(此处为 x_{11})作为入换入变量。

由上述可知，为了求某一空格的检验数，先要找出它所对应的闭回路。这个闭回路的顶点，除了这个空格外，其他均应由填有数字的格组成。每个空格都存在唯一一条这样的闭回路。

闭回路的做法：从某个空格开始，沿水平或垂直方向前进，当遇到一个数字时，可以越

过继续前进,也可以转90°,再沿垂直或水平方向前进,如此进行下去,最终回到原出发点。当然,闭回路的形状不一定是简单的矩形。图3.1给出了闭回路的几种可能情况。

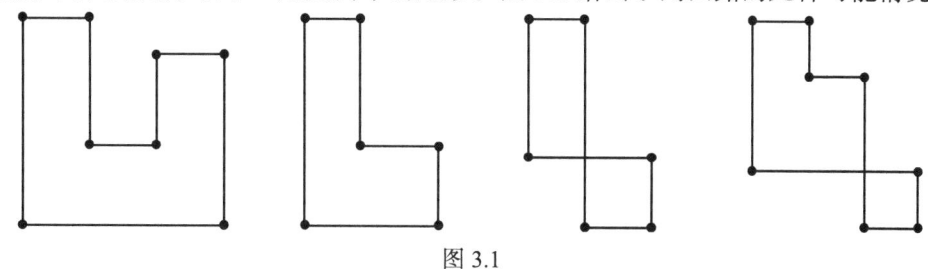

图3.1

按照同样的方法可算出初始方案各个空格的检验数,将其填入各空格内,就得到一张检验数表(见表3.8)。

表3.8

产地＼销地	B_1	B_2	B_3	B_4	产量
A_1	1	2			8
A_2		1		−1	5
A_3	10		12		11
销量	4	7	4	6	

2. 位势法

在闭回路法中,要判定一个运输方案是否为最优方案,需要找出每个空格的闭回路,并要计算出各空格的检验数。当一个运输方案的产地和销地很多时,空格数量很大,计算检验数的工作就十分繁重。这时,最好使用**位势法**来计算空格检验数。

考虑产销平衡的运输问题,假定前 m 个约束等式对应的对偶变量分别是 u_1,u_2,…,u_m;后 n 个约束等式对应的对偶变量分别是 v_1,v_2,…,v_n,则其对偶变量 Y 可表示为

$$Y = [u_1, u_2, \cdots, u_m, v_1, v_2, \cdots, v_n] \tag{3.12}$$

从而可以写出其对偶问题的数学模型为

$$\begin{cases} \max z' = \sum_{i=1}^{m} u_i a_i + \sum_{j=1}^{n} v_j b_j \\ u_1 + v_1 \leqslant c_{11} \\ u_1 + v_2 \leqslant c_{12} \\ \vdots \\ u_1 + v_n \leqslant c_{1n} \\ u_2 + v_1 \leqslant c_{21} \\ u_2 + v_2 \leqslant c_{22} \\ \vdots \\ u_i + v_j \leqslant c_{ij} \\ \vdots \\ u_m + v_n \leqslant c_{mn} \\ (i=1,2,\cdots,m; j=1,2,\cdots,n) \end{cases} \tag{3.13}$$

由第 2 章可知，线性规划问题的非基变量检验数可表示为

$$\sigma_j = c_j - z_j = c_j - \boldsymbol{C}_B \boldsymbol{B}^{-1} \boldsymbol{A}_j = c_j - \boldsymbol{Y}\boldsymbol{A}_j \tag{3.14}$$

其中，$\boldsymbol{B}^{-1}$ 为当前基可行解对应的基矩阵的逆阵。

在运输问题中，某变量 x_{ij} 的检验数为

$$\sigma_{ij} = c_{ij} - z_{ij} = c_{ij} - \boldsymbol{Y}\boldsymbol{A}_{ij} = c_{ij} - [u_1, u_2, \cdots, u_m, v_1, v_2, \cdots, v_n]\boldsymbol{A}_{ij} = c_{ij} - (u_i + v_j) \tag{3.15}$$

现假定已得到了运输问题的一个基可行解，其基变量为

$$x_{i_1 j_1}, x_{i_2 j_2}, \cdots, x_{i_s j_s} \quad (s = m + n - 1)$$

由于基变量的检验数等于 0，故对基变量来说，可以写出如下方程组：

$$\begin{cases} u_{i_1} + v_{j_1} = c_{i_1 j_1} \\ u_{i_2} + v_{j_2} = c_{i_2 j_2} \\ \quad \vdots \\ u_{i_s} + v_{j_s} = c_{i_s j_s} \end{cases} \tag{3.16}$$

由于在运输表中，每行每列都含有基变量，每行和每列都对应着一个约束条件，从而又对应各自的对偶变量。因而，上述方程组共有 $m+n-1$ 个方程，包含了全部 $m+n$ 个对偶变量。可以证明方程组(3.16)有解，其系数矩阵的秩为 $m+n-1$。但由于变量数比方程数多 1 个，故求解方程组时可选一变量任意取值。通常，我们把满足方程组(3.16)的任一组解 $u_i (i=1,2,\cdots,m)$ 和 $v_j (j=1,2,\cdots,n)$ 称为**位势**。

解出的 $u_i(i=1,2,\cdots,m)$ 和 $v_j(j=1,2,\cdots,n)$ 若满足式(3.13)的约束条件，则说明此时的调运方案已经是该运输问题的最优方案；反之，若不满足式(3.13)的约束条件，即存在负的检验数，则表明此时得到的解就不是最优解。这时可根据算出的检验数对原来的运输方案进行调整。

现仍以例 3.1 来说明用位势法求检验数的步骤。

(1) 计算位势，即构造方程组(3.16)，求各行和各列的位势。

由于 x_{13}、x_{14}、x_{21}、x_{23}、x_{32} 和 x_{34} 为基变量(见表 3.5)，故应按以下方程组确定各产地和各销地的位势：

$$\begin{cases} u_1 + v_3 = 4 \\ u_1 + v_4 = 11 \\ u_2 + v_1 = 2 \\ u_2 + v_3 = 3 \\ u_3 + v_2 = 5 \\ u_3 + v_4 = 6 \end{cases} \tag{3.17}$$

为了计算简单，通常先指定某一位势等于 0，现任意指定 $u_1 = 0$，则可由方程组(3.17)推出

$$\begin{cases} u_1 = 0, u_2 = -1, u_3 = -5 \\ v_1 = 3, v_2 = 10, v_3 = 4, v_4 = 11 \end{cases} \tag{3.18}$$

(2) 计算空格检验数。由 $\sigma_{ij} = c_{ij} - (u_i + v_j)$ 计算空格检验数分别为

$$\begin{cases} \sigma_{11} = c_{11} - (u_1 + v_1) = 4 - (0+3) = 1 \\ \sigma_{12} = c_{12} - (u_1 + v_2) = 12 - (0+10) = 2 \\ \sigma_{22} = c_{22} - (u_2 + v_2) = 10 - (-1+10) = 1 \\ \sigma_{24} = c_{24} - (u_2 + v_4) = 9 - (-1+11) = -1 \\ \sigma_{31} = c_{31} - (u_3 + v_1) = 8 - (-5+3) = 10 \\ \sigma_{33} = c_{33} - (u_3 + v_3) = 11 - (-5+4) = 12 \end{cases} \qquad (3.19)$$

将利用位势法计算获得的检验数与表 3.8 对比，可知两种方法求出的结果完全相同。由于有负检验数的存在，说明这个方案不是最优方案，需要对方案进行调整。

3.2.3 解的改进方法

如果一个初始基可行解的检验数有负数，它就不是最优解，应进行调整。首先要决定哪个非基变量换入，哪个基变量换出。与单纯形法解决线性规划问题相同，运输问题选择负检验数对应的变量作为换入变量。当同时有几个负检验数时，通常以绝对值最大者对应的变量优先作为换入变量。有了换入变量之后，以此作为起点作一个闭回路，对闭回路上各顶点的运量作尽可能多的调整，使其中某个数字格的运量变为 0，这个格对应的变量就是换出变量。当同时有几个变量的值均为 0 时，就发生**退化**。这时，除选定其中一个为退出变量外，需在其他格子中填入数字 "0"，以保持数字格的个数仍然为 $m+n-1$ 个，能使继续采用表上作业法进行迭代。

在**例 3.1** 中，由于 (A_2, B_4) 格的检验数为负，说明若增加 A_2 到 B_4 的运量，则运输费用还将减少，初始调运方案还不是最优方案。为了在初始调运方案的基础上调整得到一个更好的调运方案，应选这个方格对应的变量 x_{24} 为换入变量。以此作为起点，进行闭回路调整。由于以 (A_2, B_4) 为顶点的闭回路上各顶点的运量分别为 (A_1, B_4) 格 3，(A_1, B_3) 格 5，(A_2, B_3) 格 1，故最大的调整量为 1。具体操作为在 (A_2, B_4) 格填入数字 "+1"，在 (A_1, B_4) 格填入数字 "-1"，在 (A_1, B_3) 格填入数字 "+1"，在 (A_2, B_3) 格填入数字 "-1" 并划去，表明这个格对应的变量为换出变量。具体见表 3.9。

表 3.9

产地\销地	B_1	B_2	B_3	B_4	产量
A_1	4	12	5 (+1) 4	3 (-1) 11	8
A_2	4 2	10	~~3~~ (-1)	(+1) 9	5
A_3	8	7 5	11	4 6	11
销量	4	7	6	7	24

此时新方案的总运费为

$$z = 6 \times 4 + 2 \times 11 + 4 \times 2 + 1 \times 9 + 7 \times 5 + 4 \times 6 = 122 \text{（元）}$$

再次对该调运方案计算检验数，此时非基变量的检验数分别为

$$\begin{cases} \sigma_{11} = c_{11} - (u_1 + v_1) = 4 - (0 + 4) = 0 \\ \sigma_{12} = c_{12} - (u_1 + v_2) = 12 - (0 + 10) = 2 \\ \sigma_{22} = c_{22} - (u_2 + v_2) = 10 - (-2 + 10) = 2 \\ \sigma_{23} = c_{23} - (u_2 + v_3) = 3 - (-2 + 4) = 1 \\ \sigma_{31} = c_{31} - (u_3 + v_1) = 8 - (-5 + 4) = 9 \\ \sigma_{33} = c_{33} - (u_3 + v_3) = 11 - (-5 + 4) = 12 \end{cases} \quad (3.20)$$

可见，新调运方案所有的检验数 $\sigma_{ij} \geq 0$，故此时已得到最优解。

值得注意的是，当达到最优解时，如果发现某非基变量的检验数为零，则最优方案可能不唯一。事实上，若以检验数为零的非基变量作为换入变量，对原最优解进行调整，就会得到另一个新解，它与原最优解具有相同的目标函数值。这种调整常会得到一个新的最优调运方案，而增加组织运输的灵活性。

3.2.4 产销不平衡运输问题表上作业法

前面所说的关于运输问题的算法，是以产销平衡为前提的。在实际问题中，往往还会碰到产销不平衡问题。当我们将产销不平衡运输问题转化为产销平衡运输问题时，同样可以利用表上作业法求解该运输问题。

1. 产大于销

总产量大于总销量时，为保持产销平衡，可增加一个假想的销地 B_{n+1}，其"需求量"为 $\sum_{i=1}^{m} a_i - \sum_{j=1}^{n} b_j$。增加假想的销地 B_{n+1} 之后的产销平衡运输表见表 3.10。

表 3.10

销地 产地	B_1	B_2	...	B_n	B_{n+1}	产量
A_1	x_{11} c_{11}	x_{12} c_{12}	...	x_{1n} c_{1n}	0	a_1
A_2	x_{21} c_{21}	x_{21} c_{22}	...	x_{2n} c_{2n}	0	a_2
...	...	...	...	...	...	...
A_m	x_{m1} c_{m1}	x_{m2} c_{m2}	...	x_{mn} c_{mn}	0	a_m
销量	b_1	b_2	...	b_n	$\sum_{i=1}^{m} a_i - \sum_{j=1}^{n} b_j$	$\sum_{i=1}^{m} a_i = \sum_{j=1}^{n+1} b_j$

2. 销大于产

类似地，若总销量大于总产量，则增加一个假想的产地 A_{m+1}，其"生产量"为 $\sum_{j=1}^{n} b_j - \sum_{i=1}^{m} a_i$。增加假想的产地 A_{m+1} 之后的产销平衡运输表见表 3.11。

表3.11

产地\销地	B_1	B_2	...	B_n	产量
A_1	x_{11} c_{11}	x_{12} c_{12}	...	x_{1n} c_{1n}	a_1
A_2	x_{21} c_{21}	x_{22} c_{22}	...	x_{2n} c_{2n}	a_2
...	...	...	...	...	...
A_m	x_{m1} c_{m1}	x_{m2} c_{m2}	...	x_{mn} c_{mn}	a_m
A_{m+1}	$x_{m+1,1}$ 0	$x_{m+1,2}$ 0	...	$x_{m+1,n}$ 0	$\sum_{j=1}^{n}b_j - \sum_{i=1}^{m}a_i$
销量	b_1	b_2	...	b_n	$\sum_{i=1}^{m+1}a_i = \sum_{j=1}^{n}b_j$

【例3.2】 设有A_1、A_2、A_3三个面粉厂，每天要把生产出来的面粉运往B_1、B_2、B_3三个面食加工厂。各面粉厂的产量(吨/天)、各面食加工厂的需求量(吨/天)以及将面粉从各面粉厂运至各面食加工厂的单位运价(元/吨)见表3.12。应如何组织调运才能使的总运费最小？

表3.12

产地\销地	B_1	B_2	B_3	产量
A_1	30	100	20	15
A_2	40	110	80	25
A_3	80	110	40	20
销量	20	30	20	

解： 总产量为60吨，总销量为70吨，总销量>总产量，为产销不平衡问题。

增加一个虚拟的面粉厂A_4，A_4的产量为$\sum_{j=1}^{n}b_j - \sum_{i=1}^{m}a_i = 10$。面粉厂$A_4$的产量实际并不真正存在，所以运输单价为0，即$c_{4j}=0(j=1,2,3)$。由此将产销不平衡的运输问题转化为产销平衡的运输问题，具体见表3.13。求解过程及方法同例3.1。

表3.13

产地\销地	B_1	B_2	B_3	产量
A_1	30	100	20	15
A_2	40	110	80	25
A_3	80	110	40	20
A_4	0	0	0	10
销量	20	30	20	70

3.3 运输问题软件求解

3.3.1 运输问题 Excel 求解

1. 产销平衡运输问题 Excel 求解

用 Excel 对运输问题进行建模类似于线性规划问题建模。结合例 3.1，用 Excel 对其建模，如图 3.2 所示。

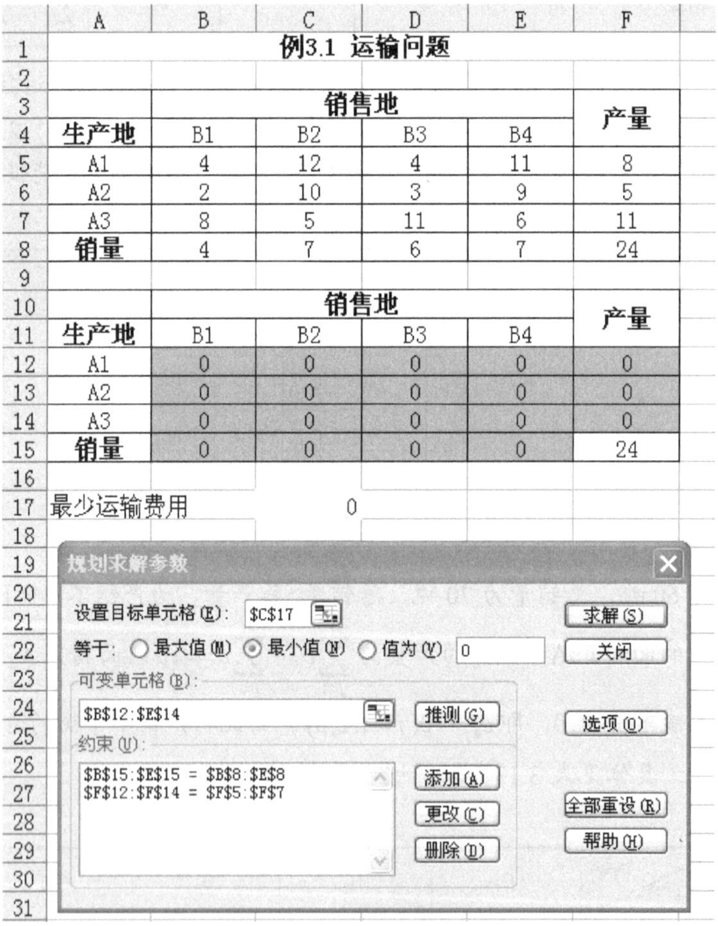

图 3.2

其中，约束条件格 F12、F13、F14 的命令分别为"=sum（B12:E12）"、"=sum（B13:E13）"、"=sum（B14:E14）"；约束条件格 B15、C15、D15、E15 的命令分别为"=sum（B12:B14）"、"=sum（C12:C14）"、"=sum（D12:D14）"、"=sum（E12:E14）"；目标函数格 C17 的命令为"=sumproduct（B5:E7,B12:E14）"。再如图 3.2 所示给定可变单元格与约束条件后，单击"选项"按钮进行设置，如图 3.3 所示。

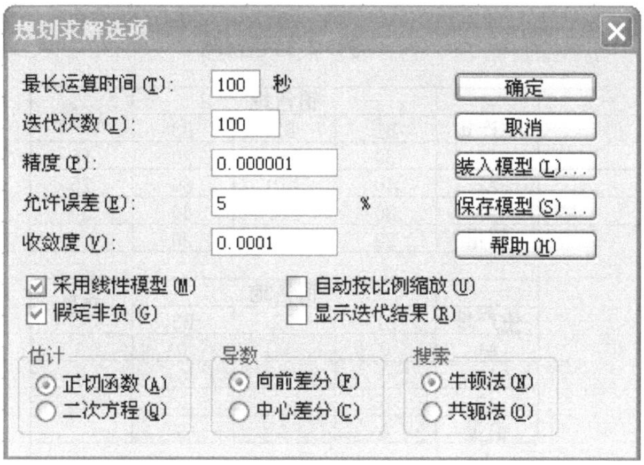

图 3.3

求得该运输问题的最优解，如图 3.4 所示。

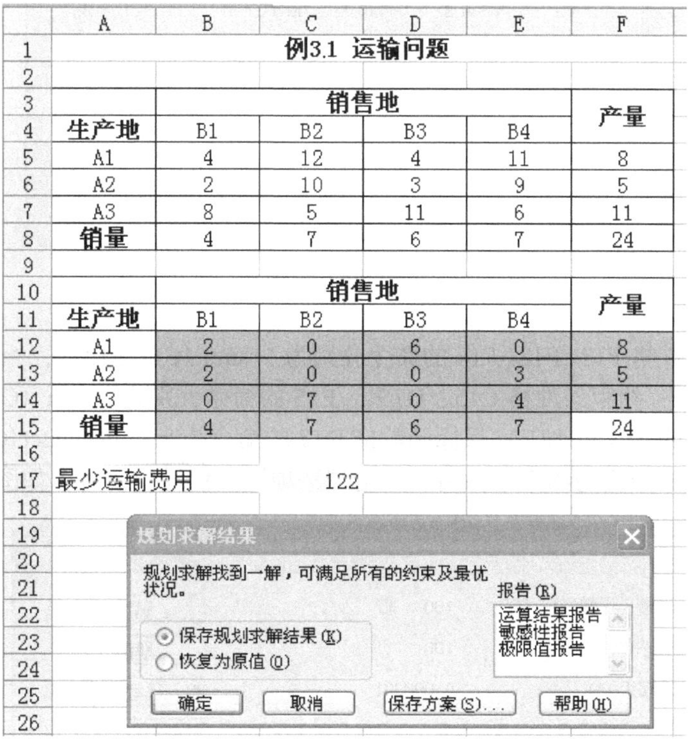

图 3.4

2．产销不平衡运输问题 Excel 求解

由于利用 Excel 求解运输问题没有利用表上作业法，而是直接采用单纯形法进行求解，因此对产销不平衡的运输问题，我们可以不转化为产销平衡运输问题直接求解。具体过程如下所示。

不转化成产销平衡运输问题，则产地仍然保持三个，只需在约束中将销量约束条件由产销平衡时的$C$15:$E$15=$C$8:$E$8 转化为$C$15:$E$15≦$C$8:$E$8，如图 3.5 所示。

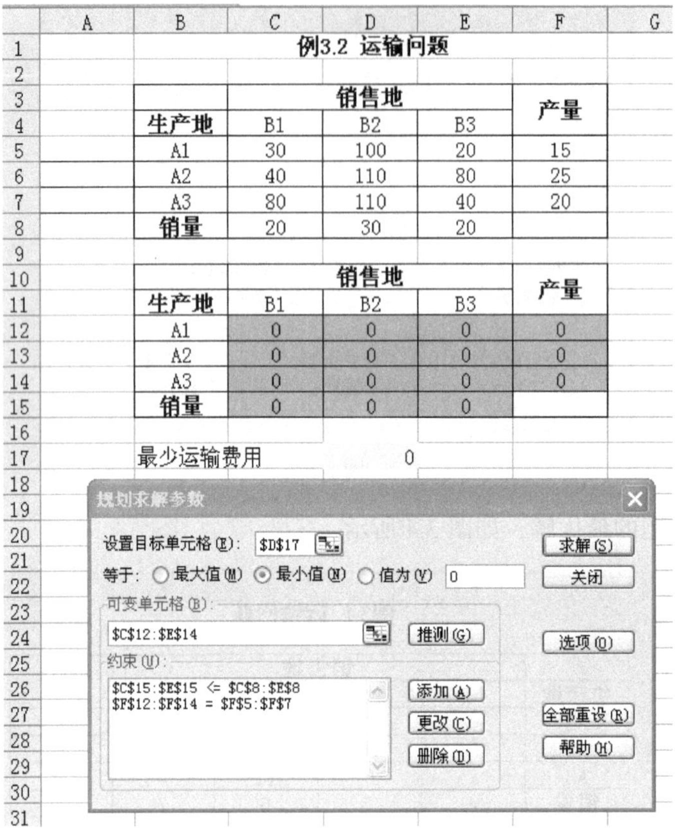

	A	B	C	D	E	F	G
1				例3.2 运输问题			
2							
3				销售地		产量	
4		生产地	B1	B2	B3		
5		A1	30	100	20	15	
6		A2	40	110	80	25	
7		A3	80	110	40	20	
8		销量	20	30	20		
9							
10				销售地		产量	
11		生产地	B1	B2	B3		
12		A1	0	0	0	0	
13		A2	0	0	0	0	
14		A3	0	0	0	0	
15		销量	0	0	0		
16							
17		最少运输费用		0			

图 3.5

其中，约束条件格 F12、F13、F14 的命令分别为"=sum（C12:E12）"、"=sum（C13:E13）"、"=sum（C14:E14）"；约束条件格 C15、D15、 E15 的命令分别为"=sum（C12:C14）"、"=sum（D12:D14）"、"=sum（E12:E14）"；目标函数格 D17 的命令为"=sumproduct（C5:E7,C12:E14）"。如图 3.5 给定可变单元格与约束条件后，单击"选项"按钮进行设置，如图 3.6 所示。

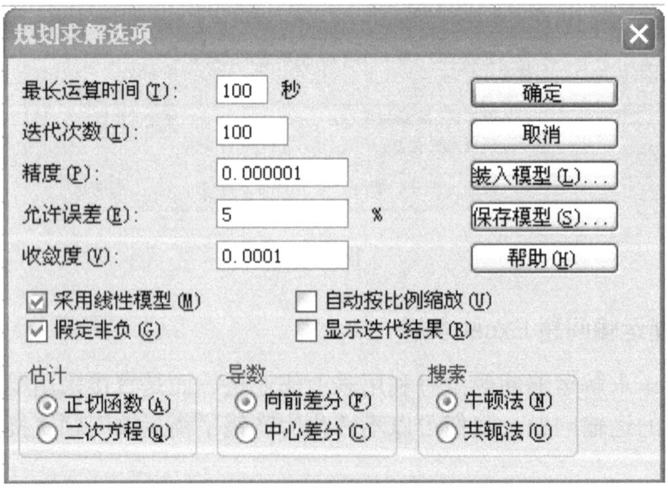

图 3.6

该产销不平衡运输问题具体求解结果如图 3.7 所示。

	A	B	C	D	E	F
1			例3.2 运输问题			
2						
3			销售地			产量
4		生产地	B1	B2	B3	
5		A1	30	100	20	15
6		A2	40	110	80	25
7		A3	80	110	40	20
8		销量	20	30	20	
9						
10			销售地			产量
11		生产地	B1	B2	B3	
12		A1	0	0	15	15
13		A2	20	5	0	25
14		A3	0	15	5	20
15		销量	20	20	20	
16						
17		最少运输费用		3500		

图 3.7

3.3.2 运输问题 Lingo 求解

1. 产销平衡运输问题 Lingo 求解

下面对例 3.1 利用 Lingo 进行求解。
Lingo 程序如下:

```
MODEL:
sets:
Production/1,2,3/:a;
Sales/1,2,3,4/:b;
link(Production,Sales):c,x;
endsets
data:
a=8,5,11;
b=4,7,6,7;
c=4 12 4 11
  2 10 3 9
  8 5 11 6;
enddata
[OBJ]min=@sum(link:c*x);
```

```
@for(Production(i):
    @sum(Sales(j):x(i,j))=a(i));
@for(Sales(j):@sum(Production(i):x(i,j))= b(j));
@for(link(i,j):x(i,j)>=0);
end
```

求解结果为如下:

```
Global optimal solution found.
  Objective value:                              122.0000
  Infeasibilities:                              0.000000
  Total solver iterations:                             7
```

Variable	Value	Reduced Cost
A(1)	8.000000	0.000000
A(2)	5.000000	0.000000
A(3)	11.00000	0.000000
B(1)	4.000000	0.000000
B(2)	7.000000	0.000000
B(3)	6.000000	0.000000
B(4)	7.000000	0.000000
C(1, 1)	4.000000	0.000000
C(1, 2)	12.00000	0.000000
C(1, 3)	4.000000	0.000000
C(1, 4)	11.00000	0.000000
C(2, 1)	2.000000	0.000000
C(2, 2)	10.00000	0.000000
C(2, 3)	3.000000	0.000000
C(2, 4)	9.000000	0.000000
C(3, 1)	8.000000	0.000000
C(3, 2)	5.000000	0.000000
C(3, 3)	11.00000	0.000000
C(3, 4)	6.000000	0.000000
X(1, 1)	0.000000	0.000000
X(1, 2)	0.000000	2.000000
X(1, 3)	6.000000	0.000000
X(1, 4)	2.000000	0.000000
X(2, 1)	4.000000	0.000000
X(2, 2)	0.000000	2.000000
X(2, 3)	0.000000	1.000000
X(2, 4)	1.000000	0.000000
X(3, 1)	0.000000	9.000000
X(3, 2)	7.000000	0.000000
X(3, 3)	0.000000	12.00000
X(3, 4)	4.000000	0.000000

Row	Slack or Surplus	Dual Price
OBJ	122.0000	−1.000000

2	0.000000	−4.000000
3	0.000000	−2.000000
4	0.000000	1.000000
5	0.000000	0.000000
6	0.000000	−6.000000
7	0.000000	0.000000
8	0.000000	−7.000000
9	0.000000	0.000000
10	0.000000	0.000000
11	6.000000	0.000000
12	2.000000	0.000000
13	4.000000	0.000000
14	0.000000	0.000000
15	0.000000	0.000000
16	1.000000	0.000000
17	0.000000	0.000000
18	7.000000	0.000000
19	0.000000	0.000000
20	4.000000	0.000000

求解的最优结果为 $x_{13}=6$，$x_{14}=2$，$x_{21}=4$，$x_{24}=1$，$x_{32}=7$，$x_{34}=4$；最优目标函数值为 122。需要注意的是，在 Lingo 中，默认的变量均为非负值。

2．产销不平衡运输问题 Lingo 求解

下面对例 3.2 利用 Lingo 进行求解。

Lingo 程序如下：

```
MODEL:
sets:
Production/1,2,3/:a;
Sales/1,2,3/:b;
link(Production,Sales):c,x;
endsets
data:
a=15,25,20;
b=20,30,20;
c=30 100 20
  40 110 80
  80 110 40;
enddata
[OBJ]min=@sum(link:c*x);
@for(Production(i): @sum(Sales(j):x(i,j))=a(i));
@for(Sales(j):@sum(Production(i):x(i,j))<=b(j));
@for(link(i,j):x(i,j)>=0);
end
```

求解结果如下：

```
Global optimal solution found.
  Objective value:                              3500.000
  Infeasibilities:                              0.000000
  Total solver iterations:                             6

         Variable           Value        Reduced Cost
            A(1)         15.00000            0.000000
            A(2)         25.00000            0.000000
            A(3)         20.00000            0.000000
            B(1)         20.00000            0.000000
            B(2)         30.00000            0.000000
            B(3)         20.00000            0.000000
         C(1, 1)         30.00000            0.000000
         C(1, 2)         100.0000            0.000000
         C(1, 3)         20.00000            0.000000
         C(2, 1)         40.00000            0.000000
         C(2, 2)         110.0000            0.000000
         C(2, 3)         80.00000            0.000000
         C(3, 1)         80.00000            0.000000
         C(3, 2)         110.0000            0.000000
         C(3, 3)         40.00000            0.000000
         X(1, 1)         0.000000            10.00000
         X(1, 2)         0.000000            10.00000
         X(1, 3)         15.00000            0.000000
         X(2, 1)         20.00000            0.000000
         X(2, 2)         5.000000            0.000000
         X(2, 3)         0.000000            40.00000
         X(3, 1)         0.000000            40.00000
         X(3, 2)         15.00000            0.000000
         X(3, 3)         5.000000            0.000000

             Row    Slack or Surplus      Dual Price
             OBJ         3500.000           -1.000000
               2         0.000000           -90.00000
               3         0.000000           -110.0000
               4         0.000000           -110.0000
               5         0.000000            70.00000
               6         10.00000            0.000000
               7         0.000000            70.00000
               8         0.000000            0.000000
               9         0.000000            0.000000
              10         15.00000            0.000000
              11         20.00000            0.000000
              12         5.000000            0.000000
```

13	0.000000	0.000000
14	0.000000	0.000000
15	15.00000	0.000000
16	5.000000	0.000000

求解的最优结果为 $x_{13}=15$，$x_{21}=20$，$x_{22}=5$，$x_{32}=15$，$x_{33}=5$；最优目标函数值为 3500。

3.4 案例分析

3.4.1 问题的提出

P&T 公司是一家由家族经营的美国小公司，它收购生菜并在食品罐头厂中把它们加工成罐头，然后再把这些罐头食品分销到各地。其中，豌豆罐头分别在贝林翰、尤基尼和艾贝尔·李三个食品厂进行加工，然后用卡车把罐头运送到美国西部名为萨克拉门托、盐湖城、赖皮特城、澳尔巴古的四个分销仓库，其地理位置分布如图 3.8 所示。

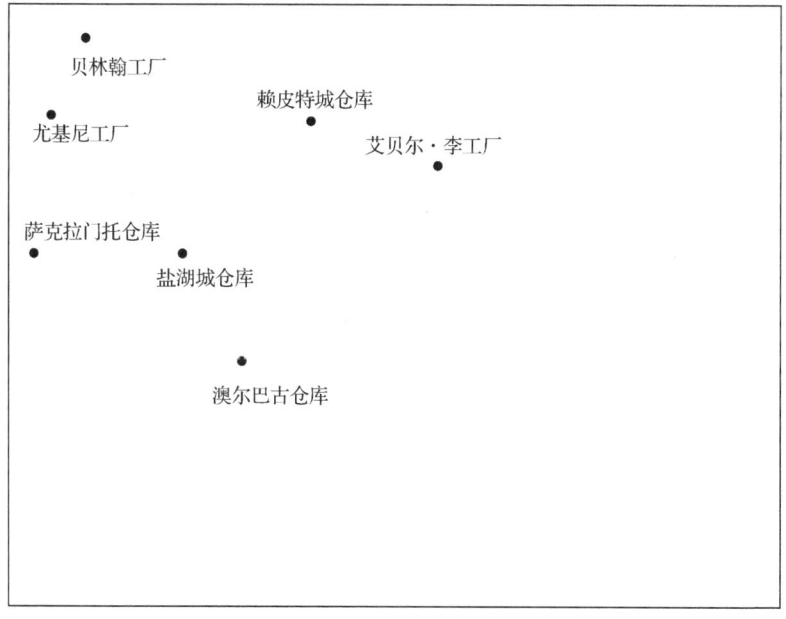

图 3.8

尽管该公司在这几年有所发展，然而利润并没有明显的增长，这引起股东们的不满。公司 CEO 道格拉斯先生认为是公司的成本控制没有做好，因此下一步的工作重点是努力控制成本。他在浏览公司财务报表时发现，上个季度公司运输成本是 178000 美元，他记得几年前该数字是 100000 美元。他找来公司配送经理理查德了解详细情况。理查德汇报说主要原因是货车司机的雇用费用提高了，而要降低货车司机的工资成本来降低运输成本是很困难的。道格拉斯考虑是否可以采用运筹学的方法，在运输调运方案上做一些调整，以此达到降低运输成本的目的。

3.4.2 问题分析

理查德接受道格拉斯的建议后立即着手工作,请来几个专家对公司目前的配送情况进行诊断。

首先,专家们发现,许多年来,公司一直采用如下的配送策略:

(1)因为贝林翰工厂距离仓库最远,所以把它生产的产品运送到离它最近的萨克拉门托仓库,若还有剩余,则运到盐湖城仓库。

(2)因为澳尔巴古仓库距离三个工厂都相对较远,故它的需求由离它最近的艾贝尔·李工厂供给,若还有剩余,则运送到赖皮特城仓库中。

(3)而其他仓库的需求,则由尤基尼工厂运送满足。

其次,专家们查阅公司以往的供需数据发现,三个工厂的生产量分别为:贝林翰 75 卡车、尤基尼 125 卡车、艾贝尔·李 100 卡车;四个仓库获得的配送量分别为萨克拉门托 80 卡车、盐湖城 65 卡车、赖皮特城 70 卡车、澳尔巴古 85 卡车。各工厂运送豌豆罐头到各仓库的单位卡车运输成本见表 3.14。

表 3.14   单位:美元/卡车

工厂\仓库	萨克拉门托	盐湖城	赖皮特城	澳尔巴古
贝林翰	464	513	654	867
尤基尼	352	416	690	791
艾贝尔·李	995	682	388	685

3.4.3 问题求解

(1)根据该公司目前的现状分析和数据收集。三个工厂相当于三个产地,四个仓库可看成四个销地,由于三个工厂的总产量为 (75+125+100) 吨=300 吨,四个仓库的总运送量为 (80+65+70+85) 吨=300 吨,两者恰好相等,故这是一个典型的产销平衡运输问题。

设工厂运送给仓库的豌豆罐头量为 $x_{ij}\,(i=1,2,3; j=1,2,3,4)$,建立该运输问题的数学模型为

$$\min z = \sum_{i=1}^{3}\sum_{j=1}^{4} c_{ij} x_{ij}$$

$$\text{s.t.} \begin{cases} x_{11}+x_{12}+x_{13}+x_{14}=75 \\ x_{21}+x_{22}+x_{23}+x_{24}=125 \\ x_{31}+x_{32}+x_{33}+x_{34}=100 \\ x_{11}+x_{21}+x_{31}=80 \\ x_{12}+x_{22}+x_{32}=65 \\ x_{13}+x_{23}+x_{33}=70 \\ x_{14}+x_{24}+x_{34}=85 \\ x_{ij} \geq 0\,(i=1,2,3; j=1,2,3,4) \end{cases} \quad (3.21)$$

(2)求解公司目前配送方案的运输成本。结合目前公司的配送方案,其具体的配送数据见表 3.15。

表 3.15　　　　　　　　　　　　　　　　　　　　　　　　单位：卡车

工厂＼仓库	萨克拉门托	盐湖城	赖皮特城	澳尔巴古
贝林翰	75	0	0	0
尤基尼	5	65	55	0
艾贝尔·李	0	0	15	85

根据表 3.14 中的单位运价和表 3.15 中的具体运量，计算 P&T 公司目前配送方案所承担的运输成本为

$$75 \times 464 + 5 \times 352 + 65 \times 416 + 55 \times 690 + 15 \times 388 + 85 \times 685 = 165595 \text{（美元）}$$

（3）利用 Lingo 对该运输问题进行优化求解。

Lingo 程序如下：

```
MODEL:
 sets:
Production/1,2,3/:a;
Warehouse/1,2,3,4/:b;
link(Production,Warehouse):c,x;
endsets
data:
a=75,125,100;
b=80,65,70,85;
c=464 513 654 867
  352 416 690 791
  995 682 388 685;
enddata
[OBJ]min=@sum(link:c*x);
@for(Production(i): @sum(Warehouse(j):x(i,j))=a(i));
@for(Warehouse(j):@sum(Production(i):x(i,j))<=b(j));
@for(link(i,j):x(i,j)>=0);
end
```

求解结果如下：

```
Global optimal solution found.
  Objective value:                              152535.0
  Infeasibilities:                              0.000000
  Total solver iterations:                             8

                    Variable           Value        Reduced Cost
                       A(1)         75.00000            0.000000
                       A(2)         125.0000            0.000000
                       A(3)         100.0000            0.000000
                       B(1)         80.00000            0.000000
                       B(2)         65.00000            0.000000
                       B(3)         70.00000            0.000000
```

B(4)	85.00000	0.000000
C(1, 1)	464.0000	0.000000
C(1, 2)	513.0000	0.000000
C(1, 3)	654.0000	0.000000
C(1, 4)	867.0000	0.000000
C(2, 1)	352.0000	0.000000
C(2, 2)	416.0000	0.000000
C(2, 3)	690.0000	0.000000
C(2, 4)	791.0000	0.000000
C(3, 1)	995.0000	0.000000
C(3, 2)	682.0000	0.000000
C(3, 3)	388.0000	0.000000
C(3, 4)	685.0000	0.000000
X(1, 1)	0.000000	15.00000
X(1, 2)	20.00000	0.000000
X(1, 3)	0.000000	84.00000
X(1, 4)	55.00000	0.000000
X(2, 1)	80.00000	0.000000
X(2, 2)	45.00000	0.000000
X(2, 3)	0.000000	217.0000
X(2, 4)	0.000000	21.00000
X(3, 1)	0.000000	728.0000
X(3, 2)	0.000000	351.0000
X(3, 3)	70.00000	0.000000
X(3, 4)	30.00000	0.000000

Row	Slack or Surplus	Dual Price
OBJ	152535.0	−1.000000
2	0.000000	−867.0000
3	0.000000	−770.0000
4	0.000000	−685.0000
5	0.000000	418.0000
6	0.000000	354.0000
7	0.000000	297.0000
8	0.000000	0.000000
9	0.000000	0.000000
10	20.00000	0.000000
11	0.000000	0.000000
12	55.00000	0.000000
13	80.00000	0.000000
14	45.00000	0.000000
15	0.000000	0.000000
16	0.000000	0.000000
17	0.000000	0.000000
18	0.000000	0.000000
19	70.00000	0.000000
20	30.00000	0.000000

新的配送方案为：从贝林翰工厂运送 20 卡车到盐湖城仓库，运送 55 卡车到澳尔巴古仓库；从尤基尼工厂运送 80 卡车到萨克拉门托仓库，运送 45 卡车到盐湖城仓库；从艾尔贝·李工厂运送 70 卡车到赖皮特城仓库，运送 30 卡车到澳尔巴古仓库。该配送方案的总运输费用为 152535 美元。

可见，P&G 公司若采用优化后的配送方案，将节约成本 13060 美元。

习　题

1. 判断下列说法是否正确。

(1) 运输问题是一种特殊的线性规划问题，因而求解结果也可能出现下列四种情况之一：有唯一最优解、有无穷多最优解、无界解、无可行解。

(2) 在产销平衡的运输问题中，只要给出一组含 $m+n-1$ 个非零的 x_{ij}，且满足产量和销量的约束条件，就可以作为一个初始基可行解。

(3) 表上作业法实质上就是求解运输问题的单纯形法。

(4) 按最小元素法（或伏格尔法）得到的初始基可行解，从每一空格出发可以找到而且仅能找到唯一的闭回路。

(5) 如果运输问题单位运价表的某行（或某列）元素分别加上一个常数，最优调运方案将不会发生变化。

(6) 对于 m 个产地、n 个销地的产销平衡运输问题，用表上作业法求解时，调运方案中数字格的个数为 $m+n$ 个。

2. 判断表 3.16 与表 3.17 中给出的调运方案能否作为用表上作业法求解时的初始方案，为什么？

表 3.16

产地＼销地	B_1	B_2	B_3	B_4	产量
A_1			6	5	11
A_2	5	4		5	11
A_3		5	5		8
销量	5	9	9	7	

表 3.17

产地＼销地	B_1	B_2	B_3	B_4	B_5	B_6	产量
A_1					30		30
A_2	20	30					50
A_3		10	30	10		25	75
A_4					20		20
销量	20	40	30	10	20	25	

3. 某地区有三个化肥厂，除供应本地区需要外，估计每年可供应外地区的产量如下：化肥厂 A—7 万吨、B—8 万吨、C—3 万吨。有四个产粮区需要该种化肥，需要量分别为：甲地区—6 万吨、乙地区—6 万吨、丙地区—3 万吨、丁地区—3 万吨。已知从各化肥厂到各产粮区每吨化肥的运价见表 3.18。试根据以上资料制定一个使总运费最少的化肥调拨方案。

表3.18　　　　　　　　　　　　　　　　　　　　　　　　　　　　　单位：元/吨

化肥厂＼产粮区	甲	乙	丙	丁
A	50	80	70	30
B	40	90	100	70
C	80	40	20	90

4. 某公司在三个地方有三个分厂，生产同一种产品，其产量分别为300箱、400箱和500箱。产品供给甲、乙、丙、丁四个销售地，这四地的产品需求量分别为400箱、250箱、550箱和200箱。三个产地到四个销售地的单位运价见表3.19。

表3.19　　　　　　　　　　　　　　　　　　　　　　　　　　　　　单位：元/箱

产地＼销售地	甲	乙	丙	丁
一分厂	21	17	23	25
二分厂	10	15	30	19
三分厂	23	21	20	22

(1) 应如何安排运输，才能使总运输费用最小？

(2) 如果二分厂的产量从400箱增加到600箱，其他条件保持不变，应如何安排运输，才能使总运输费用最小？

(3) 如果甲销售地的需求量从原来的400箱增加到500箱，其他条件保持不变，应如何安排运输，才能使总运输费用最小？

5. 某学校有A、B、C三个校区，每年冬天分别需要取暖用煤3000吨、2000吨和1000吨。根据实际情况，拟从甲、乙两地煤矿处调运取暖用煤。假设两处煤矿的煤质量基本相同，售价相同，两处煤矿能供应煤的数量分别为4000吨和1500吨，其单位运价见表3.20。由于两地的供应量小于三个校区总的需求量，经学校研究决定，A校区的供应量可减少0～300吨，B校区的供应量应不少于1500吨，C校区按需求供应。试用Excel和Lingo分别求解，给出使学校总运费最低的煤调运方案。

表3.20　　　　　　　　　　　　　　　　　　　　　　　　　　　　　单位：元/吨

煤矿＼校区	A	B	C
甲	180	150	170
乙	160	175	150

6. A_1、A_2、A_3三个蔬菜基地生产的蔬菜主要供应B_1、B_2、B_3、B_4四个城市。今年因为采用新的种植技术，蔬菜产量大幅增加，预计三个基地的蔬菜产量将分别达到11千吨、15千吨和9千吨。已知四个城市今年的蔬菜的预测需求量分别为20千吨、5千吨、8千吨和4千吨。从各蔬菜基地到各城市运送蔬菜的单位运价见表3.21。请编制一个使总运费最省的蔬菜调运方案。

表3.21　　　　　　　　　　　　　　　　　　　　　　　　　　　　　单位：元/吨

产地＼销售地	B_1	B_2	B_3	B_4
A_1	210	170	230	250
A_2	100	150	300	190
A_3	230	210	200	220

第4章

整 数 规 划

本章学习目标

- 掌握整数规划的建模方法以及模型特征;
- 理解分枝定界法和割平面法的基本思想,掌握两种方法的基本步骤,明确两种方法的联系与区别;
- 掌握隐枚举法的思想和步骤,能利用隐枚举法求解0-1规划问题;
- 掌握指派问题的模型特征和匈牙利算法的基本步骤。

本章需掌握的基本概念与方法

- 整数规划;
- 分枝定界法;
- 割平面法;
- 隐枚举法;
- 指派问题;
- 匈牙利算法。

4.1 整数规划数学模型

在前文讨论的线性规划问题中,有些最优解可能是分数或小数,但对于某些具体的问题而言,经常会有要求解必须是整数的情形。例如,所求解为机器的台数、参加工作的人数或装车的箱数等,分数或小数的解答就不符合要求。简单地用"舍入求整"的方法将非整数解化为整数解事实上并不可行,因为化整后并不能保证解的可行性与最优性。因此,对求最优整数解的问题,有必要进行另行研究。这样的问题称为整数规划(integer programming),是最近几十年发展起来的规划论的一个分支。

整数规划中如果所有变量都限制为整数,则称纯整数规划(pure integer programming)或全整数规划(all integer programming);如果仅一部分变量限制为整数,则称混合整数规划(mixed integer programming)。整数规划的一种特殊情况是0-1规划,它的变量取值仅限于取值为0或1。

4.1.1 整数规划的一般形式及解的特点

整数规划的一般形式如下：

$$\max(\min) z = \sum_{j=1}^{n} c_j x_j$$

$$\text{s.t.} \begin{cases} \sum_{j=1}^{n} a_{ij} x_j \leqslant (\vec{\mathfrak{g}} =,\vec{\mathfrak{g}} \geqslant) b_i (i=1,2,\cdots,m) \\ x_j \geqslant 0 \text{且部分或全部为整数}(j=1,2,\cdots,n) \end{cases}$$

【例 4.1】 某公司拟用集装箱托运甲、乙两种货物，每箱的体积、质量、可获利润以及托运所受限制见表 4.1。两种货物各托运多少箱，可使所获利润最大？

表 4.1

货物	体积/(米³/箱)	质量/(100kg/箱)	利润/(100 元/箱)
甲	2	2	6
乙	4	1	4
托运限制	13	7	

解：设 x_1、x_2 分别为甲乙两种货物的托运箱数（非负整数）。这是一个纯整数规划问题，可以表示为

$$\max z = 6x_1 + 4x_2$$
$$\text{s.t.} \begin{cases} 2x_1 + 4x_2 \leqslant 13 \\ 2x_1 + x_2 \leqslant 7 \\ x_1, x_2 \geqslant 0 \text{且为整数} \end{cases} \quad (4.1)$$

容易发现，如果将式(4.1)中变量为整数的条件去掉，则该问题转变为一个线性规划问题（称为整数规划问题对应的松弛问题），容易求得最优解为 $x_1 = 2.5$，$x_2 = 2$，但 x_1 是托运甲种货物的箱数，由于它不是整数，因此上述解不符合式(4.1)的要求。

是否可以将所得非整数的最优解经过"化整"得到符合条件的整数最优解呢？如果将 $x_1 = 2.5$、$x_2 = 2$ 凑整为 $x_1 = 3$、$x_2 = 2$，则显然两种货物的总体积和总质量都超出了限制；如果将 $x_1 = 2.5$、$x_2 = 2$ 凑整为 $x_1 = 2$、$x_2 = 2$，则满足约束条件且目标函数值为 $z = 20$，但该解不是最优解，因为 $x_1 = 3$、$x_2 = 1$ 也是可行解且目标函数值为 $z = 22$。

由本例可以看出，将某整数规划问题的松弛问题的最优解"化整"来求解，常常得不到最优解，甚至根本不是可行解，因此有必要针对整数规划的解法进行专门的研究。

4.1.2 含 0-1 变量的整数规划

0-1 变量作为逻辑变量(logical variable)，常被用来表示系统是否处于某一特定状态，或者决策时是否取某个方案，因此提供选择的功能，即

$$x_i = \begin{cases} 1 & \text{（如果决策 } i \text{ 为是或有）} \\ 0 & \text{（如果决策 } i \text{ 为否或无）} \end{cases}$$

整数规划在建模上的灵活性很大程度上是由于使用了 0-1 变量(又称二进制变量),本小节将给出若干例子进行相应的说明。

1. 典型应用

【例 4.2】 背包问题。一个登山队员需要携带的物品有食品、氧气、冰镐、绳索、帐篷、照相器材、通信器材等。每种物品的质量和重要性系数见表 4.2。设登山队员可携带的最大质量为 25 kg,试选择该队员所应携带的物品。

表 4.2

序号	1	2	3	4	5	6	7
物品	食品	氧气	冰镐	绳索	帐篷	照相器材	通信设备
质量/kg	5	5	2	6	12	2	4
重要性系数	20	15	18	14	8	4	10

解:引入 0-1 变量 x_i,$x_i=1$ 表示应携带物品 i,$x_i=0$ 表示不应携带物品 i,有

$$\max z = 20x_1 + 15x_2 + 18x_3 + 14x_4 + 8x_5 + 4x_6 + 10x_7$$

$$\begin{cases} 5x_1 + 5x_2 + 2x_3 + 6x_4 + 12x_5 + 2x_6 + 4x_7 \leqslant 25 \\ x_i = 0 \text{或} 1 (i=1,2,\cdots,7) \end{cases}$$

该问题是一个标准的 0-1 整数规划问题,解得 $x^* = [1,1,1,1,0,1,1]^T$,$z^* = 81$。

【例 4.3】 集合覆盖和布点问题。某市消防队布点问题。该市共有 6 个区,每个区都可以建消防站,市政府希望设置的消防站最少,但必须满足在城市任何地区发生火警时,消防车要在 15 min 内赶到现场。据实地测定,各区之间消防车行驶的时间见表 4.3。请制定一个布点最少的计划。

表 4.3 单位:min

行驶时间	地区 1	地区 2	地区 3	地区 4	地区 5	地区 6
地区 1	0	10	16	28	27	20
地区 2	10	0	24	32	17	10
地区 3	16	24	0	12	27	21
地区 4	28	32	12	0	15	25
地区 5	27	17	27	15	0	14
地区 6	20	10	21	25	14	0

解:引入 0-1 变量 x_i,$x_i=1$ 表示在该区设消防站,$x_i=0$ 表示不设消防站,有

$$\min z = x_1 + x_2 + x_3 + x_4 + x_5 + x_6$$

$$\text{s.t.} \begin{cases} x_1 + x_2 \geqslant 1 \\ x_1 + x_2 + x_6 \geqslant 1 \\ x_3 + x_4 \geqslant 1 \\ x_3 + x_4 + x_5 \geqslant 1 \\ x_4 + x_5 + x_6 \geqslant 1 \\ x_2 + x_5 + x_6 \geqslant 1 \\ x_i = 0 \text{或} 1 (i=1,2,\cdots,6) \end{cases}$$

解得 $x^* = [0,1,0,1,0,0]^T$,$z^* = 2$。

2. 特殊约束的处理

(1) 矛盾约束。建模时，有时会遇到相互矛盾的约束，而模型只能两者取一，例如

$$f(x) \geq a \tag{4.2}$$
$$f(x) \leq b \tag{4.3}$$

其中，$a > b$，则这两个矛盾的约束可以通过约束同向处理，改为

$$-f(x) \leq -a \tag{4.4}$$
$$f(x) \leq b \tag{4.5}$$

引入 0-1 变量 y 以及一个充分大的正数 M，转化为

$$-f(x) \leq -a + My \tag{4.6}$$
$$f(x) \leq b + M(1-y) \tag{4.7}$$

$y=0$ 时，式(4.6)与式(4.2)相同，式(4.7)自然满足，实际上不起作用；$y=1$ 时，式(4.7)与式(4.3)相同，式(4.2)自然满足，实际上不起作用。

(2) 多中选一的约束。模型希望在下列几个约束中，只能有一个有效：

$$f_i(x) \leq 0, \quad (i=1,2,\cdots,n) \tag{4.8}$$

引入 n 个 0-1 整数变量 $y_i(i=1,2,\cdots,n)$ 和充分大的正数 M，有

$$f_i(x) \leq M(1-y_i) \quad (i=1,2,\cdots,n) \tag{4.9}$$
$$y_1 + y_2 + \cdots + y_n = 1 \tag{4.10}$$

则 $y_i = 0$ 时，式(4.9)自然满足，此时约束不起作用；$y_i = 1$ 时，约束起作用。而式(4.10)保证了在 0-1 整数变量中有一个且也只有一个取值 1，其余取 0 值。若希望有 k 个约束有效，则只需将式(4.10)改为 $y_1 + y_2 + \cdots + y_n = k$。

(3) 固定费用问题。含有固定费用(固定成本)的问题一般不能用线性规划来描述，但可改变为混合整数规划来解决，见例4.4。

【例 4.4】 某工厂为了生产某种产品，有几种不同的生产方式可供选择，如选定的生产方式投资高(选购自动化程度高的设备)，由于产量大，分配到每件产品的变动成本就降低；反之，如选定的生产方式投资低，将来分配到每件产品的变动成本可能增加。所以必须全面考虑。今设有三种方式可供选择。令 x_j 表示采用第 j 种方式时的产量；c_j 表示采用第 j 种方式时每件产品的变动成本；k_j 表示采用第 j 种方式时的固定成本。

为了说明成本的特点，暂不考虑其他约束条件。采用各种生产方式的总成本分别为

$$P_j = \begin{cases} k_j + c_j x_j & (x_j > 0) \\ 0 & (x_j = 0) \end{cases} \quad (j=1,2,3)$$

在构造目标函数时，为了统一讨论，可以引入 0-1 变量 y_j，令

$$y_j = \begin{cases} 1 & (\text{当采用第 } j \text{ 种生产方式，即 } x_j > 0 \text{ 时}) \\ 0 & (\text{当不采用第 } j \text{ 种生产方式，即 } x_j = 0 \text{ 时}) \end{cases}$$

于是目标函数为

$$\min z = (k_1 y_1 + c_1 x_1) + (k_2 y_2 + c_2 x_2) + (k_3 y_3 + c_3 x_3)$$

而产量 x_j 与 0-1 变量 y_j 之间的关系可用下述约束条件表示：

$$y_j \varepsilon \leqslant x_j \leqslant y_j M \qquad (j=1,2,3)$$

其中，ε 是一个充分小的正数；M 是个充分大的正数。上式说明，当 $x_j > 0$ 时 y_j 必须为 1；当 $x_j = 0$ 时，只有 y_j 为 0 时才有意义。

4.2 整数规划模型求解方法

4.2.1 分枝定界法

分枝定界法可用于解纯整数或混合的整数规划问题。基本思路：设有最大化的整数规划问题 A 和与之相应的线性规划问题 B，从解 B 开始，若其最优解不符合 A 的整数条件，那么 B 的最优值必是 A 的最优值 z^* 的上界，记为 $\bar{z}$；而 A 的任意可行的目标函数值是 z^* 的一个下界 $\underline{z}$，采取将 B 的可行域分枝的方法，逐步减小 $\bar{z}$ 和增大 $\underline{z}$，最终求得 z^*。下面举例说明。

【例 4.5】 求解 A，形式如下：

$$\max z = 40x_1 + 90x_2 \qquad ①$$

$$\text{s.t.} \begin{cases} 9x_1 + 7x_2 \leqslant 56 & ② \\ 7x_1 + 20x_2 \leqslant 70 & ③ \\ x_1, x_2 \geqslant 0 & ④ \\ x_1, x_2 \text{为整数} & ⑤ \end{cases}$$

解：先不考虑条件⑤，即解相应的线性规划 B(①~④)，得最优解 $x_1 = 4.81$，$x_2 = 1.82$，$z_0 = 356$，如图 4.1 所示。

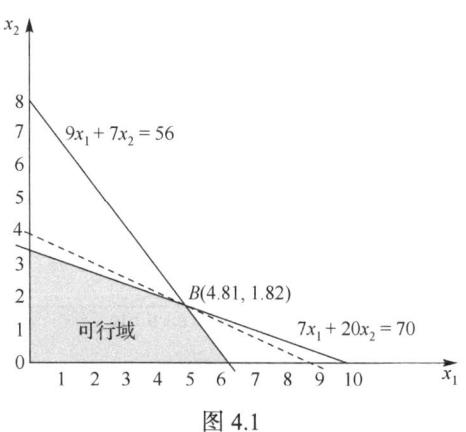

图 4.1

显然，它不符合整数条件⑤。

这时，z_0 为问题 A 的最优值 z^* 的上界，记 $\bar{z}=z_0$；而 $x_1=0$，$x_2=0$ 显然是问题 A 的一个整数可行解，这时 $z=0$，是 z^* 的一个下界，记 $\underline{z}=0$，即 $0 \leqslant z^* \leqslant 356$。

分枝定界法的解法，首先注意其中一个非整数变量的解，如 x_1，在 B 中 $x_1=4.81$，于是对原问题增加两个约束条件：$x_1 \leqslant 4$、$x_1 \geqslant 5$，可将原问题分解为两个子问题 B_1、B_2（即两枝），给每枝增加一个约束条件，如图 4.2 所示。

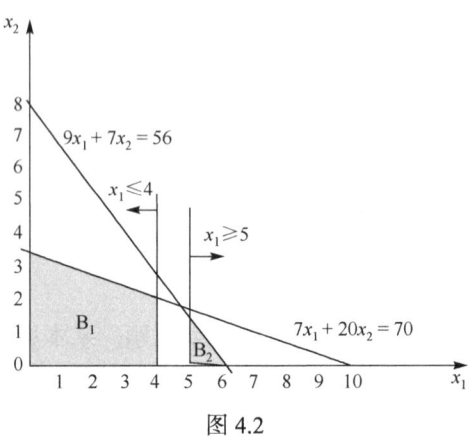

图 4.2

不考虑整数条件解问题 B_1、B_2，得到最优解，见表 4.4。

表 4.4

问题 B_1	问题 B_2
$z_1 = 349$	$z_2 = 341$
$x_1 = 4$，$x_2 = 2.1$	$x_1 = 5$，$x_2 = 1.57$

显然未得到全部变量是整数解，因为 $z_1 > z_2$，所以将 $\bar{z}$ 改为 349（$\bar{z}=349$），$0 \leqslant z^* \leqslant 349$。

继续对问题 B_1、B_2 进行分解，因为 $z_1 > z_2$，所以先分解 B_1 为两枝，增加条件 $x_2 \leqslant 2$ 的问题称为 B_3，增加条件 $x_2 \geqslant 3$ 的问题称为 B_4。在图 4.2 中去掉 $x_2 > 2$ 与 $x_2 < 3$ 之间的可行域，再求解问题 B_3、B_4，其结果如图 4.3 所示。

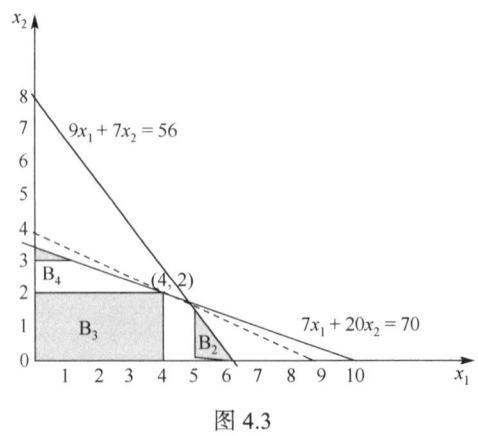

图 4.3

可见，问题 B_3 的解已都是整数，它的目标函数值 $z_3 = 340$，取 $\underline{z}=340 > z_4 = 327$，所以再分解 B_4 已无必要；而问题 B_2 的 $z_2 = 341$，所以 z^* 可能在 $340 \leqslant z^* \leqslant 341$ 之间有整数解，于是

再对 B_2 分解，得问题 B_5、B_6，B_5 为非整数解，且 $z_5=308<z_3$，问题 B_6 无可行解，于是可断定：$z_3=\underline{z}=z^*=340$，$x_1=4$，$x_2=2$ 为最优整数解，如图 4.4 所示。

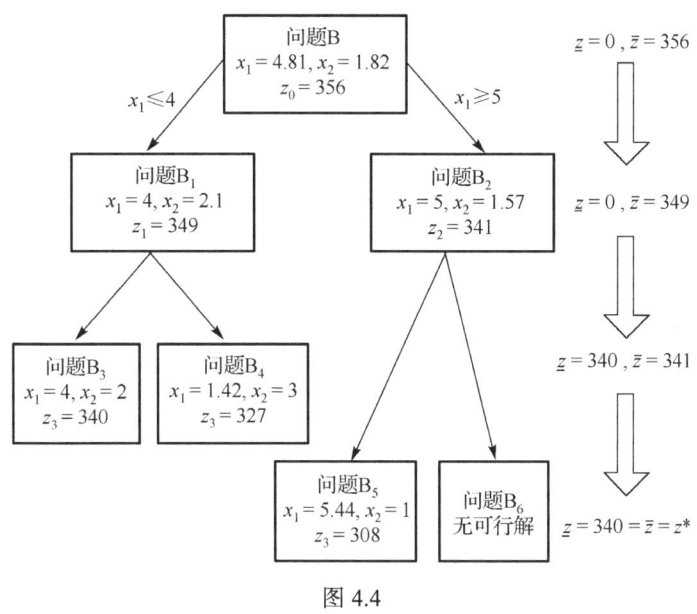

图 4.4

由以上解题过程可得到分枝定界法的求解步骤如下。

(1) 给定原问题的初始上界 $\overline{z}$。解与原问题 A 相应的线性规划问题 B，可能出现以下情况之一。

① B 没有可行解，这时 A 也没有可行解，则停止。

② B 有最优解，并符合 A 的整数条件，B 的最优解即为 A 的最优解，则停止。

③ B 有最优解，但不符合 A 的整数条件，记它的目标函数值 z_0 为 $\overline{z}$。

(2) 给定原问题的初始下界 $\underline{z}$。用观察法找出问题 A 的一个整数可行解，一般取 $x_j=0(j=1,2,\cdots,n)$，求得其目标函数值，记作 $\overline{z}$。这样，就有 $\underline{z}\leqslant z^*\leqslant\overline{z}$。

(3) 分枝。在 B 的最优解中任选一个不符合整数条件的变量 x_j，其值为 b_j，以 $[b_j]$ 表示小于 b_j 的最大整数，构造两个约束条件：$x_j\leqslant[b_j]$ 和 $x_j\geqslant[b_j]+1$，并将其分别加入问题 B。求两个后继规划问题 B_1、B_2，不考虑整数条件，解这两个后继问题。

(4) 定界(修改上、下界)。以每个后继问题为一个分枝，标明求解的结果，与其他问题的解的结果中，找出最优目标函数值最大者作为新的上界 $\overline{z}$，从已符合整数条件的各分枝中找出目标函数值的最大者作为新的下界 $\underline{z}$。

(5) 比较与剪枝。各分枝的最优目标函数值中若有小于 $\underline{z}$ 者，则剪掉这枝，以后不再考虑了；若大于 $\underline{z}$，且不符合整数条件，则继续分枝，直到得到 $z^*=\underline{z}$ 为止。求得最优整数解 $x_j^*(j=1,2,\cdots,n)$。

4.2.2 割平面法

这个方法的基础仍是用解线性规划的方法去解整数规划问题，首先不考虑变量 x_j 是整数这个条件,但增加线性约束条件(几何术语称为割平面)使得由原可行域中切割掉一部分,这部分只包含非整数解,但没有切割掉任何整数可行解。这个方法就是指出怎样找到适当的割平面(不一定一次就找到),使切割后最终得到这样的可行域,它的一个有整数坐标的极点恰好是问题的最优解。

【例 4.6】 求解:

$$\max z = x_1 + x_2 \quad ①$$

$$\text{s.t.} \begin{cases} -x_1 + x_2 \leq 1 & ② \\ 3x_1 + x_2 \leq 4 & ③ \\ x_1, x_2 \geq 0 & ④ \\ x_1, x_2 \text{为整数} & ⑤ \end{cases}$$

不考虑条件⑤,求得相应的线性规划的最优解:$x_1 = \dfrac{3}{4}$,$x_2 = \dfrac{7}{4}$,$\max z = \dfrac{10}{4}$,就是图 4.5 中可行域 R 的极点 A,不符合整数条件。

将原问题化为标准型

$$\max z = x_1 + x_2 + 0x_3 + 0x_4$$

$$\text{s.t.} \begin{cases} -x_1 + x_2 + x_3 = 1 \\ 3x_1 + x_2 + x_4 = 4 \\ x_j \geq 0 \ (j = 1, 2, \cdots, 4) \\ x_j \text{为整数} \ (j = 1, 2, \cdots, 4) \end{cases}$$

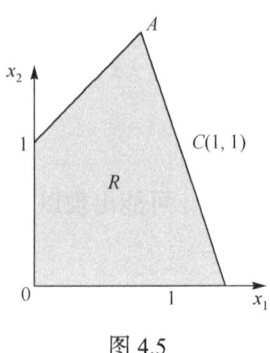

图 4.5

不考虑整数条件,用单纯形法求解相应线性规划的最优解,得 $x_1 = \dfrac{3}{4}$,$x_2 = \dfrac{7}{4}$,$\max z = \dfrac{5}{2}$。

由表 4.5 中的最终表中得到变量间的关系式

$$x_1 - \frac{1}{4}x_3 + \frac{1}{4}x_4 = \frac{3}{4}$$

$$x_2 + \frac{3}{4}x_3 + \frac{1}{4}x_4 = \frac{7}{4}$$

表 4.5

		C_j		1	1	0	0
初始表	C_B	X_B	B	x_1	x_2	x_3	x_4
	0	x_3	1	−1	1	1	0
	0	x_4	4	3	1	0	1
最终表		σ_j		1	1	0	0
	1	x_1	3/4	1	0	−1/4	1/4
	1	x_2	7/4	0	1	3/4	1/4
		σ_j		0	0	−1/2	−1/2

将系数和常数项都分解为整数和非负真分数之和,并移项变为

$$x_1 - x_3 = \frac{3}{4} - \left(\frac{3}{4}x_3 + \frac{1}{4}x_4\right), \quad x_2 - 1 = \frac{3}{4} - \left(\frac{3}{4}x_3 + \frac{1}{4}x_4\right)$$

现考虑整数条件,x_1、x_2 是非负整数,那么 x_3、x_4 也是非负整数。对上式,从等式左边看是整数,等式右边的()内是正数,所以等式右边必为非正数,即 $\frac{3}{4} - \left(\frac{3}{4}x_3 + \frac{1}{4}x_4\right) \leq 0$,整理得 $-3x_3 - x_4 \leq -3$(切割方程),如图 4.6 所示。将新的约束方程引入松弛变量,得到 $-3x_3 - x_4 + x_5 = -3$,将其列入最终表,见表 4.6。

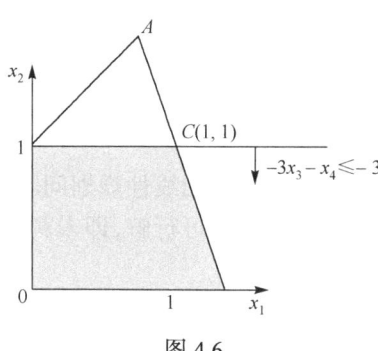

图 4.6

表 4.6

	c_j		1	1	0	0	0
C_B	X_B	b	x_1	x_2	x_3	x_4	x_5
1	x_1	3/4	1	0	−1/4	1/4	0
1	x_2	7/4	0	1	3/4	1/4	0
0	x_5	−3	0	0	−3	−1	1
	σ_j		0	0	−1/2	−1/2	0
1	x_1	1	1	0	0	1/3	1/12
1	x_2	1	0	1	0	0	1/4
0	x_3	1	0	0	1	−1	−1/3
	σ_j		0	0	0	−1/3	−1/6

所以,最优解 $\boldsymbol{X}^* = [1,1,1,0,0]^T$,最优值 $z = 2$。

1. 割平面法的解题步骤

(1)若 a_{ij}、b_i 中有分数,则先全部整数化,而后引入松弛变量,暂不考虑整数约束条件,用单纯形法求出相应线性规划的最优解。

(2)求切割方程。

①令 x_i 是相应线性规划最优解中为分数值的一个基变量,由最终单纯形表得到

$$x_i + \sum_{k} a_{ik} x_k = b_i \tag{4.11}$$

式中,$i \in Q$,Q 指构成基变量下标的集合;$k \in K$,K 指构成非基变量下标的集合。

②将 b_i 和 a_{ik} 都分解成整数部分 N 与真分数 f 之和,即

$$b_i = N_i + f_i \ (0 < f_i < 1) \quad (4.12)$$
$$a_{ik} = N_{ik} + f_{ik} \ (0 \leq f_{ik} < 1) \quad (4.13)$$

N 表示不超过 b 的最大整数，如若 $b = 2.35$，则 $N = 2$，$f = 0.35$；$b = -0.45$，则 $N = -1$，$f = 0.55$。

将式(4.12)和式(4.13)代入式(4.11)，得

$$x_i + \sum_k N_{ik} x_k - N_i = f_i - \sum_k f_{ik} x_k$$

③现在提出变量为整数的条件，上式由左边看必是整数，由右边看，因为 $0 < f_i < 1$ 所以不能为正，即 $f_i - \sum_k f_{ik} x_k \leq 0$（切割方程）。

(3) 把切割方程作为新的约束条件，并入单纯形最优表。继续换算，取得最优解。

2．割平面法的性质

(1) 割平面法割去了整数规划原问题相应的线性规划问题的最优解。

(2) 割平面未割去整数规划原问题的任一可行解，即未割去其相应的线性规划问题的任一整数可行解。

4.2.3 隐枚举法

0-1 整数规划的解法从理论上讲可以用穷举法检查所有变量取值的可能组合，再比较目标函数值以求得最优解，这种方法只适用于决策变量个数 n 较小的情况。当变量个数 n 较大（如 $n > 20$）时，由于 n 个 0-1 变量的组合数为 2^n，因此利用穷举法进行求解几乎是不可能的。求解 0-1 整数规划问题的解法称为隐枚举法（implicit enumeration），是通过增加过滤条件等方法对部分组合进行枚举的方法。

解 0-1 规划最容易想到的方法就是穷举法，即检查变量取值为 0 或 1 的每一种组合，比较目标函数值以求得最优解。这就需要检查变量取值的 2^n 个组合，对于变量个数 n 较大（如 $n > 10$）时，是不可能的。因此，人们设计了一种方法，只检查变量取值的组合的一部分，就能求到问题的最优解，即隐枚举法。下面举例说明这种方法。

【例 4.7】 求解：

$$\max z = 3x_1 - 2x_2 + 5x_3 \quad ①$$

$$\text{s.t.} \begin{cases} x_1 + 2x_2 - x_3 \leq 2 & ② \\ x_1 + 4x + x_3 \leq 4 & ③ \\ x_1 + x_2 \leq 3 & ④ \\ 4x_1 + x_3 \leq 6 & ⑤ \\ x_1, x_2, x_3 = 0 \text{或} 1 & ⑥ \end{cases}$$

解题时，先通过试探的方法找一个可行解，容易看出 $(x_1, x_2, x_3) = (1, 0, 0)$ 就适合条件②~⑥，计算出相应的目标函数值 $z = 3$。

我们求最优解，对于极大化问题，当然希望 $z \geq 3$，于是增加一个约束条件

$$3x_1 - 2x_2 + 5x_3 \geq 3$$

这个条件称为过滤条件(filtering constraint)。这样，原问题的线性约束条件就变成 5 个，若用全部枚举的方法，3 个变量 8 个解，原来每 4 个约束条件，共需 32 次运算；现增加了过滤条件，如按隐枚举法，就可减少运算次数。

将 5 个约束条件按②~⑥顺序排好，对每个解依次代入约束条件左侧，求出数值，看是否适用不等式条件，如某一条件不适合，同行以下各条件就不必再检查，因而减少了运算次数。计算过程列表见表 4.7。

表 4.7

点	条件					是否满足条件?是(√)否(×)	z 值
	(▲)	②	③	④	⑤		
(0, 0, 0)	0					×	
(0, 0, 1)	5	−1	1	0	1	√	5
(0, 1, 0)	−2					×	
(0, 1, 1)	3	1	5			×	
(1, 0, 0)	3	1	1	1	0	√	3
(1, 0, 1)	8	0	2	1	1	√	8
(1, 1, 0)	1					×	
(1, 1, 0)	6	2	6			×	

可见，最优解 $(x_1, x_2, x_3) = (1, 0, 1)$，最优值 $\max z = 8$。

注意，在计算过程中，若遇到 z 值已超过条件(▲)右边的值，则应改变条件(▲)，使右边为当前为止的最大者。例如，当检查点 $(0,0,1)$ 时，因 $z = 5 > 3$，所以将条件(▲)换成

$$3x_1 - 2x_2 + 5x_3 \geq 5$$

这种对过滤条件的改进，可以进一步减少计算量。

4.3 指派问题及其解法

在现实生活中常常会遇到这样的问题：有 n 项不同的工作要做，恰好有 n 个人(或设备)可以分别完成其中的一项工作，但由于工作性质及个人专长不同，因而由不同的人去完成不同的工作效率(或所需的资源)是不一样的。那么，该派哪个人去完成哪项工作才能使工作总效率最高(或所需总资源最小)呢？这类问题就称为指派问题(assignment problem)。

4.3.1 指派问题的数学模型

【例 4.8】有 5 个工人，要指派他们分别完成 5 项工作，各人做各项工作所需时间见表 4.8。该指派哪个人去完成哪项工作，才能使得总的消耗时间最短？

为了解决这个问题，首先引入 0-1 变量 x_{ij}，令：

$$x_{ij} = \begin{cases} 1 & \text{当指派第 } i \text{ 个工人去完成第 } j \text{ 项工作时} \\ 0 & \text{其他} \end{cases} \quad (i, j = 1, 2, 3, 4, 5)$$

表 4.8

工人＼工作	A	B	C	D	E
甲	5	6	8	4	1
乙	7	3	5	7	9
丙	1	8	6	5	6
丁	6	3	7	8	5
戊	9	7	2	6	8

用 z 表示 5 个工人分别完成 5 项工作所消耗的总时间，该问题的数学模型为

$$\min z = 5x_{11} + 6x_{12} + 8x_{13} + 4x_{14} + 1x_{15}$$
$$+ 7x_{21} + 3x_{22} + 5x_{23} + 7x_{24} + 9x_{25}$$
$$+ 1x_{31} + 8x_{32} + 6x_{33} + 5x_{34} + 6x_{35}$$
$$+ 6x_{41} + 3x_{42} + 7x_{43} + 8x_{44} + 5x_{45}$$
$$+ 9x_{51} + 7x_{52} + 2x_{53} + 6x_{54} + 8x_{55}$$

约束条件为

$$\begin{cases} \sum_{i=1}^{5} x_{ij} = 1 (j=1,2,3,4,5) & \text{每项工作只能由一人完成} \\ \sum_{j=1}^{5} x_{ij} = 1 (i=1,2,3,4,5) & \text{每人只能完成一项工作} \\ x_{ij} = 0 \text{ 或 } 1 (i,j=1,2,3,4,5) & \end{cases}$$

表 4.8 称为该问题的价值系数表，它给出了指派问题目标函数中的各个系数，由这些数据构成的矩阵称为价值系数矩阵。

设一般指派问题的价值系数矩阵元素为 c_{ij}，表示由第 i 个人去完成第 j 项工作的资源消耗（价值或效率），则一般指派问题的数学模型为

$$\min z = \sum_{i=1}^{n} \sum_{j=1}^{n} c_{ij} x_{ij}$$

$$\text{s.t.} \begin{cases} \sum_{i=1}^{n} x_{ij} = 1 (j=1,2,\cdots,n) \\ \sum_{j=1}^{n} x_{ij} = 1 (i=1,2,\cdots,n) \\ x_{ij} = 0 \text{ 或 } 1 (i,j=1,2,\cdots,n) \end{cases}$$

4.3.2 指派问题的匈牙利解法

指派问题是 0-1 整数规划的特例，也是运输问题的特例，它当然可以用整数规划、0-1 规划或运输问题的解法进行求解，但根据指派问题的特点可以采用更简便的解法——匈牙利法（hungarian algorithm）。

定理 4.1 假定 $C = (c_{ij})$ 为指派问题的价值系数矩阵,现将它的某一行(或某一列)的各个元素都减去一个常数 k,得到一个新矩阵 $C' = (c'_{ij})$,则以 C' 为价值系数矩阵的指派问题最优解与原问题的最优解相同。

不难想象,若取适当的 k 值,通过反复的变换即可使得新价值系数矩阵 $C' = (c'_{ij})$ 的所有元素非负且每行每列中都有零元素出现。如能找出这样的可行解:其非零变量对应的价值系数全等于零,则目标函数值也等于零。由于 $x_{ij} \geq 0$ 和 $c'_{ij} \geq 0$ 对所有的 i 和 j 都成立,这样的解就是新指派问题的最优解,并且也是原指派问题的最优解。换言之,若新价值系数矩阵中存在一组位于不同行不同列的 n 个零元素,只要令对应于这些零元素位置的变量 $x_{ij} = 1$,其余的变量 $x_{ij} = 0$,该解就是问题的最优解。因此,问题的关键就在于寻求产生这组位于不同行不同列零元素的方法。匈牙利数学家 König 发展并证明了这种方法,因此被后人称为求解指派问题的匈牙利法。现在用匈牙利法求解**例 4.8**。已知其初始价值系数矩阵为

$$C_0 = \begin{bmatrix} 5 & 6 & 8 & 4 & 1 \\ 7 & 3 & 5 & 7 & 9 \\ 1 & 8 & 6 & 5 & 6 \\ 6 & 3 & 7 & 8 & 5 \\ 9 & 7 & 2 & 6 & 8 \end{bmatrix}$$

(1)找出每行的最小元素,将每行的各个元素分别减去相应的最小元素;然后找出每列的最小元素,将每列的各个元素分别减去相应的最小元素后,得到新的价值系数矩阵 C_1,即

$$C_0 = \begin{bmatrix} 5 & 6 & 8 & 4 & 1 \\ 7 & 3 & 5 & 7 & 9 \\ 1 & 8 & 6 & 5 & 6 \\ 6 & 3 & 7 & 8 & 5 \\ 9 & 7 & 2 & 6 & 8 \end{bmatrix} \begin{matrix} -1 \\ -3 \\ -1 \\ -3 \\ -2 \end{matrix} \Rightarrow \begin{bmatrix} 4 & 5 & 7 & 3 & 0 \\ 4 & 0 & 2 & 4 & 6 \\ 0 & 7 & 5 & 4 & 5 \\ 3 & 0 & 4 & 5 & 2 \\ 7 & 5 & 0 & 4 & 6 \end{bmatrix} \Rightarrow \begin{bmatrix} 4 & 5 & 7 & 0 & 0 \\ 4 & 0 & 2 & 1 & 6 \\ 0 & 7 & 5 & 1 & 5 \\ 3 & 0 & 4 & 2 & 2 \\ 7 & 5 & 0 & 1 & 6 \end{bmatrix} = C_1$$

$$\phantom{C_0 = \begin{bmatrix} 5 & 6 & 8 & 4 & 1 \end{bmatrix}} \quad 0 \quad 0 \quad 0 \quad -3 \quad 0$$

(2)对新价值系数矩阵中的每个零元素,计算其同行同列其他零元素的个数,记为其下标;将下标最小的零元素加圈,并划去同行同列的其他零元素;若矩阵中还有未加圈或未被划去的零元素,则重新计算其下标值,进行加圈,即

$$\begin{bmatrix} 4 & 5 & 7 & 0_1 & 0_1 \\ 4 & 0_1 & 2 & 1 & 6 \\ 0_0 & 7 & 5 & 1 & 5 \\ 3 & 0_1 & 4 & 2 & 2 \\ 7 & 5 & 0_0 & 1 & 6 \end{bmatrix} \Rightarrow \begin{bmatrix} 4 & 5 & 7 & ⓪_1 & \cancel{0}_1 \\ 4 & ⓪_1 & 2 & 1 & 6 \\ ⓪_0 & 7 & 5 & 1 & 5 \\ 3 & \cancel{0}_1 & 4 & 2 & 2 \\ 7 & 5 & ⓪_0 & 1 & 6 \end{bmatrix}$$

(3)若矩阵中加圈零元素个数等于矩阵阶数,则将令加圈元素位置 $x_{ij} = 1$,其他位置 $x_{ij} = 0$,即为最优解;否则需要找到覆盖所有零元素的最少直线集合:①将没有加圈零元素的行打勾;②检查每个打勾的行,对于其中存在划去零元素的列打勾;③检查所有打勾的列,并将其中存在加圈零元素的行打勾;④返回②,直到不需要打勾为止;⑤将所有未打勾的行划横线,所有打勾的列划竖线。即

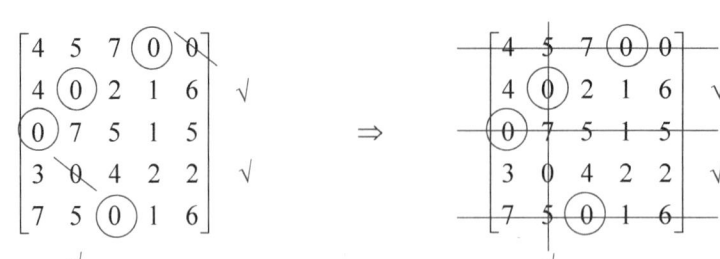

(4) 由于矩阵中所有零元素都被直线覆盖,因此未被直线覆盖的元素都是正数,找出其中最小的数,将打勾的行减去该最小数,并将打勾的列加上该最小数,得到新价值系数矩阵 C_2,即

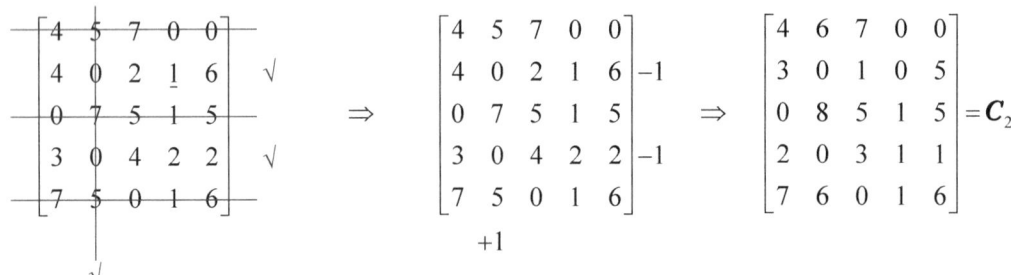

(5) 以新价值系数矩阵 C_2 返回步骤(2),即

$$\begin{bmatrix} 4 & 6 & 7 & 0_2 & 0_1 \\ 3 & 0_2 & 1 & 0_2 & 5 \\ 0_0 & 8 & 5 & 1 & 5 \\ 2 & 0_1 & 3 & 1 & 1 \\ 7 & 6 & 0_0 & 1 & 6 \end{bmatrix} \Rightarrow \begin{bmatrix} 4 & 6 & 7 & 0_2 & 0_1 \\ 3 & 0_2 & 1 & 0_2 & 5 \\ 0_0 & 8 & 5 & 1 & 5 \\ 2 & 0_1 & 3 & 1 & 1 \\ 7 & 6 & 0_0 & 1 & 6 \end{bmatrix} \Rightarrow \begin{bmatrix} 4 & 6 & 7 & 0_2 & 0_1 \\ 3 & 0_2 & 1 & 0_1 & 5 \\ 0_0 & 8 & 5 & 1 & 5 \\ 2 & 0_1 & 3 & 1 & 1 \\ 7 & 6 & 0_0 & 1 & 6 \end{bmatrix}$$

因此,可得最优指派方案为 $x_{ij}^* = \begin{bmatrix} 0 & 0 & 0 & 0 & 1 \\ 0 & 0 & 0 & 1 & 0 \\ 1 & 0 & 0 & 0 & 0 \\ 0 & 1 & 0 & 0 & 0 \\ 0 & 0 & 1 & 0 & 0 \end{bmatrix}$,最优目标函数值为 $z^* = 14$。即甲做 E,乙做 D,丙做 A,丁做 B,戊做 C。

4.3.3 特殊指派问题

除了标准形式的指派问题,还存在另外特殊形式的指派问题。一般而言,特殊指派问题都可以转化为标准形式的指派问题进行求解。

(1) 极大化指派问题

$$\max z = \sum_{i=1}^{n} \sum_{j=1}^{n} c_{ij} x_{ij}$$

令 $c'_{ij} = M - c_{ij}$,M 为 (c_{ij}) 中最大者,则

$$\min z' = \sum_{i=1}^{n}\sum_{j=1}^{n} c'_{ij} x_{ij}$$

其中，约束条件不变，可知极大化问题与相应的极小化指派问题最优解一致。

(2) 工作数 m 多于人数 n。虚设 $m-n$ 个人，其价值系数为零，目标函数保持不变。

(3) 工作数 m 少于人数 n。虚设 $n-m$ 项工作，其价值系数为零，目标函数保持不变。

(4) 某项工作不能由某人完成。若工作 j 不能由第 i 人完成，则设相应的价值系数 $c_{ij}=M$，M 为充分大的正数。

4.4 整数规划软件求解

4.4.1 Excel 求解

用 Excel 对整数规划进行建模就是在对线性规划问题进行建模的基础上，如果要求所有变量都取整数，则选 int，如果要求变量是 0-1 变量，则选择 bin。

对于**例** 4.1，用 Excel 对其建模，如图 4.7 所示。

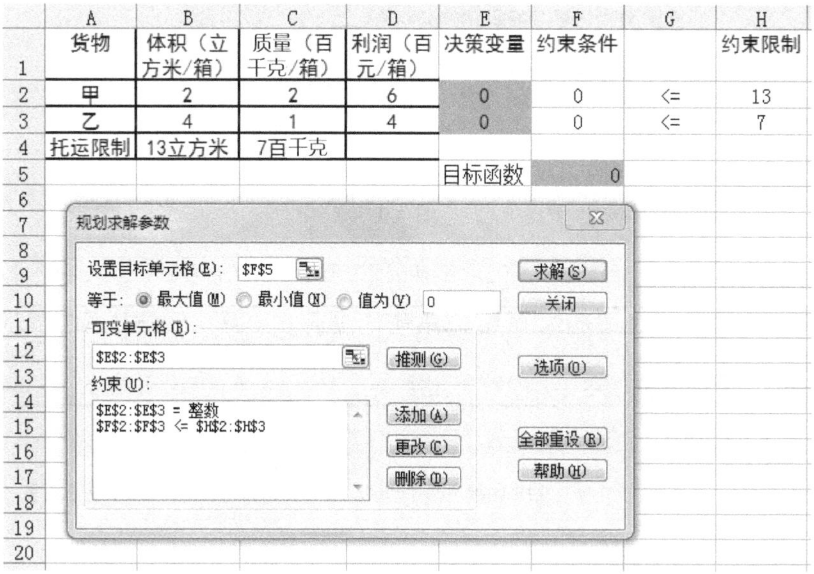

图 4.7

其中，约束条件格 F2 的命令为 "=sumproduct(B2:B3,E2:E3)"；约束条件格 F3 的命令为 "=sumproduct(C2:C3,E2:E3)"；目标函数格 F5 的命令为 "=sumproduct(D2:D3,E2:E3)"。如图 4.7 所示给定可变单元格与约束条件后，单击"选项"按钮进行设置，如图 4.8 所示。

求解得到最优解，如图 4.9 所示。

下面对**例** 4.2 进行 Excel 建模，其中决策变量设为 0-1 变量，如图 4.10 所示。

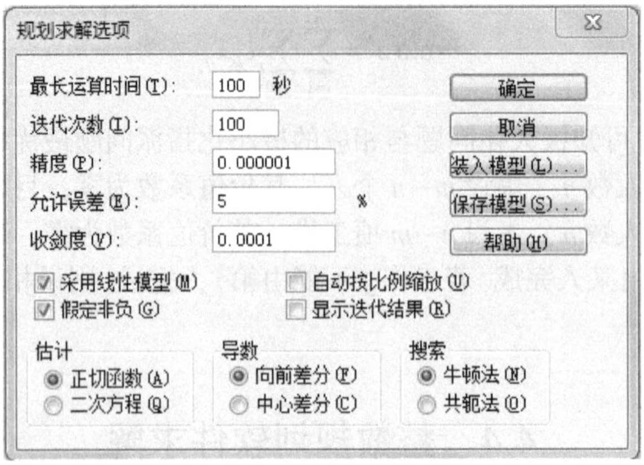
规划求解选项
最长运算时间(T): 100 秒
迭代次数(I): 100
精度(P): 0.000001
允许误差(E): 5 %
收敛度(V): 0.0001
确定
取消
装入模型(L)...
保存模型(S)...
帮助(H)
采用线性模型(M)
自动按比例缩放(U)
假定非负(G)
显示迭代结果(R)
估计
正切函数(A)
二次方程(Q)
导数
向前差分(F)
中心差分(C)
搜索
牛顿法(N)
共轭法(O)

图 4.8

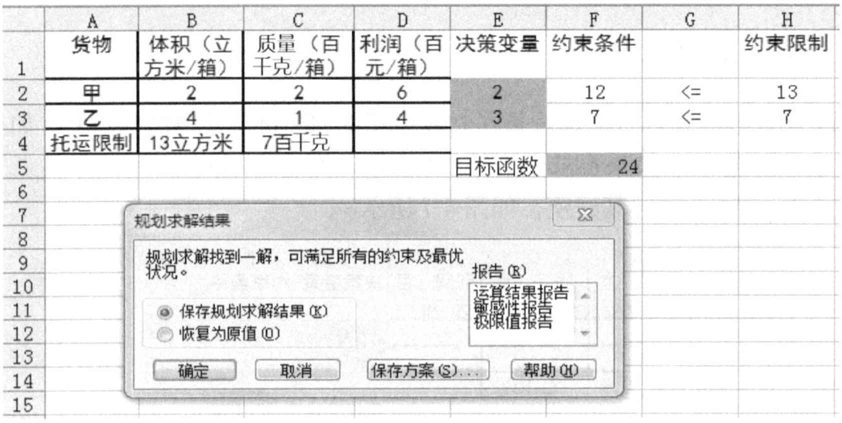
货物
体积（立方米/箱）
质量（百千克/箱）
利润（百元/箱）
决策变量
约束条件
约束限制
甲 2 2 6 2 12 <= 13
乙 4 1 4 3 7 <= 7
托运限制 13立方米 7百千克
目标函数 24
规划求解结果
规划求解找到一解，可满足所有的约束及最优状况。
报告(R)
运算结果报告
敏感性报告
极限值报告
保存规划求解结果(K)
恢复为原值(O)
确定
取消
保存方案(S)...
帮助(H)

图 4.9

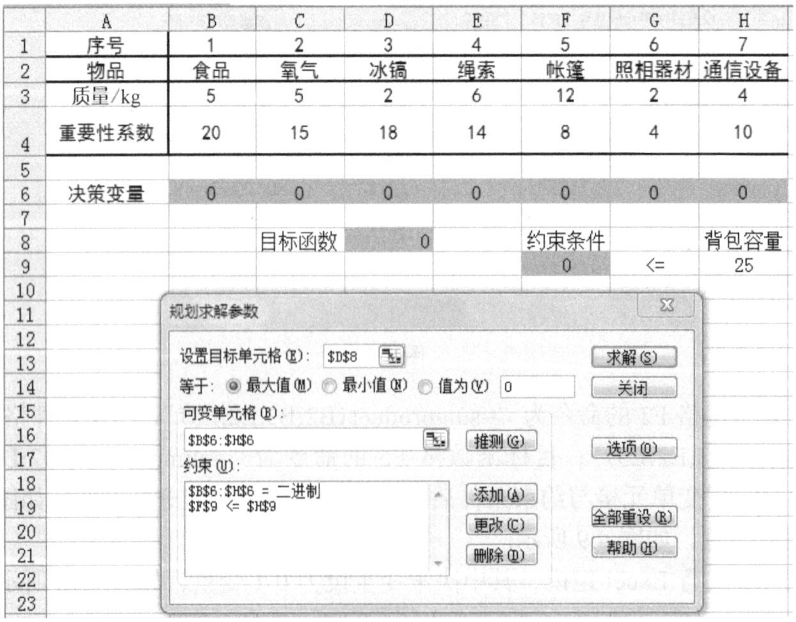
序号 1 2 3 4 5 6 7
物品 食品 氧气 冰镐 绳索 帐篷 照相器材 通信设备
质量/kg 5 5 2 6 12 2 4
重要性系数 20 15 18 14 8 4 10
决策变量 0 0 0 0 0 0 0
目标函数 0
约束条件
背包容量
0 <= 25
规划求解参数
设置目标单元格(E): $D$8
等于: 最大值(M) 最小值(N) 值为(V) 0
可变单元格(B):
$B$6:$H$6
推测(G)
约束(U):
$B$6:$H$6 = 二进制
$F$9 <= $H$9
添加(A)
更改(C)
删除(D)
求解(S)
关闭
选项(O)
全部重设(R)
帮助(H)

图 4.10

求解所得最优解如图 4.11 所示。

图 4.11

4.4.2 Lingo 求解

下面对**例 4.1** 进行求解。

Lingo 程序如下:

```
MODEL:
MAX=6*x1+4*x2;
2*x1+4*x2<=13;
2*x1+x2<=7;
@gin(x1);!变量x1为整数;
@gin(x2);!变量x2为整数;
End
```

求解结果如下:

```
Global optimal solution found.
  Objective value:                              22.00000
  Objective bound:                              22.00000
  Infeasibilities:                              0.000000
  Extended solver steps:                               0
  Total solver iterations:                             3

                Variable           Value        Reduced Cost
                      X1        3.000000           -6.000000
                      X2        1.000000           -4.000000

                     Row   Slack or Surplus       Dual Price
                       1        22.00000            1.000000
                       2        3.000000            0.000000
                       3        0.000000            0.000000
```

求得最优解为 $x_1=3$，$x_2=1$，最优目标函数值为 22。需要注意的是，在 Lingo 中，默认的变量均为非负。

下面对**例 4.2** 进行求解。

Lingo 程序如下：

```
MODEL:
SETS:
task/1..5/:t;
man/1..5/:m;
link(man,task):c,x;
ENDSETS
DATA:
c=5 6 8 4 1
  7 3 5 7 9
  1 8 6 5 6
  6 3 7 8 5
  9 7 2 6 8;
ENDDATA
[obj]MIN=@SUM(link:c*x);
@FOR(task(j):@SUM(man(i):x(i,j))=1);
@FOR(man(i):@SUM(task(j):x(i,j))=1);
@FOR(link:@BIN(x));
END
```

求解结果如下：

```
Global optimal solution found.
  Objective value:                    14.00000
  Objective bound:                    14.00000
  Infeasibilities:                    0.000000
  Extended solver steps:                     0
  Total solver iterations:                   0

                   Variable       Value        Reduced Cost
                   X( 1, 5)       1.000000     1.000000
                   X( 2, 4)       1.000000     7.000000
                   X( 3, 1)       1.000000     1.000000
                   X( 4, 2)       1.000000     3.000000
                   X( 5, 3)       1.000000     2.000000
```

最优解为：甲做 E，乙做 D，丙做 A，丁做 B，戊做 C；最优目标函数值为 14。

4.5 案例分析

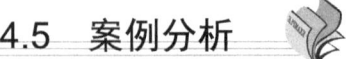

HBlack 发动机制造厂生产一种制造卡车所用的发动机。该厂的生产线可以生产两种类型

的发动机：P 型和 M 型。由于生产线在同一时间点只能生产一种型号的发动机，所以生产线需要设置成生产 P 型或 M 型，而不能同时生产两种。每周末更换一次，从生产 P 型发动机的设置转换到生产 M 型发动机所需的设置成本是 500 美元，反之亦然。当生产 P 型发动机时，每周最多生产 100 件，而 M 型发动机每周最多生产 80 件。

该工厂刚刚完成了生产 P 型发动机的设置。管理者需要为随后的 8 周制定生产和设置更换计划。目前，工厂的库存中有 125 件 P 型发动机和 143 件 M 型发动机。每周库存成本按库存价值的 5% 计算。P 型的生产成本是 225 美元，M 型的生产成本是 310 美元。制定生产计划的目的是使生产成本、库存成本与更换成本之和达到最小。

工厂已经收到一家发动机装配厂 9 周内的需求计划，见表 4.9。

表 4.9

周次	产品需求量		周次	产品需求量	
	P 型	M 型		P 型	M 型
1	55	38	6	45	48
2	55	38	7	36	58
3	44	30	8	35	57
4	0	0	9	35	58
5	45	48			

安全库存量要求每周库存至少达到下周需求量的 80%。

请为 HBlack 工厂的管理层制定一个随后 8 周的设置更换与生产的计划时间表，计划时间表中需要说明总成本中生产成本、库存成本及更换成本各为多少。

注：本案例改编自《数据、模型与决策》（原书第 12 版）P223 页案例问题 3。

(1) 参数与变量设置。

p_i：第 i 周 P 型发动机的需求量，$i=1,2,\cdots,9$；

m_i：第 i 周 M 型发动机的需求量，$i=1,2,\cdots,9$；

y_i：0-1 变量，若第 i 周设置生产 P 型发动机则为 1，若第 i 周设置生产 M 型发动机则为 0，$i=1,2,\cdots,8$；

x_{1i}：第 i 周生产 P 型发动机的数量，$i=1,2,\cdots,8$；

x_{2i}：第 i 周生产 M 型发动机的数量，$i=1,2,\cdots,8$。

(2) 目标函数分析。

① 生产成本：$f_1 = 225\sum_{i=1}^{8} x_{1i} + 310\sum_{i=1}^{8} x_{2i}$；

② 更换成本：$f_2 = 500\sum_{i=1}^{8} |y_{i-1} - y_i|$，其中 $y_0 = 1$（刚刚完成 P 型生产线设置）；

③ 库存成本：$f_3 = \sum_{t=1}^{8} \left\{ \left[\sum_{i=1}^{t}(x_{1i} - p_i) + 125\right] \times 225 \times 0.05 + \left[\sum_{i=1}^{t}(x_{2i} - m_i) + 143\right] \times 310 \times 0.05 \right\}$

(3) 因此，数学模型为

$$\min(f_1 + f_2 + f_3)$$

$$\text{s.t.} \begin{cases} x_{1i} \leq 100 y_i (i=1,2,\cdots,8) \\ x_{2i} \leq 80(1-y_i)(i=1,2,\cdots,8) \\ \sum_{i=1}^{t}(x_{1i}-p_i)+125 \geq 0.8 p_{t+1}(t=1,2,\cdots,8) \\ \sum_{i=1}^{t}(x_{2i}-m_i)+143 \geq 0.8 m_{t+1}(t=1,2,\cdots,8) \\ y_i \in \{0,1\},(i=1,2,\cdots,8) \\ x_{1i},x_{2i} \geq 0 \text{且为整数}(i=1,2,\cdots,8) \end{cases}$$

(4) 针对上述模型，编写相应的 Lingo 程序如下：

```
Model:
!第 4 章案例分析；

sets:
variables/1..8/:x1,x2,y;        !变量设定；
weeks/1..8/;
demands/1..9/:d1,d2;            !需求量；
endsets

data:
d1=55 55 44 0 45 45 36 35 35;
d2=38 38 30 0 48 48 58 57 58;
enddata

!目标函数由三部分成本组成：生产成本、库存成本和更换成本；

min=225*@sum(variables:x1)+310*@sum(variables:x2)
+@sum(weeks(t):(@sum(variables(i)|i#le#t:(x1(i)-d1(i)))+125)*225*0.05+(@
sum(variables(i)|i#le#t:(x2(i)-d2(i)))+143)*310*0.05)
+500*(@abs(1-y(1))+@sum(variables(i)|i#le#7:@abs(y(i)-y(i+1))));
!约束条件

@for(variables:x1<=100*y);
@for(variables:x2<=80*(1-y));
@for(weeks(t):@sum(variables(i)|i#le#t:x1(i)-d1(i))+125>=0.8*d1(t+1));
@for(weeks(t):@sum(variables(i)|i#le#t:x2(i)-d2(i))+143>=0.8*d2(t+1));
@for(variables:@gin(x1));       !x1 为整数变量；
@for(variables:@gin(x2));       !x2 为整数变量；
@for(variables:@bin(y));        !y 为 0-1 变量；

End
```

Lingo 计算报告（仅显示最优解部分）如下：

```
Local optimal solution found.
  Objective value:                              132746.0
```

```
Objective bound:                      132746.0
Infeasibilities:                      0.000000
Extended solver steps:                      40
Total solver iterations:                 16091

           Variable            Value        Reduced Cost
              X1(1)         0.000000            0.000000
              X1(2)         21.00000           -11.25000
              X1(3)         97.00000           -22.50000
              X1(4)         0.000000           -33.75000
              X1(5)         0.000000            0.000000
              X1(6)         100.0000           -46.25000
              X1(7)         0.000000           -67.50000
              X1(8)         0.000000           -78.75000
              X2(1)         0.000000            434.0000
              X2(2)         0.000000            418.5000
              X2(3)         0.000000            403.0000
              X2(4)         26.00000            387.5000
              X2(5)         80.00000            440.7500
              X2(6)         0.000000            356.5000
              X2(7)         57.00000            341.0000
              X2(8)         58.00000            325.5000
               Y(1)         1.000000            0.000000
               Y(2)         1.000000            0.000000
               Y(3)         1.000000            0.000000
               Y(4)         0.000000            0.000000
               Y(5)         0.000000            0.000000
               Y(6)         1.000000            0.000000
               Y(7)         0.000000           -500.0000
               Y(8)         0.000000            0.000000
```

(5)计算结果见表 4.10。每周满足需求量后的库存情况见表 4.11。其中,生产成本为 117560 美元,库存成本为 13686 美元,更换成本为 1500 美元,总成本为 132746 美元。

表 4.10

周次	1	2	3	4	5	6	7	8
x_{1i}^*	0	21	97	0	0	100	0	0
x_{2i}^*	0	0	0	26	80	0	57	58
y_i^*	1	1	1	0	0	1	0	0

表 4.11

周次	1	2	3	4	5	6	7	8
P 型库存	70	36	89	89	44	99	63	28
M 型库存	105	67	37	63	95	47	46	47

习 题

1. 某钻井队要从 10 个可供选择的井位确定 5 个钻井探油,使总的钻井费用最小。若 10 个井位的代号为 s1, s2, ⋯, s10,相应的钻探费用为 c1, c2, ⋯, c10,并且井位的选择要满足下列限制条件:

(1) 或选择 s1 和 s7,或选择 s8;

(2) 选择了 s3 或 s4,就不能选择 s5,或反过来;

(3) 在 s5,⋯,s8 中最多只能选择 2 个。

试建立这个问题的整数规划模型。

2. 格雷市打算迁移某些警察分局,通过改变警察分局的布局加强管制高犯罪率地区的效果。所考虑的地点及这些地点所能管制的区域见表 4.12。要求:(1) 构建一个整数线性规划模型,以最少数目的地点覆盖所有区域,即最优选址问题。(2) 求解上述整数线性规划模型。

表 4.12

可能的分布地点	管制的区域
A	1, 5, 7
B	1, 2, 5, 7
C	1, 3, 5
D	2, 4, 5
E	3, 4, 6
F	4, 5, 6
G	1, 5, 6, 7

3. 三角洲集团公司是一家卫生保健行业的管理咨询公司。它打算组建一个小组以研究新市场,并通过构建线性规划模型来选择组员。主管要求组员只能为 3 人、5 人或 7 人,组员并不知道如何在模型中体现这个要求。构建的模型要求组员从 3 个部门抽选,并使用以下变量定义:

x_1:从部门 1 抽选的人数;

x_2:从部门 2 抽选的人数;

x_3:从部门 3 抽选的人数。

试写出约束条件,保证这个组由 3 人、5 人或 7 人组成。必要时采用下面的整数变量:

(1) 如果 3 个人分成一组,则 $y_1=1$,否则 $y_1=0$;

(2) 如果 5 个人分成一组,则 $y_2=1$,否则 $y_2=0$;

(3) 如果 3 个人分成一组,则 $y_3=1$,否则 $y_3=0$。

4. 解下列 0-1 整数规划:

$$\min z = 5x_1 + 7x_2 + 10x_3 + 3x_4 + x_5$$

$$\begin{cases} x_1 - 3x_2 + 5x_3 + x_4 + 4x_5 \geq 2 \\ -2x_1 + 6x_2 - 3x_3 - 2x_4 + 2x_5 \geq 0 \\ -2x_2 + 2x_3 + x_4 - x_5 \geq 1 \\ x_i = 0 \text{ 或 } 1 (i=1,2,\cdots,5) \end{cases}$$

5. 某公司有 4 项业务需要选定 4 位业务员分别处理，由于业务能力、经验和其他情况的不同，4 位业务员处理这 4 项业务的费用各不相同，见表 4.13。应当怎样分派任务，才能使总的业务费最少？

表 4.13　　　　　　　　　　　　　　　　单位：元

业务员 \ 业务	1	2	3	4
1	1100	800	1000	700
2	600	500	300	800
3	400	800	1000	900
4	1100	1000	500	700

第 5 章

图与网络分析

本章学习目标

- 掌握图论与网络分析中的基本概念与性质；
- 掌握图论与网络分析中几类重要问题：最短路问题、最小树问题、最大流问题；
- 掌握求解几类重要问题的基本算法；
- 掌握图与网络分析中重要问题的基本算法的软件求解。

本章需掌握的基本概念与方法

- 图与网络中的基本概念；
- 图与网络的矩阵表示；
- 图与网络中的基本性质；
- 最短路问题；
- 最小树问题；
- 最大流问题；
- 最小费用最大流问题。

5.1 图与网络的基本知识

5.1.1 图论起源

哥尼斯堡城七桥问题：18 世纪的普鲁士，普雷格尔河从哥尼斯堡穿城而过，河上有 7 座桥连接着河的两岸和河中的两个小岛，如图 5.1 所示。当地居民热衷于这样一个游戏：从任意陆地出发，能否不重复地走过这 7 座桥回到原出发点？

当时的瑞士数学家欧拉(E. Euler)获悉这一问题后，将它归结为如图 5.2 所示的问题。他用 A、B、C、D 四点分别表示河的两岸和小岛，用两点间的连线表示桥。七桥问题变为：从 A、B、C、D 任意点出发，能否通过每条边一次且仅一次，再回到原点？欧拉在 1736 年证明了这样的走法不存在，并给出了这类问题的一般结论。

1847 年，数学家基尔霍夫(Kirchhoff)运用图论解决了电路理论中的求解联立方程的问题。他引入了"树"的概念，可惜由于他的思想超出了时代的发展而长期未被重视。1857

年，英国数学家凯莱(Cayley)又从化学的角度进一步扩展了"树"的概念，使图论得到了新的发展。

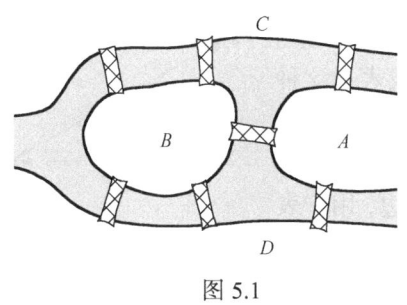
图 5.1

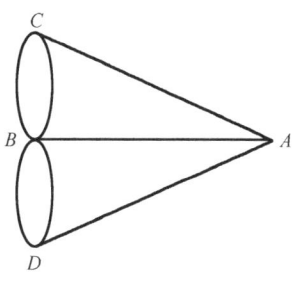
图 5.2

1857 年，英国数学家哈密尔顿(Hamilton)发明了一种游戏，他用一个实心正 12 面体象征地球，正 12 面体的 20 个顶点分别表示世界上的 20 座名城，要求游戏者从任一城市出发，寻找一条可经由每个城市一次且仅一次再回到原出发点的路，这就是"环球旅行"问题。如图 5.3 所示，要在图中找一条经过每个点一次且仅一次的路，成为哈密尔顿回路。哈密尔顿根据这个问题的特点，给出了一种解法，如图 5.4 所示。

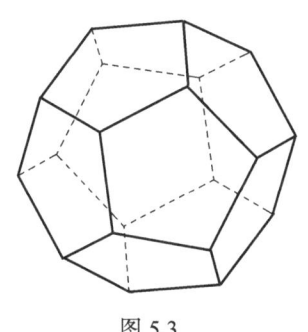
图 5.3

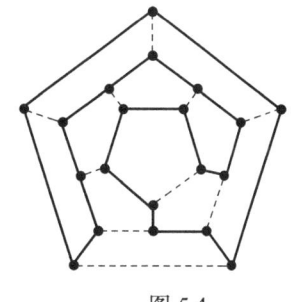
图 5.4

20 世纪以后，随着计算机的不断发展，图论也有了突飞猛进的进展，广泛应用于各科领域：如物理、化学、信息论、博弈论、计算机网络等。目前，图论已经发展成完整的一个数学分支，并且越来越多的数学爱好者倾向于研究图论。

5.1.2 图与网络的基本概念

1. 图的基本概念及分类

【例 5.1】 有甲、乙、丙、丁、戊 5 支球队，它们之间进行足球比赛，已知甲队和其他队都比赛过一次，乙队和甲、丙队比赛过，丙队和甲、乙、丁队比赛过，丁队和甲、丙、戊队比赛过，戊队和甲、丁队比赛过。为了反映这个赛程情况，可以用点 $v_1 \sim v_5$ 分别代表这 5 支球队，某两个队之间比赛过，就在这两个队相应的点之间连一条线，如图 5.5 所示。

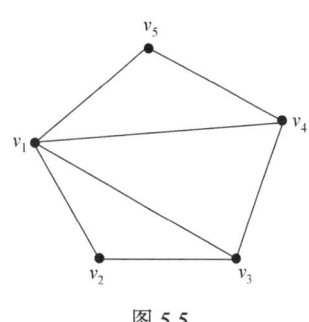
图 5.5

由例 5.1 可知，图是反映对象之间关系的一种工具。一般情况下，由于图中点的位置是相对的，连线的长短曲直等属性对于反映对象之间的关系并不重要，因此图论中的图与实际的几何图、工程图等是不同的。例 5.1 中球队之间的赛程关系具有"对称性"——甲和乙比赛过就意味着乙和甲比赛过。然而在实际生活中，还有许多关系不具有这种对称性，如比赛中的胜负关系。如果考虑比赛中的胜负关系，则可以用带箭头的连线表示这种"非对称关系"，如球队 v_1 胜了球队 v_2，可以从 v_1 引一条带箭头的连线到 v_2。图 5.6 反映了这 5 个球队比赛的胜负情况。

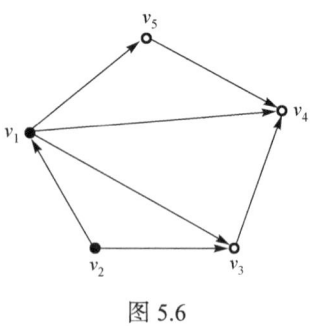

图 5.6

为了区别起见，将两点之间不带箭头的连线称为**边**，用于表达两点之间的对称关系；将两点之间带箭头的连线称为**弧**，用于表达两点之间的非对称关系。如果一个图是由点及边组成的，则称为无向图，记为 $G=(V,E)$，其中 V、E 分别表示图 G 的点集合和边集合，一条连接两点 $v_i,v_j\in V$ 的边记为 $[v_i,v_j]$（或者 $[v_j,v_i]$）；如果一个图是由点及弧组成的，则称为有向图，记为 $D=(V,A)$，其中，V、A 分别表示图 D 的点集合和弧集合，一条方向从 v_i 指向 v_j 的弧记为 (v_i,v_j)。

图 5.5 所示是无向图 $G=(V,E)$，$V=\{v_1,v_2,v_3,v_4,v_5\}$，$E=\{e_1,e_2,e_3,e_4,e_5,e_6,e_7\}$，其中，$e_1=[x_1,x_2]$，$e_2=[x_1,x_3]$，$e_3=[x_1,x_4]$，$e_4=[x_1,x_5]$，$e_5=[x_2,x_3]$，$e_6=[x_3,x_4]$，$e_7=[x_4,x_5]$。

图 5.6 所示是有向图 $D=(V,A)$，$V=\{v_1,v_2,v_3,v_4,v_5\}$，$A=\{a_1,a_2,a_3,a_4,a_5,a_6,a_7\}$，其中，$a_1=(x_1,x_2)$，$a_2=(x_1,x_3)$，$a_3=(x_1,x_4)$，$a_4=(x_1,x_5)$，$a_5=(x_2,x_3)$，$a_6=(x_3,x_4)$，$a_7=(x_4,x_5)$。

图 G 或图 D 中点的个数记为 $p(G)$ 或 $p(D)$，边数或弧数记为 $q(G)$ 或 $q(D)$。

2. 基本名词与记号

若边 $e=[u,v]\in E$，则称 u、v 是边 e 的**端点**，也称 u、v 是**相邻**的；称 e 是点 u（或点 v）的**关联边**。

定义 5.1　两个端点重合的边称为**环**；两点之间多于一条边的，称为**多重边**；不含有环和多重边的图称为**简单图**。

定义 5.2　任意两个顶点之间都有边相连的无向简单图称为**完全图**。

定义 5.3　以点 v 为端点的边数叫作顶点 v 的**次**，记作 $d(v)$。次为奇数的点，称为**奇点**，否则称为**偶点**。次为 1 的点称为**悬挂点**，悬挂点的关联边为**悬挂边**，次为 0 的点称为**孤立点**。

图 5.5 中，$d(v_1)=4$，$d(v_2)=2$，$d(v_3)=3$，$d(v_4)=3$，$d(v_5)=2$。

定理 5.1　图 $G=(V,E)$ 中顶点次数的总和等于边数的 2 倍，即

$$\sum_{v\in V}d(v)=2q(G)$$

这是显然的，因为在计算各点的次时，每条边被它的端点各用了一次。

定理 5.2　图 $G=(V,E)$ 中奇点的个数为偶数。

证明：设 V_1 和 V_2 分别是图 G 的奇点与偶点集合，由**定理 5.1** 可知必有下式成立：

$$\sum_{v\in V_1}d(v)+\sum_{v\in V_2}d(v)=\sum_{v\in V}d(v)=2m$$

由于 $2m$ 为偶数，而 $\sum_{v\in V_2}d(v)$ 为若干偶数之和，也是偶数，所以 $\sum_{v\in V_1}d(v)$ 也为偶数，即 $|V_1|$ 是偶数。

定义 5.4 图 $G=(V,E)$ 和图 $H=(V',E')$，若 $V'\subset V$ 且 $E'\subset E$，则称 H 是 G 的子图，记作 $H\subset G$；特别地，当 $V'=V$ 时，称 H 为 G 的生成子图。

【例 5.2】 图 5.7(b)所示为图 5.7(a)的子图，而图 5.7(c)所示为图 5.7(a)的生成子图。

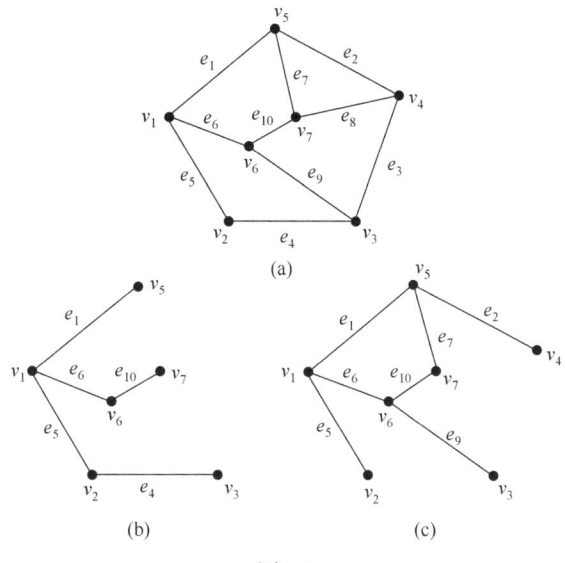

图 5.7

定义 5.5 在无向图 $G=(V,E)$ 中，若图 G 中某些点与某些边的交替序列可以排成 $(v_{i0},e_{i1},v_{i1},e_{i2},\cdots,v_{ik-1},e_{ik},v_{ik})$ 的形式，且 $e_{it}=[v_{it-1},v_{it}]$，则称这个点边序列为连接 v_{i0} 的 v_{ik} 的一条**链**；没有重复顶点和边的链称为**路**；起点和终点重合的路称为**回路**。

如图 5.7(a)中，$(v_1,e_6,v_6,e_{10},v_7,e_8,v_4,e_2,v_5,e_7,v_7)$ 即为连接 v_1 和 v_7 的一条链；$(v_1,e_6,v_6,e_{10},v_7,e_8,v_4)$ 为连接 v_1 和 v_4 的一条路；而 $(v_1,e_6,v_6,e_{10},v_7,e_8,v_4,e_2,v_5,e_1,v_1)$ 则是一条回路。

定义 5.6 若图 G 中任意两个点之间，至少存在一条链，则称 G 是**连通图**，否则称**不连通图**。

在实际问题中，往往只用图来描述所研究对象之间的关系还不行，与图联系在一起的，通常还有与点或边有关的某些参数指标，称为"权"，权可以代表距离、费用、通过能力(容量)等。

定义 5.7 点或边带有某种数量指标的图称为**网络**。与无向图和有向图相对应，网络又分为**无向网络**和**有向网络**。

【例 5.3】 图 5.8 所示是常见的网络例子。

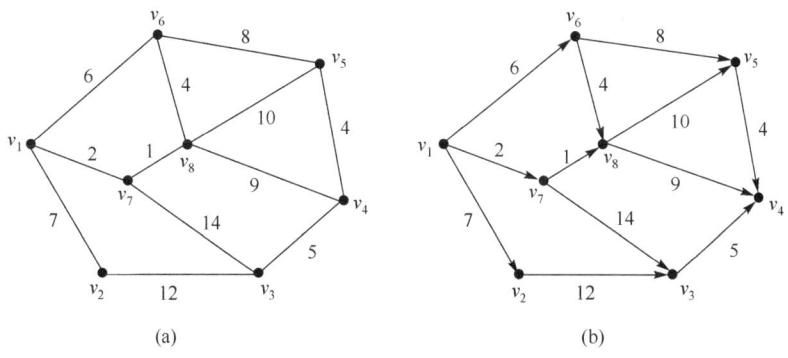

图 5.8

5.1.3 图的矩阵表示

用矩阵表示图对研究图的性质及应用常常是比较方便的。图的矩阵表示方法有多种，下面介绍两种重要的矩阵：邻接矩阵和边权矩阵。

定义 5.8 网络(赋权图) $G=(V,E)$ 中，边 (v_i,v_j) 有权 w_{ij}，构造矩阵 $A=[a_{ij}]_{n\times n}$。其中，当 $(v_i,v_j)\in E$ 时，$a_{ij}=w_{ij}$，否则为 0，则称矩阵 A 为网络 G 的**边权矩阵**。网络图 $G=(V,E)$ 中，$|V|=n$，构造一个矩阵 $A=[a_{ij}]_{n\times n}$。其中，当 $(v_i,v_j)\in E$ 时，$a_{ij}=1$，否则为 0，称 A 为图 G 的**邻接矩阵**。

【例 5.4】 分别求图 5.9 和图 5.10 所示网络图的边权矩阵和邻接矩阵。

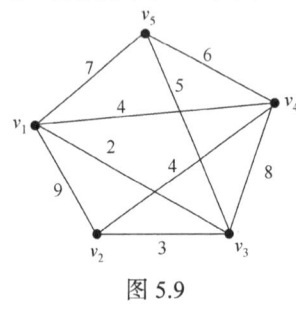

图 5.9

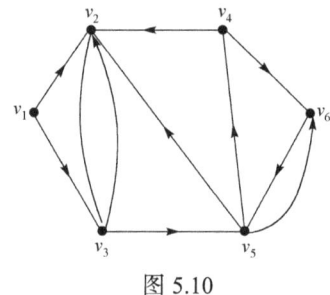

图 5.10

解：(1) 图 5.9 所示网络的边权矩阵为

$$A=\begin{bmatrix} 0 & 9 & 2 & 4 & 7 \\ 9 & 0 & 3 & 4 & 0 \\ 2 & 3 & 0 & 8 & 5 \\ 4 & 4 & 8 & 0 & 6 \\ 7 & 0 & 5 & 6 & 0 \end{bmatrix}$$

(2) 图 5.10 所示网络的邻接矩阵为

$$A=\begin{bmatrix} 0 & 1 & 1 & 0 & 0 & 0 \\ 0 & 0 & 1 & 0 & 0 & 0 \\ 0 & 1 & 0 & 0 & 1 & 0 \\ 0 & 1 & 0 & 0 & 0 & 1 \\ 0 & 1 & 0 & 1 & 0 & 1 \\ 0 & 0 & 0 & 0 & 1 & 0 \end{bmatrix}$$

5.2 最小树问题

5.2.1 树的概念与性质

在各种图中，有一类图极其简单然而却很有用，这就是树。

【例 5.5】 乒乓球单打比赛抽签后，可用树来表示相遇情况，如图 5.11 所示。

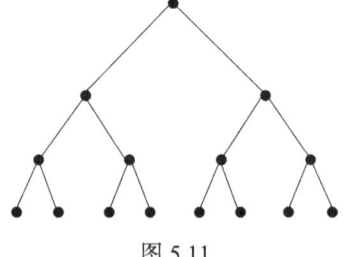

图 5.11

定义 5.9 连通且不含圈的无向图称为**树**，树中次为 1 的点称为**树叶**，次大于 1 的点称为**支点**。

定理 5.3（证明略） 图 $T=(V,E), |V|=n, |E|=m$，下列关于树的说法是等价的：

(1) T 是一棵树。

(2) T 无圈，且 $m=n-1$。

(3) T 连通，且 $m=n-1$。

(4) T 无圈，但每加一新边即唯一一个圈。

(5) T 中任意两点，有唯一链相连。

(6) T 连通，但每舍去一边就不连通。

定义 5.10 若图 G 的生成子图是一棵树，则称该树为 G 的**生成树**，或简称图 G 的树。

【**例 5.6**】 如图 5.12 所示为图 5.7 的生成树，边 e_1、e_2、e_5、e_7、e_9、e_{10} 为树枝。

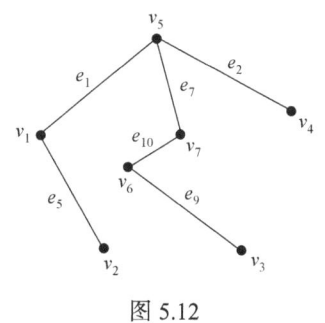

图 5.12

定理 5.4（证明略） 图 $G=(V,E)$ 有生成树的充分必要条件是 G 为连通图。

下面给出寻找连通图的生成树的两种算法：避圈法和破圈法。

(1) 避圈法是指首先将连通图 G 中的所有的顶点都画出来，然后逐个将图 G 中的边加进去，每加一条边都要保证不含圈，直到加的边数是顶点数减 1 为止，得到的连通图一定是图 G 的生成树。

(2) 破圈法是指在给定的连通图 G 中，逐个将图 G 中的每个圈都去掉一条边使其变成路，直到剩下边数是顶点数减 1 条，得到连通图即为图 G 的生成树。

【**例 5.7**】 某镇有 9 个自然村，其间道路如图 5.13(a)所示，要以 v_5 村为中心建有线广播网络，如要求沿道路架设广播线，应如何架设？

解：本问题使用破圈法，任取一圈 $\{v_1,v_4,v_5,v_1\}$，从中去掉边 $[v_1,v_4]$；再选圈 $\{v_5,v_7,v_8,v_5\}$，去掉边 $[v_7,v_8]$；以同样方法进行，直到无圈。图 5.13(b)所示就是一种方案。

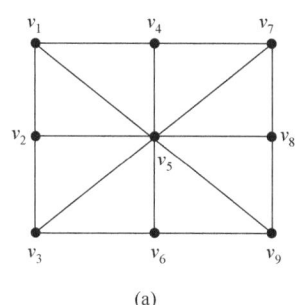 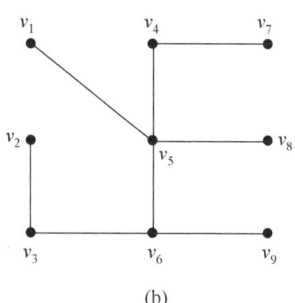

(a) (b)

图 5.13

5.2.2 最小生成树问题

定义 5.11 连通图 $G=(V,E)$ 每条边 $e \in E$ 上有非负的权 $L(e)$。一棵生成树的所有树枝上的权总和称为这棵生成树的**权**。具有最小的权的生成树称为**最小生成树**，简称**最小树**。

下面介绍寻找最小树的两种算法。

1.（Kruskal）算法

这个方法类似于生成树的避圈法，基本步骤如下。

从未选的边中选取边 e，使它与已选边不构成圈，且 e 是未选边中的最小权边，直到选够 $p(G)-1$ 条边为止。

【例 5.8】 仍用例 5.7，若已知各条道路长度如图 5.14(a)所示，各边上的数字表示距离，如何拉线才能使用线最短？

解：这就是一个最小生成树问题，用 Kruskal 算法。先将图 5.14(a)中的边按大小顺序由小至大排列：$[v_1,v_2]=1, [v_4,v_5]=1, [v_5,v_6]=1, [v_7,v_8]=1, [v_2,v_5]=2, [v_3,v_6]=2, [v_5,v_8]=2, [v_4,v_7]=3, [v_6,v_9]=3, [v_1,v_4]=4, [v_1,v_5]=4, [v_3,v_5]=5, [v_5,v_7]=5, [v_5,v_9]=5$。

然后按照边的排列顺序，取 $e_1=[v_1,v_2], e_2=[v_4,v_5], e_3=[v_5,v_6], e_4=[v_7,v_8], e_5=[v_2,v_5], e_6=[v_3,v_6], e_7=[v_5,v_8]$，由于下一个未选中的最小权边 $[v_4,v_7]$ 与已选边 e_2、e_4、e_7 构成圈，所以排除，选 $e_8=[v_6,v_9]$。得到图 5.14(b)，就是图 5.14(a)的一棵最小树，它的权是 13。

2. 破圈法

任取一个圈，从圈中去掉一条权最大的边（如果有两条及以上的边都是权最大的边，则任意去掉其中一条）。在余下的图中，重复这一步骤，直至得到一个不含圈的图，即为最小树。

【例 5.9】 图 5.14(a)中，任取一个圈，如 $\{v_3,v_5,v_6,v_3\}$，其中权最大的边是 $[v_3,v_5]$，于是去掉这条边；再取圈 $\{v_4,v_5,v_7,v_4\}$，去掉边 $[v_5,v_7]$；重复进行可得到最小树，如图 5.14(b)所示。

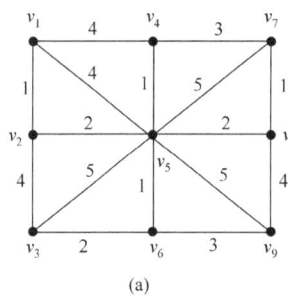
(a)

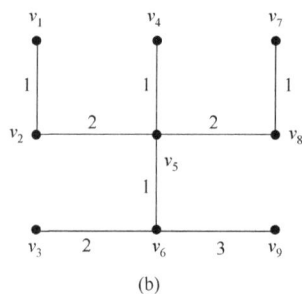
(b)

图 5.14

5.3 最短路问题

最短路问题的一般提法如下：设 $G=(V,E)$ 为连通图，图中各边 $[v_i,v_j]$ 有权 l_{ij}（$l_{ij}=\infty$ 表示 v_i、v_j 不相邻），v_s、v_t 为图中任意两点。设 μ 是 G 中从 v_s 到 v_t 的一条路，定义路 μ 的权为 μ 中所有边的权之和，记为 $\omega(\mu)$。最短路问题就是要从所有从 v_s 到 v_t 的道路中，求一条总权最小的道路道路 μ_0，即

$$\omega(\mu_0)=\min_{\mu}\omega(\mu)$$

有些最短路问题也可以是求网络中某指定点到其余所有节点的最短路或求网络中任意两点间的最短路。下面介绍三种分别用于求解这几种最短路问题的算法。

5.3.1 求解指定两点间的最短路问题(Dijkstra 算法)

该算法由 Dijkstra 于 1959 年提出,可用于求解指定两点 v_s、v_t 间的最短路,或从指定点 v_s 到其余各点的最短路,是目前求非负权网络最短路问题的最好方法。

算法的基本步骤如下。

(1)给 v_s 以 P 标号, $P(v_s)=0$,其余各点均给 T 标号, $T(v_i)=+\infty$ 。

(2)若 v_i 点为刚得到 P 标号的点,考虑这样的点 v_j :$[v_i,v_j]$ 属于 E ,且 v_j 为 T 标号,对 v_j 的 T 标号进行如下更改:

$$T(v_j)=\min[T(v_j),P(v_i)+l_{ij}]$$

(3)比较所有具有 T 标号的点,把最小者改为 P 标号,即

$$P(\overline{v_i})=\min[T(v_i)]$$

当存在两个以上最小者时,可同时改变为 P 标号。若全部均为 P 标号则停止,否则用 $\overline{v_i}$ 代替 v_i 转到(2)。

【例 5.10】 用 Dijkstra 算法求图 5.15 中 v_1 到 v_8 的最短路。

解:(1)首先给 v_1 以 P 标号, $P(v_1)=0$,给其余所有点 T 标号。

(2)由于弧 (v_1,v_2) 、 (v_1,v_3) 属于 E ,且 v_2 、 v_3 为 T 标号,所以修改这两点的标号如下:

$T(v_2)=\min[T(v_2),P(v_1)+l_{12}]=\min[+\infty,0+4]=4$
$T(v_3)=\min[T(v_3),P(v_1)+l_{13}]=\min[+\infty,0+6]=6$

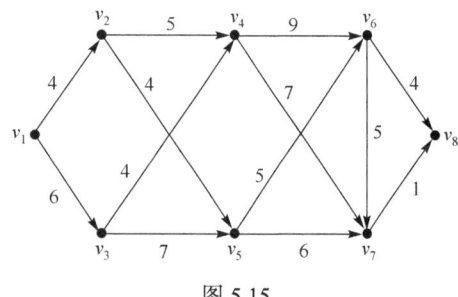

图 5.15

(3)比较所有 T 标号, $T(v_2)$ 最小,所以令 $P(v_2)=4$ 。

(4) v_2 为刚得到 P 标号的点,考察边 (v_2,v_4) 、 (v_2,v_5) 的端点 v_4 、 v_5 ,有

$T(v_4)=\min[T(v_4),P(v_2)+l_{24}]=\min[+\infty,4+5]=9$
$T(v_5)=\min[T(v_5),P(v_2)+l_{25}]=\min[+\infty,4+4]=8$

(5)比较所有 T 标号, $T(v_3)$ 最小,所以令 $P(v_3)=6$ 。

(6)考虑点 v_3 ,有

$T(v_4)=\min[T(v_4),P(v_3)+l_{34}]=\min[9,6+4]=9$
$T(v_5)=\min[T(v_5),P(v_3)+l_{35}]=\min[8,6+7]=8$

(7)全部 T 标号中, $T(v_5)$ 最小,所以令 $P(v_5)=8$ 。

(8)考察 v_5 ,有

$T(v_6)=\min[T(v_6),P(v_5)+l_{56}]=\min[+\infty,8+5]=13$
$T(v_7)=\min[T(v_7),P(v_5)+l_{57}]=\min[+\infty,8+6]=14$

(9)全部 T 标号中, $T(v_4)$ 最小,所以令 $P(v_4)=9$ 。

(10)考察 v_4 ,有

$$T(v_6) = \min[T(v_6), P(v_4)+l_{46}] = \min[13, 9+9] = 13$$
$$T(v_7) = \min[T(v_7), P(v_4)+l_{47}] = \min[14, 9+7] = 14$$

(11) 全部 T 标号中，$T(v_6)$ 最小，所以令 $P(v_6)=13$。

(12) 考察 v_6，有

$$T(v_7) = \min[T(v_7), P(v_6)+l_{67}] = \min[14, 13+5] = 14$$
$$T(v_8) = \min[T(v_8), P(v_6)+l_{68}] = \min[+\infty, 13+4] = 17$$

(13) 全部 T 标号中，$T(v_7)$ 最小，所以令 $P(v_7)=14$。

(14) 考察 v_7，有

$$T(v_8) = \min[T(v_8), P(v_7)+l_{78}] = \min[17, 14+1] = 15$$

(15) 因只有一个 T 标号 $T(v_8)$，所以令 $P(v_8)=15$，计算结束。

从 v_1 到 v_8 的最短路为 $v_1 \to v_2 \to v_5 \to v_7 \to v_8$，路长为 $P(v_8)=15$。

5.3.2 求解指定点到任意点的最短路问题（主次逼近算法）

该算法可用于网络中有带有负权的边时，求某指定点 v_1 到网络中任意点的最短路。算法的基本思路基于以下事实：如果 v_1 到 v_j 的最短路总沿着该路从 v_1 先到某点 v_i，再沿边 $[v_i, v_j]$ 到达 v_j，则 v_1 到 v_i 的这条路必然也是 v_1 到 v_i 的最短路；若令 P_{1j} 表示从 v_1 到 v_j 的最短路长，P_{1i} 为 v_1 到 v_i 的最短路的长，则必有方程

$$P_{1j} = \min_{i \in V}(P_{1i} + l_{ij})$$

用迭代方法解这个方程。开始时，令

$$P_{1j}^{(1)} = l_{1j} \qquad (j=1,2,\cdots,n)$$

即用 v_1 到 v_j 的直接距离作初始解，若 v_1 到 v_j 间无边，则记 v_1 与 v_j 间的最短路长为 $+\infty$。从第二步起，用迭代公式 $P_{1j}^{(k)} = \min_i[P_{1i}^{(k-1)} + l_{ij}](k=2,3,\cdots)$ 求 $P_{1j}^{(k)}$，当进行到第 t 步时，若出现 $P_{1j}^{(t)} = P_{1j}^{(t-1)}(j=1,2,\cdots,n)$，则停止，$P_{1j}^{(t)}(j=1,2,\cdots,n)$ 即为 v_1 点到各点的最短路长。

【例 5.11】 求图 5.16 中 v_1 点到各点的最短路。

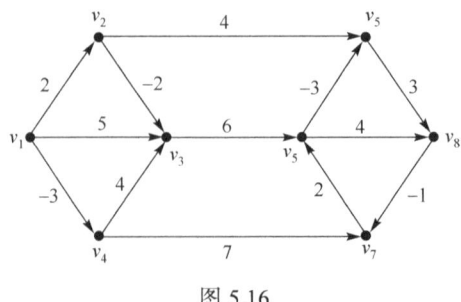

图 5.16

解：初始条件为

$$P_{11}^{(1)}=0, P_{12}^{(1)}=2, P_{13}^{(1)}=5, P_{14}^{(1)}=-3, P_{15}^{(1)}=P_{16}^{(1)}=P_{17}^{(1)}=P_{18}^{(1)}=+\infty$$

第一轮迭代如下：

$$P_{11}^{(2)} = \min\{P_{11}^{(1)}+l_{11}, P_{12}^{(1)}+l_{21}, P_{13}^{(1)}+l_{31}, \cdots, P_{18}^{(1)}+l_{81}\}$$
$$= \min\{0+0, 2+\infty, 5+\infty, -3+\infty, \infty, \infty, \infty, \infty\} = 0$$
$$P_{12}^{(2)} = \min\{P_{11}^{(1)}+l_{12}, P_{12}^{(1)}+l_{22}, P_{13}^{(1)}+l_{32}, \cdots, P_{18}^{(1)}+l_{82}\}$$
$$= \min\{0+2, 2+0, 5+\infty, -3+\infty, \infty, \infty, \infty, \infty\} = 2$$

类似可得

$$P_{13}^{(2)} = 0, P_{14}^{(2)} = -3, P_{15}^{(2)} = 6, P_{16}^{(2)} = 11, P_{17}^{(2)} = P_{18}^{(2)} = \infty$$

可以看出，$P_{1j}^{(2)}$ 表示从 v_1 经过两步到 v_j 的最短路长。

迭代进行到第六轮时，发现 $P_{1j}^{(6)} = P_{1j}^{(5)}(j=1,2,\cdots,8)$，则停止。表中最后一列数字分别表示 v_1 点到各点的最短路长。

如果需要知道 v_1 到各点的最短路径，可以采取"反向追踪"的办法。如需要求出 v_1 到 v_8 点的最短路径，已知 $P_{18} = 10$，而 $P_{18} = \min\{P_{1i} + l_{i8}\}$ 在表中寻求满足等式的 v_i 点，易知 $P_{16} + l_{68}$，记下 (v_6, v_8)。再考察 v_6，由于 $P_{16} = 6$，而 $6 = 0 + 6 = P_{13} + l_{36}$，记下 (v_3, v_6)。考察 v_3，$P_{13} = 0$，而 $0 = 2 + (-2) = P_{12} + l_{23}$，记下 (v_2, v_3)。考察 v_2，$P_{12} = 2$，而 $2 = 0 + 2 = P_{11} + l_{12}$，记下 (v_1, v_2)。

由于递推公式中 $P_{1j}^{(k)}$ 的实际意义为从 v_1 到 v_j 点至多含有 $k-1$ 个中间点的最短路权，所以在含有 n 个点的图中，如果不含有总的权和小于零的回路，求从 v_1 点到任一点的最短路权，则用上述算法最多经过 $n-1$ 次迭代必定收敛。

5.3.3 求解任意两点间的最短路问题（Floyd 算法）

Floyd 算法（1962 年）可以直接求出网络中任意两点间的最短路。

为计算方便，令网络的权矩阵为 $\boldsymbol{D} = [d_{ij}]_{n \times n}$，$l_{ij}$ 为 v_i 到 v_j 的距离。

其中，$d_{ij} = \begin{cases} l_{ij} & (v_i, v_j) \in E \\ \infty & 其他 \end{cases}$

算法基本步骤如下。

(1) 输入边权矩阵 $\boldsymbol{D}^{(0)} = \boldsymbol{D}$。

(2) 计算 $\boldsymbol{D}^{(k)} = [d_{ij}^{(k)}]_{n \times n}$ $(k=1,2,\cdots,n)$，其中 $d_{ij}^{(k)} = \min_t[d_{ij}^{(k-1)}, d_{it}^{(k-1)} + d_{tj}^{(k-1)}]$

(3) $\boldsymbol{D}^{(n)} = [d_{ij}^{(n)}]_{n \times n}$ 中的元素 d_{ij}^n 就是 v_i 到 v_j 的最短路长。

【例 5.12】 已知某地区的交通网络如图 5.17 所示。其中，点代表居民区，边表示公路，l_{ij} 为小区间公路距离。问区中心医院建在哪个小区，可使得距离最远的小区居民就诊时所走的路程最短？

解：这是一个网络选址问题，实际即为求图的中心，可以转化为一系列求最短路的问题。利用 Floyd 算法求出各点之间的最短距离矩阵 $\boldsymbol{D}^{(n)} = [d_{ij}^{(n)}]_{n \times n}$，再求出距 v_i 点最远的点。令 $\boldsymbol{D}(v_i) = \max\{d_{i1}^{(n)}, d_{i2}^{(n)}, \cdots, d_{in}^{(n)}\}$ $(i=1,2,\cdots,n)$，表示若医院建在 v_i，则离医院最远的小区距离为 $\boldsymbol{D}(v_i)$，然后求出 $\boldsymbol{D}(v_s) = \min_i[\boldsymbol{D}(v_i)]$ 中最小者，即为所求，即医院应该设在 v_s 处。

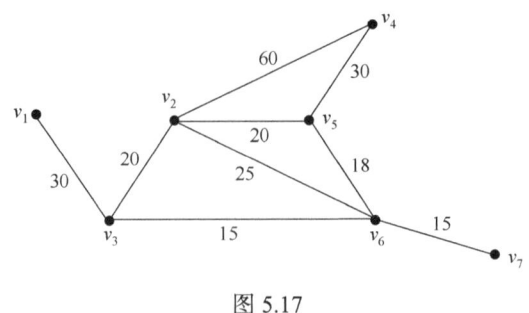

图 5.17

5.4 最大流问题

5.4.1 最大流的相关概念

定义 5.12 设有向图 $G=(V,E)$, G 的每条边 (v_i,v_j) 上的非负数 c_{ij} 称为边的容量,仅有一个入次为 0 的点 v_s 称为**发点**(源),一个出次为 0 的点 v_t 称为**收点**(汇),其余的点为**中间点**,这样的网络 G 称为**容量网络**,记作 $G=(V,E,C)$。

定义 5.13 对任意 G 中的边 (v_i,v_j) 有流量 f_{ij},称集合 $f=\{f_{ij}\}$ 为 G 的一个流。称满足下列条件的流为**可行流**:

(1) 容量限制条件,对 G 中每条边 (v_i,v_j),有 $0 \leqslant f_{ij} \leqslant c_{ij}$。

(2) 平衡条件,对中间点 v_i,有 $\sum_j f_{ij} = \sum_k f_{ki}$ (即中间点 v_i 的流入量等于流出量)。

(3) 对收、发点 v_t、v_s 有 $\sum_i f_{si} = \sum_j f_{jt} = W$ (即从 v_s 点发出的总流量等于 v_t 点收到的流入总量),W 为网络流的总流量。

可行流总是存在的,如 $f=\{0\}$ 就是一个流量为 0 的可行流。一个流 $f=\{f_{ij}\}$,当 $f_{ij}=c_{ij}$ 时,称流 f 对边 (v_i,v_j) 是饱和的,否则称 f 对边 (v_i,v_j) 不饱和。

所谓最大流问题就是在容量网络中,寻找流量最大的可行流。

定义 5.14 容量网络 $G=(V,E,C)$,v_s、v_t 为发、收点,若有边集 E' 为 E 的子集,将 G 分为两个子图 G_1、G_2,其顶点集合分别记作 S、$\bar{S}$,$S \cup \bar{S}=V$,$S \cap \bar{S}=\Phi$,v_s、v_t 分属 S、$\bar{S}$,满足:① $G(V,E-E')$ 不连通;② E'' 为 E' 的真子集,而 $G(V,E-E'')$ 仍连通,则称 E' 为 G 的**割集**,记 $E'=(S,\bar{S})$。

定理 5.5 设网络 $G=(V,E,C)$ 的任一可行流,流量为 W,$(S,\bar{S})$ 是分离 v_s、v_t 的任一割集,则有 $W \leqslant C(S,\bar{S})$。

定理 5.6(最大流-最小割定理) 任一网络 G 中,从 v_s 到 v_t 的最大流的流量等于分离 v_s、v_t 的最小割的容量。

定义 5.15 容量网络 G,若 μ 为网络中从 v_s 到 v_t 的一条链,给 μ 定向为从 v_s 到 v_t,μ 上的边凡与 μ 同向的称为前向边,凡与 μ 反向的称为后向边,其集合分别用 μ^+ 和 μ^- 表示,设

$f = \{f_{ij}\}$ 是一个可行流,如果满足

$$\begin{cases} 0 \leqslant f_{ij} < c_{ij} & (v_i, v_j) \in \mu^+ \\ 0 < f_{ij} \leqslant c_{ij} & (v_i, v_j) \in \mu^- \end{cases}$$

则称 μ 为从 v_s 到 v_t 的(关于 f 的)**可增广链**。

定理 5.7 可行流 f 是最大流的充要条件是不存在从 v_s 到 v_t 的(关于 f 的)可增广链。

5.4.2 求最大流的标号算法

设已有一个可行流 f,标号方法可分为两步:①标号过程,通过标号来寻找可增广链;②调整过程,沿可增广链调整 f 以增加流量。下面通过一个例题来说明算法的基本步骤。

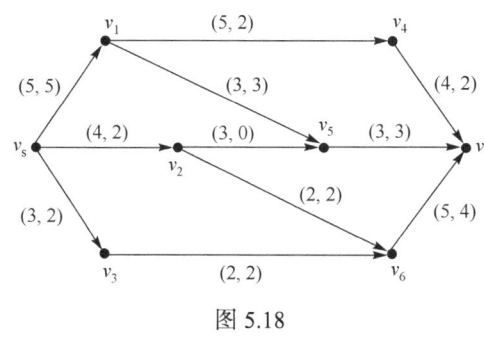

图 5.18

【例 5.13】图 5.18 显示了一个网络及初始可行流,每条边上的有序数表示 (c_{ij}, f_{ij}),求这个网络的最大流。

解:先给 v_s 标以 $(0, +\infty)$。

检查 v_s 的邻接点 $v_1 \sim v_3$,发现 v_2 满足 $(v_s, v_2) \in E$,且 $f_{s2} = 2 < c_{s2} = 4$。令 $\delta(v_2) = \min[2, +\infty] = 2$,给以 v_2 标号 $[+v_s, 2]$。同理给 v_3 点以标号 $[+v_s, 1]$。

检查 v_2 的尚未标号的邻接点 v_5、v_6,发现 v_5 满足 $(v_2, v_5) \in E$,且 $f_{25} = 0 < c_{25} = 3$。令 $\delta(v_5) = \min[3, 2] = 2$,给 v_5 以标号 $[+v_2, 2]$。

检查 v_5 与邻接的未标号点有 v_1、v_t,发现 v_1 满足 $(v_1, v_5) \in E$,且 $f_{15} = 3 > 0$。令 $\delta(v_1) = \min[3, 2] = 2$,则给 v_1 点以标号 $[-v_5, 2]$。

v_4 点未标号,与 v_1 邻接,边 $(v_1, v_4) \in E$ 且 $f_{14} = 2 < c_{14} = 5$,所以令 $\delta(v_4) = \min[3, 2] = 2$,给 v_4 以标号 $[+v_1, 2]$。

v_t 类似前面的步骤,可由 v_4 得到标号 $[+v_4, 2]$。

由于 v_t 已得到标号,说明存在增广链,所以标号过程结束,如图 5.19 所示。

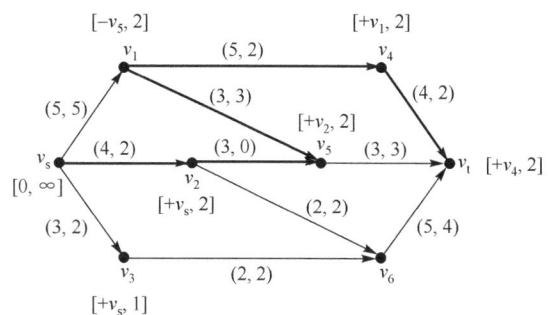

图 5.19

进入调整过程,令 $\delta = \delta(v_t) = 2$ 为调整量,从 v_t 点开始,由逆增广链方向按标号 $[+v_4, 2]$ 找到点 v_4,令 $f'_{4t} = f_{4t} + 2$。再由 v_4 点标号 $[+v_1, 2]$ 找到前一个点 v_1,并令 $f'_{14} = f_{14} + 2$。按 v_1 点标

号找到点 v_5。由于标号为 $[-v_5, 2]$，(v_5, v_1) 为反向边，令 $f'_{15} = f_{15} + 2$。由 v_5 点的标号再找到 v_2，令 $f'_{25} = f_{25} + 2$。由 v_2 点找到 v_s，令 $f'_{s2} = f_{s2} + 2$。

调整过程结束，调整中的可增广链见图 5.19，调整后的可行流如图 5.20 所示。

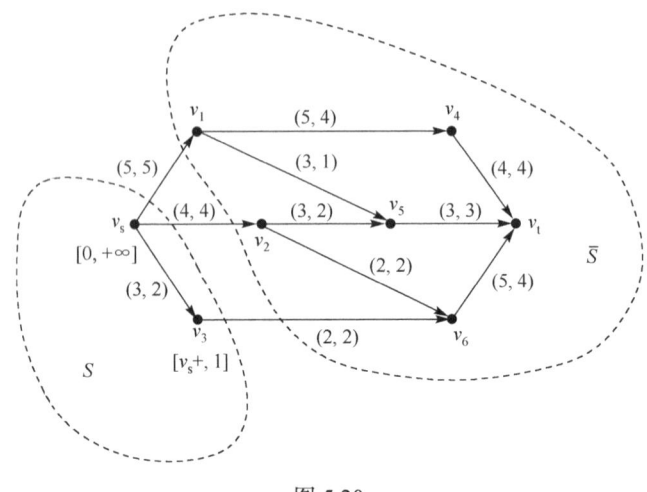

图 5.20

重新开始标号过程，寻找可增广链，当标到 v_3 点为 $[+v_s, 1]$ 以后，与 v_s、v_3 邻接的 v_1、v_2、v_6 都不满足标号条件，所以标号无法再继续，而 v_t 点并未得到标号，见图 5.20。这时，$W = f_{s1} + f_{s2} + f_{s3} = f_{4t} + f_{5t} + f_{6t} = 11$，即为最大流的流量，算法结束。

用标号法在得到最大流的同时，可得到一个最小割，如图 5.20 中虚线所示。标号点集合为 S，即 $S = \{v_s, v_3\}$，未标号点集合为 $\overline{S} = \{v_1, v_2, v_4, v_5, v_6, v_t\}$，此时割集 $(S, \overline{S}) = \{(v_s, v_1), (v_s, v_2), (v_3, v_6)\}$，割集容量 $C(S, \overline{S}) = c_{s1} + c_{s2} + c_{36} = 11$，与最大流的流量相等。

5.4.3 最小费用最大流问题

最小费用流问题的一般提法是：已知容量网络 $G = (V, E, C)$，每条边 (v_i, v_j) 除了已给的容量 c_{ij} 外，还给出了单位流量的费用 $d_{ij} (\geqslant 0)$，记作 $G = (V, E, C, d)$。求 G 的一个可行流 $f = \{f_{ij}\}$，使得流量 $W(f) = v$，且总费用 $d(f) = \sum_{(v_i, v_j) \in E} d_{ij} f_{ij}$ 最小。特别地，当要求 f 为最大流量时，此问题即为最小费用最大流问题。

定义 5.16 已知网络 $G = (V, E, C, d)$，f 是 G 上的一个可行流，μ 为从 v_s 到 v_t 的（关于 f 的）可增广链，$d(\mu) = \sum_{\mu^+} d_{ij} - \sum_{\mu^-} d_{ij}$ 称为链 μ 的费用。若 μ^* 是从 v_s 到 v_t 所有可增广链中费用最小的链，则称 μ^* 为最小费用可增广链。

【例 5.14】如图 5.21 所示的可增广链 μ 中，边上的权为费用 d_{ij}，$\mu^+ : \{(v_s, v_1), (v_2, v_3), (v_3, v_4), (v_5, v_t)\}$，$\mu^- : \{(v_2, v_1), (v_5, v_4)\}$，则链 μ 的费用 $d(\mu) = (3+4+1+6) - (5+7) = 2$。

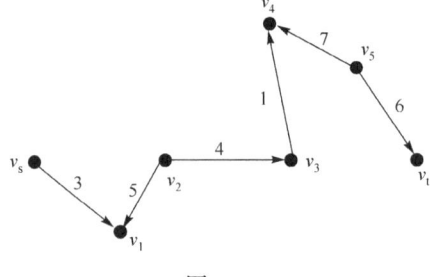

图 5.21

最小费用最大流的对偶算法步骤如下。

(1) 取零流为初始可行流，即 $f^0=\{0\}$。

(2) 若有 $f^{(k-1)}$，则流量为 $W[f^{(k-1)}]<v$，构造长度网络 $L(f^{(k-1)})$。

(3) 在长度网络 $L[f^{(k-1)}]$ 中求 v_s 到 v_t 的最短路。若不存在最短路，则 $f^{(k-1)}$ 已为最大流，不存在流量等于 v 的流，停止；否则转至步骤(4)。

(4) 在 G 中与这条最短路相应的可增广链 μ 上，记作 $f^{(k)}=f_\mu^{(k-1)}+\theta$。其中，$\theta=\min\left\{\min_{\mu^+}[c_{ij}-f_{ij}^{(k-1)}],\min_{\mu^-}f_{ij}^{(k-1)}\right\}$。此时，$f^{(k)}$ 的流量为 $W[f^{(k-1)}]+\theta$，若 $W[f^{(k-1)}]+\theta=v$，则停止，否则令 $f^{(k)}$ 代替 $f^{(k-1)}$ 返回步骤(2)。

【例 5.15】在图 5.22 所示的运输网络上，求流量 v 为 10 的最小费用流，边上的括号内为 (c_{ij},d_{ij})。

解：从 $f^{(0)}=\{0\}$ 开始，作 $L[f^{(0)}]$ 如图 5.23 所示，用 Dijkstra 算法求得 $L[f^{(0)}]$ 网络中的最短路为 $v_s \to v_2 \to v_1 \to v_t$。在网络 G 中相应的可增广链 $\mu_1=\{v_s,v_2,v_1,v_t\}$ 上用最大流算法进行流的调整，即

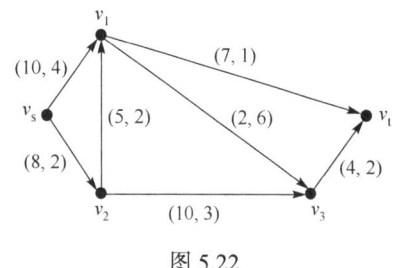

图 5.22

$$\mu_1^+=\{(v_s,v_2),(v_2,v_1),(v_1,v_t)\},\quad \mu_1^-=\varphi,\quad \theta_1=\min\{8,5,7\}=5$$

$$f^{(1)}=\begin{cases}f_{ij}^{(0)}+5 & (v_i,v_j)\in\mu^+\\ f_{ij}^{(0)} & \text{其他}\end{cases}$$

$$W(f^{(1)})=5,\ d(f^{(1)})=5\times1+5\times2+5\times1=20$$

结果如图 5.24 所示。

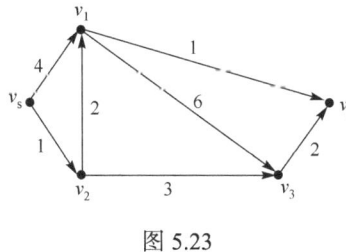

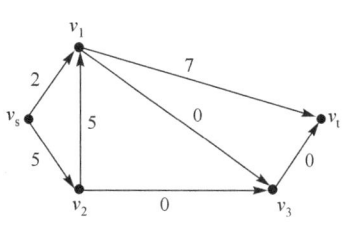

图 5.23   图 5.24

作 $L[f^{(2)}]$，如图 5.25 所示，由于边上有负权，所以，求最短路不能用 Dijkstra 算法，可以用逐次逼近法。最短路为 $v_s \to v_1 \to v_t$，在网络 G 内相应的可增广链上进行调整，得流 $f^{(2)}$，如图 5.26 所示，有 $W[f^{(2)}]=7,\ d[f^{(2)}]=4\times2+5\times1+5\times2+7\times1=30$。

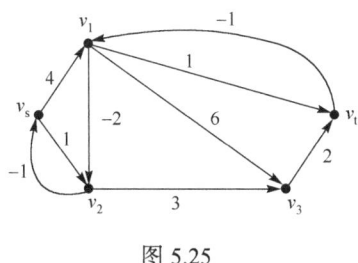

图 5.25   图 5.26

作 $L[f^{(2)}]$，如图 5.27 所示，得到从 v_s 到 v_t 的最短路为 $v_s \to v_2 \to v_3 \to v_t$，在网络 G 内调整得流 $f^{(3)}$，如图 5.28 所示，有 $W[f^{(3)}]=10=v, d[f^{(3)}]=4\times 2+8\times 1+5\times 2+3\times 3+3\times 2+7\times 1=48$。$f^{(3)}$ 即为所求的最小费用流。

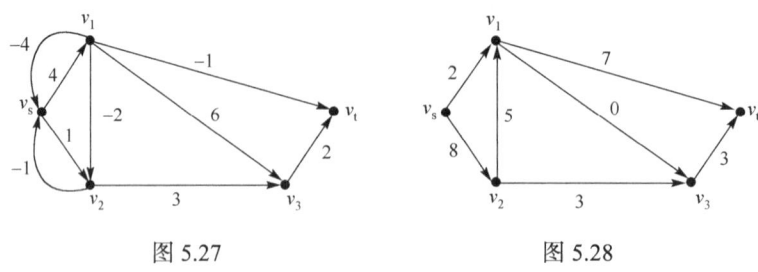

图 5.27　　　　　　　　　　　图 5.28

5.5　图论问题软件求解

5.5.1　最小树问题 Lingo 求解

【例 5.16】 电话公司计划在 6 个村庄架设电话线，各村庄之间的距离如图 5.29(a) 所示，试求使电话线总长度最小的架线方案。

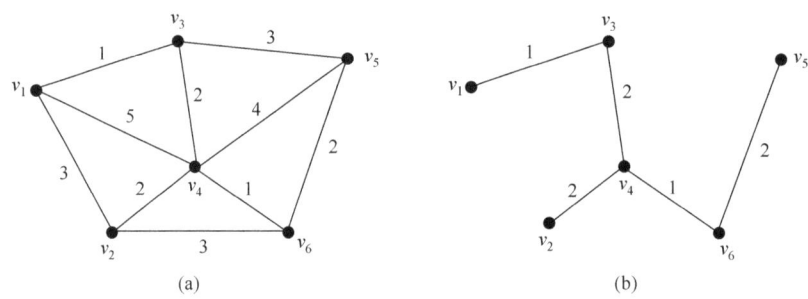

(a)　　　　　　　　　　　　　　(b)

图 5.29

Lingo 程序如下：

```
MODEL:
 SETS:
 CITY/1..6/: ; ! 定义图 5.29(a)的点集 CITY;
 LINK(CITY,CITY): DIST,X,Y;! 定义图 5.29(a)的边集
LINK 和属性 DIST, X, Y;
 ENDSETS
 DATA:
 DIST = ! 输入属性 DIST 的数值(距离);
 ! 从 V 1 V 2 V 3 V 4 V 5 V 6 ;
 ! 从 V 1 ;    0      3      1      5     100    100
 ! 从 V 2 ;    3      0     100     2     100     3
 ! 从 V 3 ;    1     100     0      2      3     100
 ! 从 V 4 ;    5      2      2      0      4      1
 ! 从 V 5 ;   100    100     3      4      0      2
```

```
! 从 V 6 ; 100    3    100    1    2    0;
ENDDATA
N = @ SIZE(CITY);! N 表示 CITY 中点的个数;
@ SUM(CITY(J) |J#GT#1:X(1,J)) = N -1;! 从树根 V1
发出流量 N -1;
@ FOR(CITY(K) |K#GT#1:! 对于根以外的点,流进流量
减流出流量等于 1;
@ SUM(CITY(I) |I#NE#K:X(I,K)) - @ SUM(CITY(I) |I#NE#K:
X(K,I)) =1);
@ FOR(LINK:X <100 * Y);! 限制流量 X 大于 0 时 Y 等
于 1;
MIN = @ SUM(LINK: DIST* Y);! 目标函数,使得生成树
的权数达到最小;
@ FOR(LINK:@ BIN(Y); );! 限制 Y 是 0-1 变量;
END
```

求解结果如下:

```
Global optimal solution found.
Objective value:                    8.000000
Objective bound:                    8.000000
Infeasibilities:                    0.000000
Extended solver steps:                     0
Total solver iterations:                 320


              Variable          Value      Reduced Cost
              Y(1, 3)        1.000000          1.000000
              Y(3, 4)        1.000000          2.000000
              Y(4, 2)        1.000000          2.000000
              Y(4, 6)        1.000000          1.000000
              Y(6, 5)        1.000000          2.000000
```

所生成的电话线总长度最小的架线方案如图 5.29(b)所示。

5.5.2 最短路问题 Lingo 求解

【例 5.17】 设有一批货物要从 v_1 运到 v_7,网络图如图 5.30 所示,边上的数字表示该路距离。试求最短距离的运输路线。

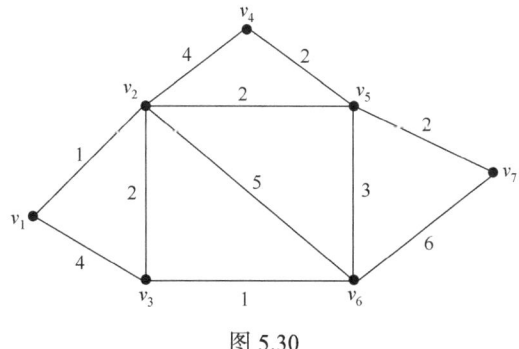

图 5.30

Lingo 程序如下:

```
MODEL:
 SETS:
 CITY/1.. 7/: ; ! 定义图 5.30 的点集 CITY;
 LINK(CITY,CITY): DIST,X; !定义了图 5.30 的边集 LINK
和属性 DIST, X;
 ENDSETS
 DATA:
 DIST = ! 输入属性 DIST 的数值(距离);
 ! 从 V 1 V 2 V 3 V 4 V 5 V 6 V 7 ;
 ! 从 V 1 ;  0     1     4    100   100   100   100
 ! 从 V 2 ;  1     0     2     4     2     5    100
 ! 从 V 3 ;  4     2     0    100   100    1    100
 ! 从 V 4 ; 100    4    100    0     2    100   100
 ! 从 V 5 ; 100    2     1     2     0     3     2
 ! 从 V 6 ; 100    5     1    100    3     0     6
 ! 从 V 7 ; 100   100   100   100    2     6     0;
 S = 1;! S 表示要选择的始点;
 T = 7;! T 表示要选择的终点;
 ENDDATA
 @ FOR(CITY(I):X(I,S) =0);! 限制流入始点;
 @ FOR(CITY(I):X(T,I) =0);! 限制流出终点;
 @ FOR(CITY(I) |I#ne#T#and#I#ne#S:! 对于中间点满足:
流进量 = 流出量;
 @ SUM (CITY(J):X(I,J)) = @ SUM (CITY(K):X(K,I)) );
 min = @ SUM(LINK: DIST* X);! 目标函数;
 @ SUM(CITY(I):X(S,I)) =1;! 流出 1;
END
```

求解结果如下:

```
Global optimal solution found.
Objective value:                    5.000000
Infeasibilities:                    0.000000
Total solver iterations:                   6


                    Variable      Value     Reduced Cost
                    X(1, 2)    1.000000       0.000000
                    X(2, 5)    1.000000       0.000000
                    X(5, 7)    1.000000       0.000000
```

相应的最短路线为 $v_1 \to v_2 \to v_5 \to v_7$,最短距离为 5。

Floyd 算法 Lingo 程序如下:

```
MODEL:
!利用 Floyd 算法求解最短路;
```

```
SETS:
    nodes/v1..v7/;
    link(nodes,nodes):w,path;   !path 标志最短路径上走过的顶点;
ENDSETS
DATA:
    path=0;
    w=0;
    @Text(mydata1.txt)=@writefor(nodes(i):@writefor(nodes(j):@format
                    (w(i,j),' 10.0f')),@newline(1));
    @Text(mydata1.txt)=@write(@newline(1));
    @Text(mydata1.txt)=@writefor(nodes(i):@writefor(nodes(j):@format
                    (path(i,j),' 10.0f')),@newline(1));
ENDDATA

CALC:
!数据预处理;
    w(1,2)=1;w(1,3)=4;
    w(2,3)=2;w(2,4)=4;w(2,5)=2;w(2,6)=5;
    w(3,6)=1;
    w(4,5)=2;
    w(5,6)=3;w(5,7)=2;
    w(6,7)=6;
    @For(link(i,j):w(i,j)=w(i,j)+w(j,i));
    @For(link(i,j) |i#ne#j:w(i,j)=@If(w(i,j)#eq#0,10000,w(i,j)));
    @For(nodes(k):@For(nodes(i):@For(nodes(j):tm=@Smin(w(i,j),w(i,k)+
        w(k,j));
    path(i,j)=@If(w(i,j)#gt# tm,k,path(i,j));w(i,j)=tm)));
ENDCALC

END
```

求解结果如下:

```
Feasible solution found.
Total solver iterations:                        0
```

Variable	Value
TM	0.000000
W(V1, V1)	0.000000
W(V1, V2)	1.000000
W(V1, V3)	3.000000
W(V1, V4)	5.000000
W(V1, V5)	3.000000
W(V1, V6)	4.000000
W(V1, V7)	5.000000
W(V2, V1)	1.000000
W(V2, V2)	0.000000

W(V2, V3)	2.000000
W(V2, V4)	4.000000
W(V2, V5)	2.000000
W(V2, V6)	3.000000
W(V2, V7)	4.000000
W(V3, V1)	3.000000
W(V3, V2)	2.000000
W(V3, V3)	0.000000
W(V3, V4)	6.000000
W(V3, V5)	4.000000
W(V3, V6)	1.000000
W(V3, V7)	6.000000
W(V4, V1)	5.000000
W(V4, V2)	4.000000
W(V4, V3)	6.000000
W(V4, V4)	0.000000
W(V4, V5)	2.000000
W(V4, V6)	5.000000
W(V4, V7)	4.000000
W(V5, V1)	3.000000
W(V5, V2)	2.000000
W(V5, V3)	4.000000
W(V5, V4)	2.000000
W(V5, V5)	0.000000
W(V5, V6)	3.000000
W(V5, V7)	2.000000
W(V6, V1)	4.000000
W(V6, V2)	3.000000
W(V6, V3)	1.000000
W(V6, V4)	5.000000
W(V6, V5)	3.000000
W(V6, V6)	0.000000
W(V6, V7)	5.000000
W(V7, V1)	5.000000
W(V7, V2)	4.000000
W(V7, V3)	6.000000
W(V7, V4)	4.000000
W(V7, V5)	2.000000
W(V7, V6)	5.000000
W(V7, V7)	0.000000
PATH(V1, V1)	0.000000
PATH(V1, V2)	0.000000
PATH(V1, V3)	2.000000
PATH(V1, V4)	2.000000
PATH(V1, V5)	2.000000
PATH(V1, V6)	3.000000
PATH(V1, V7)	5.000000

即图 5.30 所对应的任意两点间最短距离矩阵见表 5.1。

表 5.1

	v_1	v_2	v_3	v_4	v_5	v_6	v_7
v_1	0	1	3	5	3	4	5
v_2	1	0	2	4	2	3	4
v_3	3	2	0	6	4	1	6
v_4	5	4	6	0	2	5	4
v_5	3	2	4	2	0	3	2
v_6	4	3	1	5	3	0	5
v_7	5	4	6	4	2	5	0

5.5.3 最大流问题 Lingo 求解

【例 5.18】 假设某山区有 6 个村庄。村庄与村庄之间虽有公路，但是通行能力有很大差异，边上的数字小表示通行能力差，反之则表示通行能力强，如图 5.31 所示。试求从村庄 v_1 到村庄 v_6 之间的最大流。

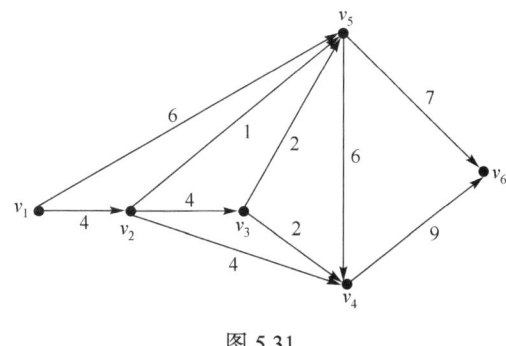

图 5.31

Lingo 程序如下：

```
MODEL:
SETS:
CITY/1..6/: ; ! 定义图 5.31 的点集 CITY;
LINK(CITY,CITY): C,x;! 定义了图 5.31 的边集 LINK 和
属性 C,X 。C 表示容量，X 表示实际流量;
ENDSETS
DATA:
C = ! 输入容量数据;
! 从 V 1 V 2 V 3 V 4 V 5 V 6 ;
! 从 V 1 ; 0 4 0 0 6 0
! 从 V 2 ; 0 0 4 4 1 0
! 从 V 3 ; 0 0 0 2 2 0
! 从 V 4 ; 0 0 0 0 0 9
! 从 V 5 ; 0 0 0 6 0 7
! 从 V 6 ; 0 0 0 0 0 0;
S = 1;! S 表示要选择的发点;
```

```
T = 6;! T 表示要选择的汇点;
ENDDATA
@ FOR(CITY(I):X(I,S) =0);! 限制流入始点;
@ FOR(CITY(I):X(T,I) =0);! 限制流出终点;
@ FOR(CITY(I) |I#ne#T#and#I#ne#S:! 对于中间点满足:
流进量 = 流出量;
@ SUM (CITY(J):X(I,J)) = @ SUM (CITY(K):X(K,I))
);
@ FOR(LINK:X <C);! 线段流量限制;
max = W;! 目标函数;
W = @ SUM (CITY (I):X(S,I));! W 为发点发出去的流
量;
END
```

求解结果如下:

```
Global optimal solution found.
Objective value:                    10.00000
Infeasibilities:                    0.000000
Total solver iterations:                   4
```

Variable	Value	Reduced Cost
X(1, 2)	4.000000	0.000000
X(1, 5)	6.000000	0.000000
X(2, 4)	3.000000	0.000000
X(2, 5)	1.000000	0.000000
X(4, 6)	3.000000	0.000000
X(5, 6)	7.000000	0.000000

从发点 v_1 发出流量为 10，汇点 v_6 收到 10 个流量，最大流为 10。

5.5.4 最小费用最大流问题 Lingo 求解

【例 5.19】假设从仓库 v_4 到商店 v_5 要运送 8 个流量的货物，边上左侧的数字表示线段最大通过能力，右侧的数字表示通过单位流量的费用（见图 5.32）。试求出费用最小的运输方案。

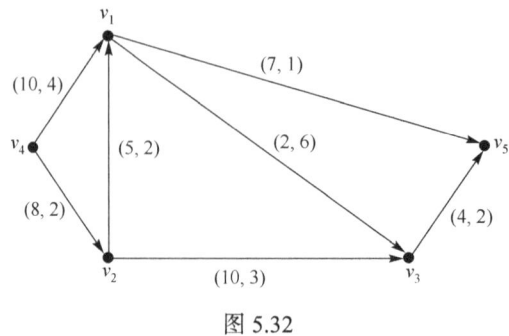

图 5.32

Lingo 程序如下：

```
MODEL:
SETS:
CITY/1..5/: ; ! 定义图 5.32 的点集 CITY;
LINK(CITY,CITY): C,D,X;! 定义了图 5.32 的边集 LINK。
C 表示容量，D 表示费用，X 表示实际流量;
ENDSETS
DATA:
C = ! 输入容量数据;
! 从 V 1 V 2 V 3 V 4 V 5 ;
! 从 V 1 ; 0  0  2  0  7
! 从 V 2 ; 5  0  10 0  0
! 从 V 3 ; 0  0  0  0  4
! 从 V 4 ; 10 8  0  0  0
! 从 V 5 ; 0  0  0  0  0;
D = ! 输入费用数据;
! 从 V 1 V 2 V 3 V 4 V 5 ;
! 从 V 1 ; 0  0  6  0  1
! 从 V 2 ; 2  0  3  0  0
! 从 V 3 ; 0  0  0  0  2
! 从 V 4 ; 4  1  0  0  0
! 从 V 5 ; 0  0  0  0  0;
S = 1;! T 表示要选择的发点;
T = 5;! T 表示要选择的汇点;
W = 8;! W 表示设定流量;
ENDDATA
@ FOR(CITY(I):X(I,S) =0);! 限制流入始点;
@ FOR(CITY(I):X(T,I) =0);! 限制流出终点;
@ FOR(CITY(I) |I#ne#T#and#I#ne#S:! 对于中间点满足:
流进量 = 流出量;
@ SUM (CITY(J):X(I,J)) = @ SUM (CITY(K):X(K,I)) );
@ FOR(LINK:X <C);! 线段流量限制;
W =@SUM (CITY (I):X(S,I));! W 为发点发出去的流量;
min = @ SUM(LINK:X* D);! 目标函数;
END
```

求解结果如下：

```
Global optimal solution found.
Objective value:                      36.00000
Infeasibilities:                      0.000000
Total solver iterations:                     3

                    Variable        Value         Reduced Cost
                    X(1, 5)      7.000000          0.000000
                    X(2, 1)      5.000000          0.000000
                    X(2, 3)      1.000000          0.000000
                    X(3, 5)      1.000000          0.000000
                    X(4, 1)      2.000000          0.000000
                    X(4, 2)      6.000000          0.000000
```

从仓库 v_4 运出 8 个流量，商店 v_5 共收到 8 个流量，最小费用为 36。

5.6 案例分析

要铺设一条 $A_1 \to A_2 \to \cdots \to A_{15}$ 的输送天然气的主管道，如图 5.33 所示。经筛选后，可以生产这种主管道钢管的钢厂有 $S_1, S_2, \cdots, S_7$。图中的粗线表示铁路，单细线表示公路，双细线表示要铺设的管道(假设沿管道或者原有公路，或者建有施工公路)，圆圈表示火车站，每段铁路、公路和管道旁的数字表示里程(单位：km)。为方便计算，1 km 主管道钢管称为 1 单位钢管。

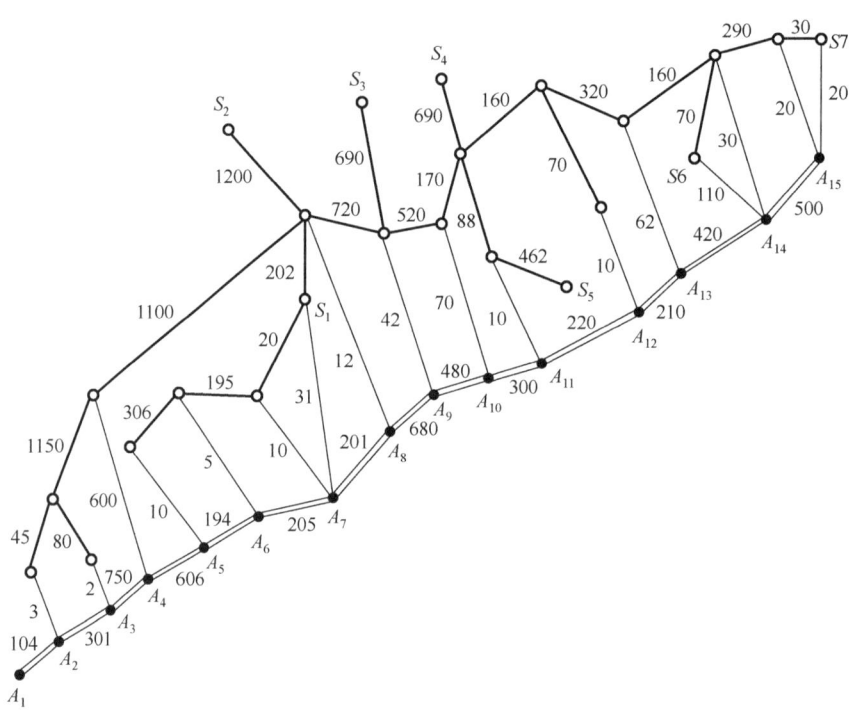

图 5.33

其中，1 单位钢管的铁路运价见表 5.2。

表 5.2

里程/km	≤300	301～350	351～400	401～450	451～500
运价/万元	20	23	26	29	32
里程/km	501～600	601～700	701～800	801～900	901～1000
运价/万元	37	44	50	55	60

1000 km 以上，每增加 1～100 km 运价增加 5 万元。公路运输费用为 1 单位钢管 0.1 万元/km(不足 1 km 部分按 1 km 计算)。钢管可由铁路、公路运往铺设地点(不只是运到 $A_1, A_2, \cdots, A_{15}$，而是管道全线)。请求出钢厂 $S_1, S_2, \cdots, S_7$ 到铺设节点 $A_1, A_2, \cdots, A_{15}$ 的最小运输费用矩阵 $(SAP)_{ij}$。(注：本例节选自 2000 年全国大学生数学建模竞赛 B 题。)

(1) 问题分析。把钢管从工厂(S 点)运送到铺设管道的节点(A 点)所需的运输费用只与出发点至目标点的运量SAQ_{ij}以及单位钢管运费SAP_{ij}有关,现要从铁路与公路网络得出 SAP 矩阵,基本思路是图的最短路算法。由于铁路的运输费用与线路的长度不是线性关系,必须对铁路网做一些预处理才能利用图论中标准的最短路算法。

(2)求解过程。

① 将图 5.33 中的铁路网络重新标点后如图 5.34 所示,利用最短路 Floyd 算法,从铁路网络得出图中从钢厂到与铁路网络与公路网络相连接的点之间的最短路径表 T(如果两点之间不连通,则认为它们之间的最短路长度为$+\infty$)。

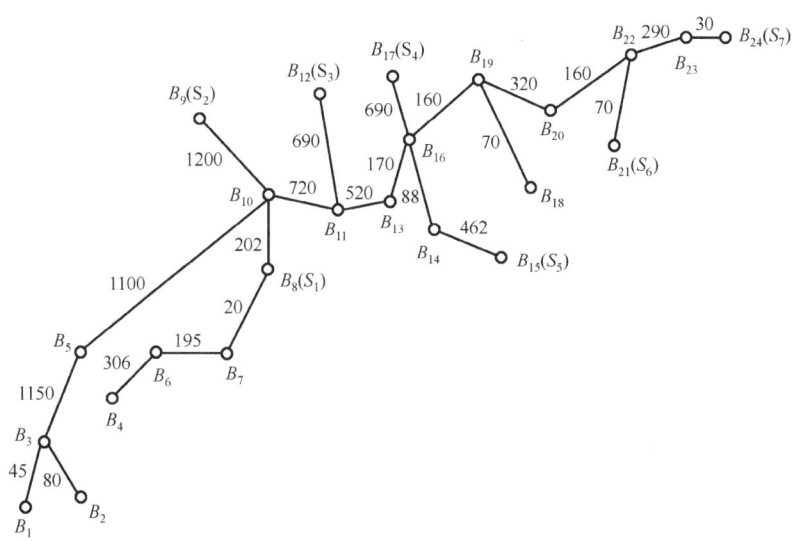

图 5.34

利用 Floyd 算法 Lingo 程序求解图 5.34 中各点之间的最短距离,见表 5.3。

表 5.3

	$B_8(S_1)$	$B_9(S_2)$	$B_{12}(S_3)$	$B_{17}(S_4)$	$B_{15}(S_5)$	$B_{21}(S_6)$	$B_{24}(S_7)$
B_1	2315	3495	3705	4395	4255	4415	4665
B_2	2350	3530	3740	4430	4290	4450	4700
B_4	521	1741	1951	2641	2501	2661	2911
B_5	1120	2300	2510	3200	3060	3220	3470
B_6	215	1435	1645	2335	2195	2355	2605
B_7	20	1240	1450	2140	2000	2160	2410
B_8	0	1220	1430	2120	1980	2140	2390
B_{10}	20	1200	1410	2100	1960	2120	2370
B_{11}	740	1920	690	1380	1240	1400	1650
B_{13}	1260	2440	1210	860	720	880	1130
B_{14}	1518	2698	1468	778	462	798	1048
B_{18}	1660	2840	1610	920	780	620	870
B_{20}	1910	3090	1860	1170	1030	230	480
B_{21}	2140	3320	2090	1400	1260	0	390
B_{22}	2070	3250	2020	1330	1190	70	320
B_{23}	2360	3540	2310	1620	1480	360	30
B_{24}	2390	3570	2340	1650	1510	390	0

② 利用表 5.2 将 T 中的每个元素(即最短距离)转化为运输费用,将运输费用表记为 C,

见表5.4。

表5.4

	$B_8(S_1)$	$B_9(S_2)$	$B_{12}(S_3)$	$B_{17}(S_4)$	$B_{15}(S_5)$	$B_{21}(S_6)$	$B_{24}(S_7)$
B_1	180	235	250	280	275	285	295
B_2	180	240	250	285	275	285	295
B_4	37	150	160	195	190	195	210
B_5	120	175	190	220	215	225	235
B_6	20	135	145	180	170	180	195
B_7	20	125	135	170	160	170	185
B_8	0	125	135	170	160	170	180
B_{10}	20	120	135	165	160	170	180
B_{11}	50	160	44	130	125	130	145
B_{13}	125	185	125	55	50	44	120
B_{14}	140	195	135	50	32	50	115
B_{18}	145	205	145	60	50	44	55
B_{20}	160	215	155	120	115	20	32
B_{21}	170	230	165	130	125	0	26
B_{22}	165	225	165	130	120	20	23
B_{23}	180	240	180	145	135	26	20
B_{24}	180	240	180	145	140	26	0

③ 将公路的长度换算为运输费用,由公路路程图(包括要沿线铺设管道的公路)得出公铁网络相连接点到铺设点之间的公路费用图 G,如图 5.35 所示。

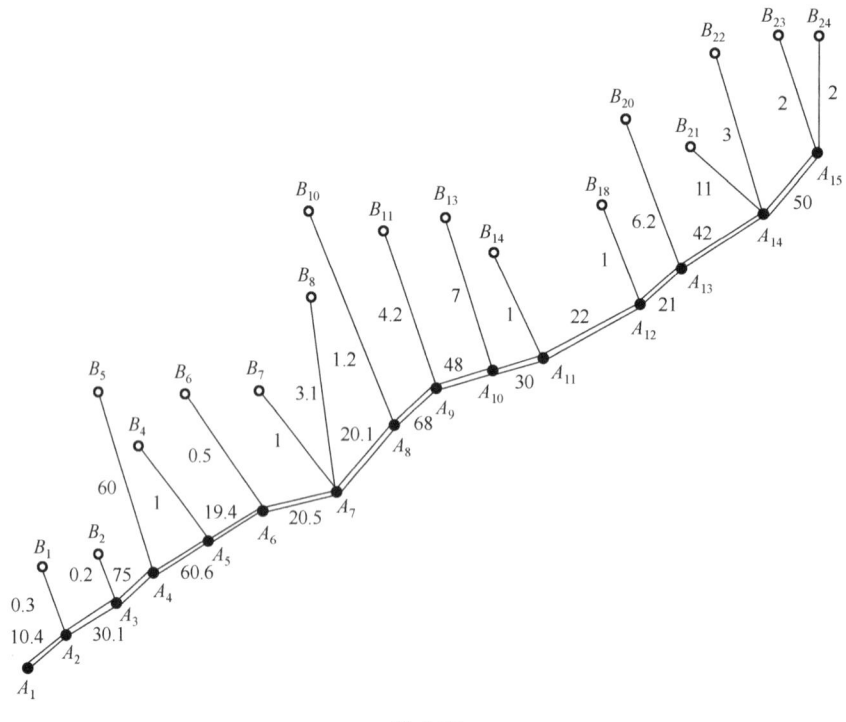

图 5.35

④ 对于每个铁路网络与公路网络的连接点(图 5.35 中的 $B_1 \sim B_{24}$)以及每个钢厂($S_1 \sim$

S_7），各用一条边连接，边上权即为表 5.4 中的数值，得到增加铁路网络运输费用后的运费网络图。

⑤ 利用最短路算法求出运费网络图中任一个 S 点到任一个 A 点的最小费用路径，得出 SAP 矩阵，见表 5.5。

表 5.5

	S_1	S_2	S_3	S_4	S_5	S_6	S_7
A_1	1707	2157	2307	2607	2557	2657	2757
A_2	1603	2053	2203	2503	2453	2553	2653
A_3	1402	1902	2002	2352	2252	2352	2452
A_4	986	1716	1816	2166	2066	2166	2266
A_5	380	1110	1210	1560	1460	1560	1660
A_6	205	955	1055	1405	1305	1405	1505
A_7	31	860	960	1310	1210	1310	1410
A_8	212	712	862	1162	1112	1212	1312
A_9	642	1142	482	842	792	842	992
A_{10}	920	1420	820	620	570	620	760
A_{11}	960	1460	860	510	330	510	660
A_{12}	1060	1560	960	610	510	450	560
A_{13}	1212	1712	1112	762	712	262	382
A_{14}	1280	1780	1180	830	730	110	260
A_{15}	1420	1920	1320	970	870	280	20

习 题

1. 某地区 13 个社区之间的路网如图 5.36 所示，现在要沿这些路网埋设光纤，以便将所有社区联系起来，求出该图的最小生成树以最小化光纤网络的建设成本。

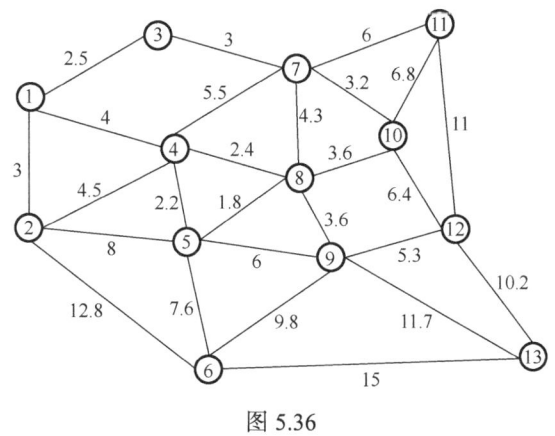

图 5.36

2. 浙江省部分城市之间的高速路网如图 5.37 所示，用 Dijkstra 算法求出从桐庐到象山的最短路径。

3. 求图 5.38 所示网络从 s 到 t 的最大流，图中各弧上的数字表示该弧的容量。

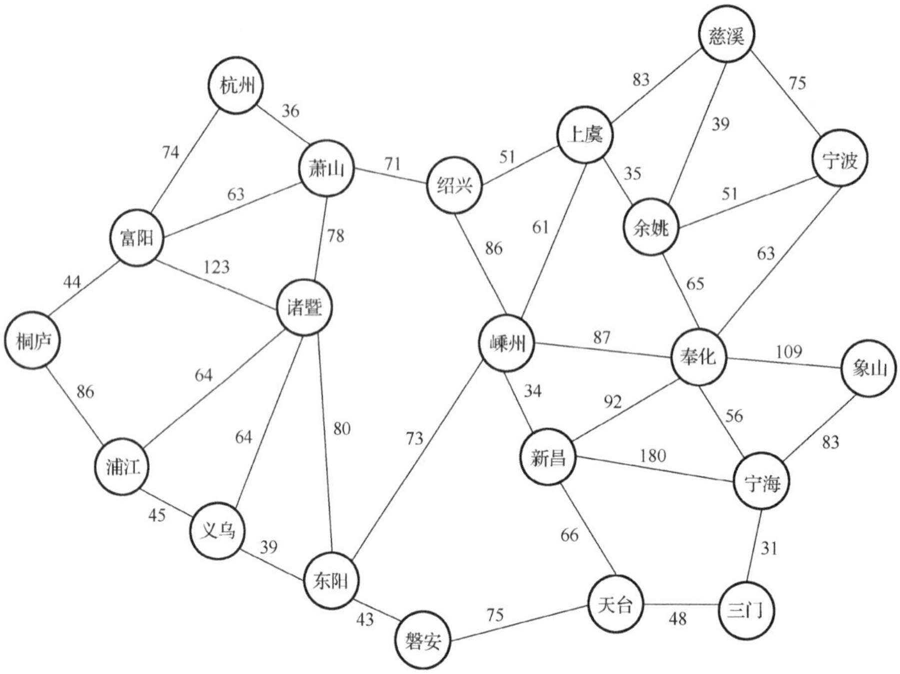

图 5.37

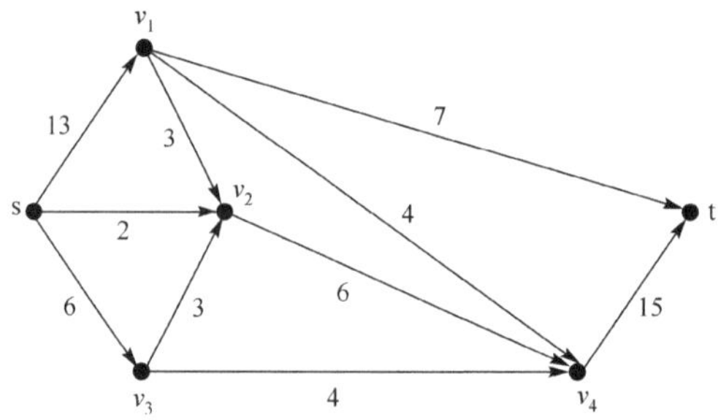

图 5.38

4. 某汽车出租公司7个分店的汽车分布不均匀。图5.39所示的网络图显示了分店分布(节点)和分店之间运输一辆汽车所需的成本。节点上的正数表示该节点的过量供应部分,负数表示该节点的过量需求部分。(1)设计一个线性规划模型来修复分店之间的平稳;(2)求解该模型,并确定应该如何在各个分店重新指派这些汽车。

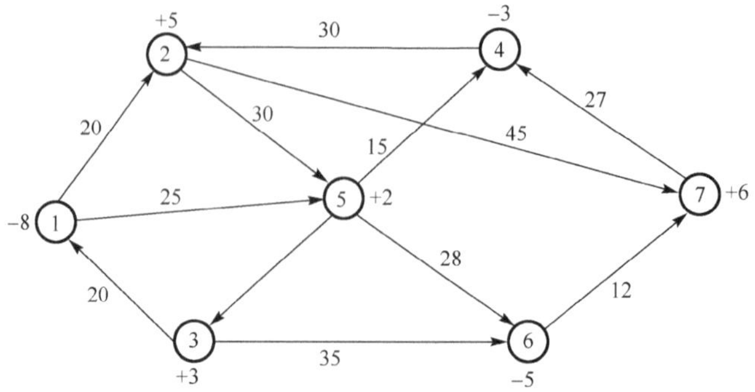

图 5.39

5. 高达石油公司拥有一个从采集地到几个储存点之间传送石油的管道网络系统，部分如图 5.40 所示。不同的管理型号，其流量也不同，通过有选择地开关部分网络，公司可以提供任何储存点。

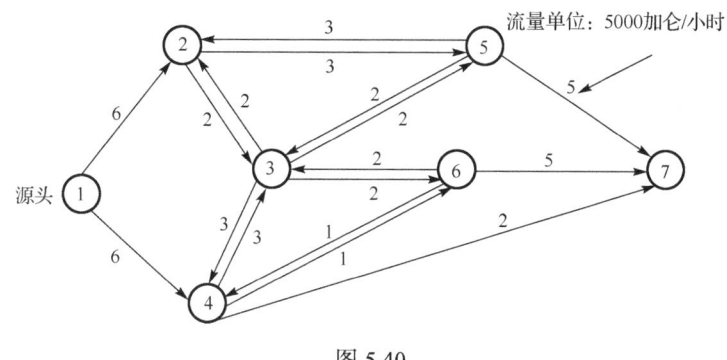

图 5.40

(1)如果该公司想充分利用系统能力，以供给仓储点 7，那么将需要多长时间以满足地点 7 的 100 000 加仑的需要，此管道系统的最大流量是多少？(2)如果管道 2 和管道 3 之间出现断裂并被关闭，那么此系统的最大流量是多少？传送 100 000 加仑到地点 7 需要多长时间？

第 6 章

网 络 计 划

本章学习目标

- 了解网络计划的起源、发展和应用；
- 熟练掌握 CPM 的思想和计算方法，学会网络图的绘制、网络计划各时间参数的图上计算法和表上计算法；
- 了解网络计划的工期、资源和费用优化方法，熟练掌握网络计划的最低成本日程优化方法；
- 了解 PERT 的思想和有关计算方法。

本章需掌握的基本概念与方法

- 网络计划；
- 网络图；
- 工作、工作持续时间、紧前工作、紧后工作、虚工作；
- 节点、起点、终点；
- 时间参数；
- 节点最早时间、节点最迟时间；
- 工作最早开始时间、最迟开始时间、最早完成时间、最迟完成时间、总时差、自由时差；
- 节点计算法；
- 工作计算法；
- 关键线路；
- 最低成本日程。

6.1 网络计划技术的起源及发展

网络计划技术是用于工程项目的计划与控制的一项管理技术，它是 20 世纪 50 年代发展起来的一种编制与优化大型工程进度计划的有效方法。网络计划技术已被公认为当前最行之有效的管理方法之一。实践证明，应用网络计划技术组织与管理工程项目一般能缩短工期 20%左右，降低成本 10%左右。

美国是网络计划技术的发源地。网络计划技术在美国的历史发展至少有以下两个起源。

其一，1957 年 Remington Rand 公司的 J.E. Kelly 和杜邦公司的 M.R. Walker 探讨计划编排问题时，杜邦公司的管理人员决定对一些新方法进行一次全面的试验。杜邦公司的新方法借助于网络表示各项工作的相互关系，通过网络分析研究工程费用与工期的相互关系，并找出在编制计划及计划执行过程中的关键线路，这种方法称为关键线路法（Critical Path Method，CPM）。CPM 首先应用在化学工业上，到 1959 年在不同的计划方案中取得了成功，因而 CPM 在杜邦公司中开始顺利地发展起来。

其二，美国海军在建立北极星导弹项目的时候，由于对象的复杂性，既要造潜艇，又要造导弹，还要造原子能发动机，感觉到已有的系统工程、系统理论等工业管理方法无能为力，因而征求办法，这样就出现了计划评审技术（Project Evaluation and Review Technique，PERT），海军上将 Raborn 就采用了这一方法。PERT 是由 Lockheed 飞机制造公司、美国海军和 BAH 咨询公司于 1958 年联合发明的，并且在北极星导弹项目中取得成功。北极星导弹项目涉及 250 个主要承包商和 900 多个分承包商，PERT 技术的使用使得制造时间缩短了 3 年。

从此以后，这两个方法不胫而走。在美国，海、陆、空方面都使用了它，如原子能委员会、武装系统发展计划、空间系统发展计划都使用了这方法。更具体的例子有 F-105 战斗机、B-70 轰炸机、"萨莫斯"和"迈达斯"人造卫星、"阿波罗"宇宙飞船等。在民用方面，桥梁、水坝、隧道、建筑、公路、电站、钢铁工业、化学工业等方面也都使用了这些方法。特别值得一提的是，配合性较强、环节较多的科学研究工作也使用了这些方法，甚至"百老汇"的演出也使用了这些方法。另外，当杜邦公司经验的简要报告刚发表的时候，人们大都投以一瞥，搁置一旁，以为这不过是小花样而已，但曾几何时，网络计划技术已渗透到许多领域之中。

20 世纪 60 年代初，著名数学家华罗庚从国外友人那里得到了关于 CPM 和 PERT 的资料，这些方法虽然简单，但对制定生产管理和作业计划很有帮助。华罗庚和他的助手们透彻地分析并简化了这些方法，起名为"统筹法"。1965 年 2 月，华罗庚带领学生到北京 774 厂试点，为统筹法的实践应用积累了经验。此后，华罗庚带领学生和助手两次到西南三线工厂推广统筹法，取得了很好的成果。1965 年 6 月 6 日华罗庚在《人民日报》上以整版篇幅发表了《统筹方法平话》，用老百姓都知道的"泡茶喝"作为引子通俗易懂地介绍了统筹法，同时还在北京、南京等地组织了统筹方法学习班，做了许多试点推广的工作。随着科技的发展和技术的进步，网络计划技术的应用在我国也日益得到工程管理人员的重视，并且已取得了可观的经济效益。

除了 CPM 和 PERT 之外，后来还提出了新的网络计划技术，如图示评审技术（GERT）、风险评审技术（VERT）等。目前，网络计划技术已经实现了计划工作自动化，用网络图绘制、优化计算和资源平衡、项目进度控制都可以借助计算机实现。商品化的网络计划计算软件开发和研究发展也很快，有代表性的网络计划软件有 Microsoft Project、Project Scheduler、Time Line 以及梦龙智能项目动态控制系统 MrPert。梦龙公司的 MrPert 软件在三峡工程、建国 50 年大阅兵、"神舟"飞船研制和发射等项目中的应用实践表明，应用网络计划技术管理后可以缩短建设周期 20%，降低工程成本 10%，而编制网络计划所需费用仅为总费用的 0.1%。

6.2 网络图的绘制

网络计划技术是以网络图的形式制定计划，求得计划的最优方案，并据以组织和控制生产，达到预定目标的一种科学管理方法。

为编制网络计划，首先需要绘制网络图。网络图是由箭线和节点组成的、用来表示工作流程的有向、有序网状图形。网络图主要包括双代号网络图和单代号网络图两种绘制规范。其中，双代号网络图因其包含因素多，能够准确反映关键线路，是一种应用最广泛的网络图。本书所介绍的网络图均为双代号网络图。

要绘制一个工程(或项目)的网络图，首先需要把工程的工作及其顺序弄清楚。比如，没开水、没茶叶、不洗杯壶，就不能泡茶，因而烧开水、准备茶叶、洗杯壶是泡茶的先决问题。不洗开水壶，不能烧开水，因而洗开水壶又是烧开水的先决问题。通常可以用工作明细表来表示工作之间的逻辑顺序关系，见表6.1。

表 6.1

工作	工作代号	持续时间/min	紧前工作
洗开水壶	A	1	—
烧开水	B	15	A
洗茶壶	C	1	—
洗茶杯	D	1	—
拿茶叶	E	2	—
泡茶	F	1	B、C、D、E

根据表6.1可以绘制如图6.1所示的双代号网络图。

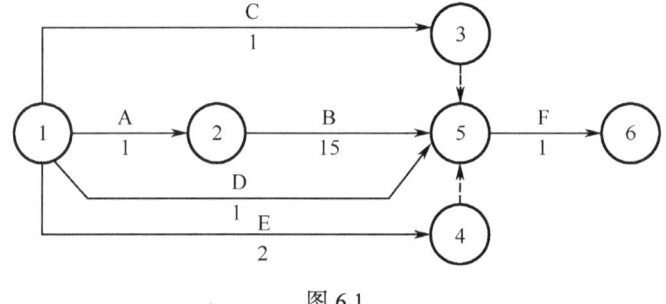

图 6.1

6.2.1 基本术语及一般规定

双代号网络图是以箭线及其两端节点的编号表示工作的网络图。双代号网络图的绘制涉及以下术语和一般规定。

(1)网络计划中的工作(Activity)。是指计划任务按需要粗细程度划分而成的、消耗时间或同时也消耗资源的一个子项目或子任务。在双代号网络图中，工作用箭线及其两端节点表示，如图6.2所示。

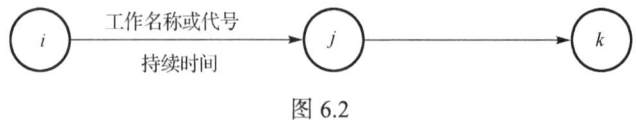

图 6.2

(2)工作持续时间(Duration)。指一项工作从开始到完成的时间。在双代号网络图中，一项工作的名称应标注在箭线之上，持续时间应标注在箭线之下，见图6.2。

(3)箭线(Arrow)。是网络图中一端带箭头的实线。

(4) 节点(Node)。是网络图中箭线端部的圆圈或其他形状的封闭图形。起点节点是网络图的第一个节点，表示一项任务的开始；终点节点是网络图的最后一个节点，表示一项任务的完成。

(5) 紧前工作(Front Closely Activity)。是安排在本工作之前的工作。

(6) 紧后工作(Back Closely Activity)。是安排在本工作之后的工作。

如图 6.2 所示，工作 $i-j$ 是工作 $j-k$ 的紧前工作，而工作 $j-k$ 是工作 $i-j$ 的紧后工作。为了正确表示工作之间的逻辑关系，双代号网络图中有时还需要引入虚工作。

(7) 虚工作(Dummy Activity)。是只表示前后相邻工作之间的逻辑关系，既不占用时间，也不耗用资源的虚拟工作。在双代号网络图中，虚工作用一端带箭头的虚线表示。

在网络图中，每条箭线都应表示一项工作，箭线的箭尾节点表示该工作的开始，箭头节点表示该工作的结束。在网络图中，箭线可画成水平直线，也可画成折线或斜线。

在网络图中，表示节点的圆圈应按从小到大的顺序编号，编号可以不连续，但不可以重复。一项工作应只有唯一一条箭线和相应的一对节点编号，箭尾的节点编号应小于箭头的节点编号。

双代号网络图中表示虚工作的虚箭线，其表示形式可以垂直向上或向下，也可水平向右。

6.2.2 网络图的绘图规则

在双代号网络计划绘图中，需遵循以下规则：
(1) 网络图必须正确表达已定的逻辑关系。
(2) 网络图中严禁出现循环回路。
(3) 网络图中严禁出现带双向箭头或无箭头的连线。
(4) 网络图中严禁出现没有箭头节点或没有箭尾节点的箭线。
(5) 网络图中的箭线不宜交叉。
(6) 网络图应只有一个起点和终点。
(7) 网络图的任何两个节点之间只可以有一条箭线。

6.2.3 网络图绘制举例

【例 6.1】 某公司计划新建一个实验厂。项目所需要完成的各项作业(工作)、所需时间及其先后关系见表 6.2。要求根据表 6.2 的数据绘制网络图。

根据表 6.2，可以绘制如图 6.3 所示的网络图。

表 6.2

工作代号	工作名称	工作持续时间/周	紧前工作
A	设备运送	6	无
B	场所准备	10	无
C	控制系统的建立	14	A
D	设备安装	8	A
E	地下连接	6	B
F	程序联系	18	B
G	作业人员培训	10	C
H	原材料的运送与准备	12	F
I	设施的检查与安装	6	D, E

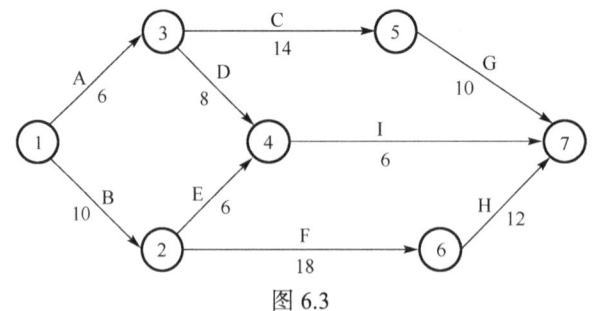

图 6.3

【例 6.2】 某项目需要完成的工作、所需时间及其先后关系见表 6.3。要求根据表 6.3 的数据绘制网络图。

表 6.3

工作代号	工作名称	工作持续时间/天	紧前工作
A	初步研究	1	—
B	研究选点	2	A
C	准备调研方案	4	A
D	联系调研点	2	B
E	培训工作人员	3	B, C
F	准备表格	1	C
G	实地调研	5	D, E, F
H	写调研报告	2	G
I	开会汇总	3	H

根据表 6.3，可以绘制如图 6.4 所示的网络图。

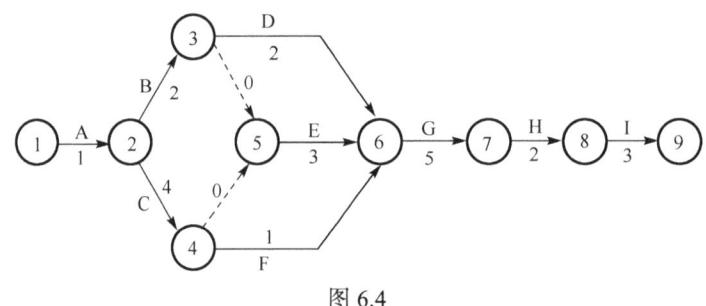

图 6.4

6.3 时间参数的计算

时间参数(Time Parameter)是指工作或节点所具有的各种时间值，如节点的最早时间、最迟时间，以及工作的最早开始时间、最早完成时间、最迟开始时间、最迟完成时间等参数。

在双代号网络计划中，时间参数的计算方法有工作计算法和节点计算法两种。工作计算法是直接计算各项工作的时间参数的方法；节点计算法是先计算节点时间参数，再据以计算各项工作的时间参数的方法。

不论是按工作计算法还是按节点计算法计算时间参数，都应在确定各项工作的持续时间之后进行。虚工作必须视同工作进行计算，其持续时间为零。

6.3.1 按节点计算法计算时间参数

1. 节点时间参数

节点有两个时间参数,节点最早时间与节点最迟时间。

(1)节点最早时间(Earliest Event Time)。是以该节点为开始节点的各项工作的最早开始时间,节点 i 的最早时间记为 ET_i。

(2)节点最迟时间(Latest Event Time)。是以该节点为完成节点的各项工作的最迟完成时间,节点 i 的最迟时间记为 LT_i。

按节点计算法计算的时间参数,其计算结果应标注在网络图的相应节点之上,如图 6.5 所示。

节点 i 的最早时间 ET_i 应从网络计划的起点节点开始,顺着箭线方向依次逐项计算。对于起点节点 1,如未作特殊规定,则起点节点的最早时间应等于零,即

$$ET_i = 0 \quad (i=1)$$

当节点 j 只有一条内向箭线时(如图 6.5 所示),其最早时间 ET_j 的计算公式为

$$ET_j = ET_i + D_{i-j}$$

式中,D_{i-j} 表示工作 $i-j$ 的持续时间。

当节点 j 有多条内向箭线时(如图 6.6 所示),其最早时间 ET_j 的计算公式为

$$ET_j = \max\left[ET_i + D_{i-j}\right]$$

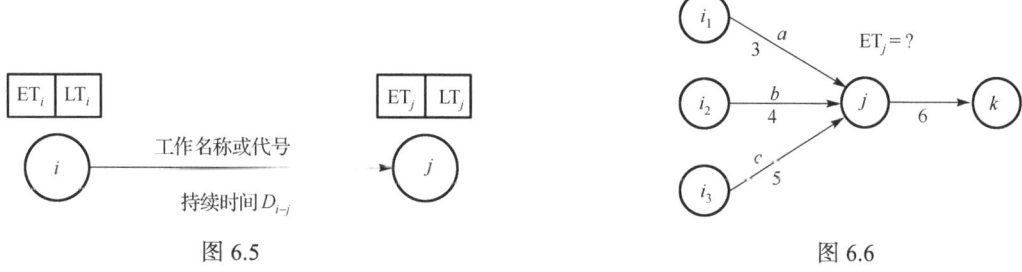

图 6.5 图 6.6

在图 6.6 中,若 $ET_{i_1}=5$,$ET_{i_2}=6$,$ET_{i_3}=4$,则节点 j 的最早时间为

$$ET_j = \max\left[ET_i + D_{i-j}\right] = 10$$

根据节点计算法计算出来的终点节点 n 的最早时间 ET_n 就是网络计划的计算工期,即

$$T_c = ET_n$$

节点 i 的最迟时间 LT_i 应从网络计划的终点节点开始,逆着箭线方向依次逐项计算。终点节点 n 的最迟时间应按网络计划的计划工期 T_p 确定,即

$$LT_n = T_p$$

网络计划的计划工期 T_p 按以下原则确定:

(1)当已经规定了要求工期 T_r(即任务委托人所提出的指令性工期,Required Project Duration)时,$T_p \leq T_r$。

(2) 当未规定要求工期 T_r 时，$T_p = T_c$。

若网络计划的计算工期和计划工期相等，即 $T_c = T_p$，则有

$$LT_n = ET_n, \quad LT_1 = ET_1$$

其他节点的最迟时间 LT_i 的计算公式为

$$LT_i = \min[LT_j - D_{i-j}]$$

2. 工作时间参数

按节点计算法确定节点最早时间和最迟时间之后，可以进一步计算工作的时间参数。

(1) 工作的最早开始时间(Earliest Start Time)。是各紧前工作全部完成后，本工作有可能开始的最早时刻。工作 $i-j$ 的最早开始时间，记为 ES_{i-j}，其计算公式为

$$ES_{i-j} = ET_i$$

(2) 工作的最早完成时间(Earliest Finish Time)。是各紧前工作全部完成后，本工作有可能完成的最早时刻。工作 $i-j$ 的最早完成时间，记为 EF_{i-j}，其计算公式为

$$EF_{i-j} = ET_i + D_{i-j}$$

(3) 工作的最迟完成时间(Latest Finish Time)。是在不影响整个任务按期完成的前提下，工作必须完成的最迟时刻。工作 $i-j$ 的最迟完成时间，记为 LF_{i-j}，其计算公式为

$$LF_{i-j} = LT_j$$

(4) 工作的最迟开始时间(Latest Start Time)。是在不影响整个任务按期完成的前提下，工作必须开始的最迟时刻。工作 $i-j$ 的最迟开始时间，记为 LS_{i-j}，其计算公式为

$$LS_{i-j} = LT_j - D_{i-j}$$

(5) 工作的总时差(Total Float)。是在不影响总工期的前提下，本工作可以利用的机动时间。工作 $i-j$ 的总时差，记为 TF_{i-j}，其计算公式为

$$TF_{i-j} = LT_j - ET_i - D_{i-j}$$

(6) 工作的自由时差(Free Float)。是在不影响其紧后工作最早开始时间的前提下，本工作可以利用的机动时间。工作 $i-j$ 的自由时差，记为 FF_{i-j}，其计算公式为

$$FF_{i-j} = ET_j - ET_i - D_{i-j}$$

3. 时间参数的图上标号与表上计算法

【例 6.3】 某项目需要完成的工作、所需时间及其先后关系见表 6.4。要求根据表 6.4 的数据绘制网络图，并用图上标号的方法确定节点时间参数。

表 6.4

工作代号	a	b	c	d	e	f	g	h
紧前工作	—	—	—	a	b	c	b, d	e, f
工作持续时间/天	3	2	4.5	5	7	8	8	6.5

根据表 6.4，可以绘制如图 6.7 所示的网络图，进一步可以用图上标号的方法求出所有节点的最早时间和最迟时间。

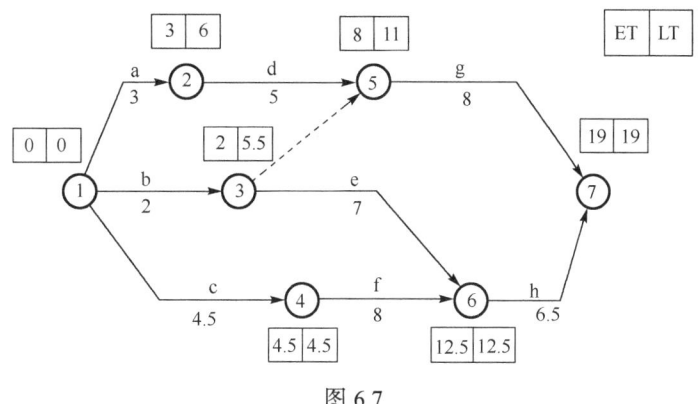

图 6.7

从节点的 2 个时间参数出发，网络计划所有工作的 6 个时间参数都可以用表上计算法进行计算，见表 6.5。

表 6.5

	i	j	D_{i-j}	ET_i	LT_i	ET_j	LT_j	ES_{i-j}	EF_{i-j}	LF_{i-j}	LS_{i-j}	TF_{i-j}	FF_{i-j}
			①	②	③	④	⑤	⑥=②	⑦=⑥+①	⑧=⑤	⑨=⑧－①	⑩=⑤－②－①	⑪=④－②－①
a	1	2	3	0	0	3	6	0	3	6	3	3	0
b	1	3	2	0	0	2	5.5	0	2	5.5	3.5	3.5	0
c	1	4	4.5	0	0	4.5	4.5	0	4.5	4.5	0	0	0
d	2	5	5	3	6	8	11	3	8	11	6	3	0
	3	5	0	2	5.5	8	11	2	2	11	11	9	6
e	3	6	7	2	5.5	12.5	12.5	2	9	12.5	5.5	3.5	3.5
f	4	6	8	4.5	4.5	12.5	12.5	4.5	12.5	12.5	4.5	0	0
g	5	7	8	8	11	19	19	8	16	19	11	3	3
h	6	7	6.5	12.5	12.5	19	19	12.5	19	19	12.5	0	0

在网络计划中，总时差为零的工作是关键工作，自始至终全部由关键工作组成的线路为关键线路。关键线路是由起点至终点的所有线路中，工作总持续时间最长的线路。在图 6.7 所示的网络计划中，由工作 c、f、h 组成的线路，是工作总持续时间最长的线路，即该网络计划的关键线路。

工作时差不等于零，表示工作有机动时间。工作的总时差往往为若干项工作共同拥有的机动时间，在图 6.7 所示的网络计划中，工作 b 和工作 e 的总时差为 3.5，当工作 b（或 e）用去一部分时差后，工作 e（或工作 b）的机动时间相应减少。工作的自由时差是某项工作单独拥有的机动时间，不受其他工作的机动时间的影响。

网络计划的关键线路也可能不只有一条。关键线路上任一节点的最早时间和最迟时间一定相等。

【例 6.4】 找出图 6.8 所示的网络计划的关键线路。

对节点标号，如图 6.9 所示。容易得出该网络计划的关键线路为工作 a、b、d、e 组成的线路，而工作 c 并非关键工作。

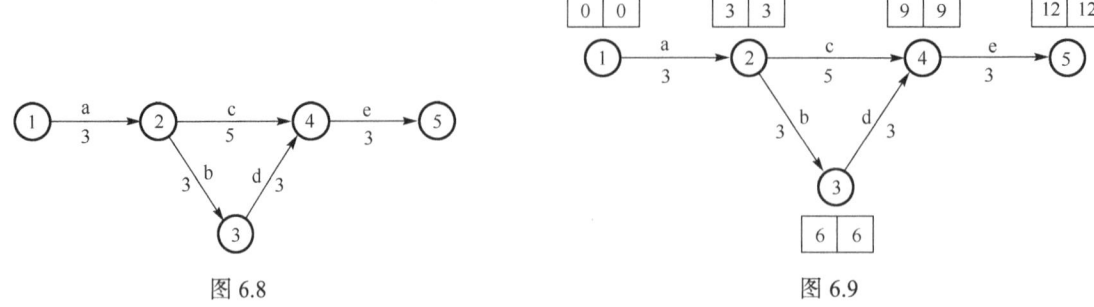

图 6.8　　　　　　　　　　　图 6.9

在图 6.8 所示的网络计划中，节点 2 以及节点 4 的最早时间和最迟时间相等，但是，工作 2-4 显然并非该网络计划的关键工作。

6.3.2　按工作计算法计算时间参数

与节点计算法先计算节点时间参数，再据以计算各项工作时间参数的计算方法不同，工作计算法是直接计算各项工作的时间参数的方法。

1. 工作最早开始和最早完成时间的计算

工作 $i-j$ 的最早开始时间 ES_{i-j} 应从网络计划的起点节点开始顺着箭线方向依次逐项计算。

以起点节点 i 为箭尾节点的工作 $i-j$，当未规定最早开始时间 ES_{i-j} 时，其最早开始时间应等于零，即

$$ES_{i-j} = 0 \quad (i=1)$$

当工作 $i-j$ 只有一项紧前工作 $h-i$ 时，其最早开始时间 ES_{i-j} 为

$$ES_{i-j} = ES_{h-i} + D_{h-i}$$

其中，ES_{h-i} 和 D_{h-i} 分别表示 $i-j$ 的紧前工作 $h-i$ 的最早开始时间和工作持续时间。

当工作 $i-j$ 有多个紧前工作时，其最早开始时间 ES_{i-j} 为

$$ES_{i-j} = \max[ES_{h-i} + D_{h-i}]$$

工作 $i-j$ 的最早完成时间 EF_{i-j} 按照下式计算：

$$EF_{i-j} = ES_{i-j} + D_{i-j}$$

以终点节点 $(j=n)$ 为箭头节点工作 $i-n$ 的最早完成时间 EF_{i-n}，就是网络计划的计算工期 T_c，即

$$T_c = \max[EF_{i-n}]$$

2. 工作最迟完成时间和最迟开始时间的计算

工作 $i-j$ 的最迟完成时间 LF_{i-j} 应从网络计划的终点节点开始逆着箭线方向依次逐项计算。

以终点节点 $(j=n)$ 为箭头节点的工作 $i-n$ 的最迟完成时间 LF_{i-n}，应按网络计划的计划工期 T_p 确定，即

$$LF_{i-n} = T_p$$

其他工作 $i-j$ 的最迟完成时间 LF_{i-j} 的计算公式为

$$\text{LF}_{i-j} = \min\left[\text{LF}_{j-k} - D_{j-k}\right]$$

其中，LF_{j-k} 和 D_{j-k} 分别为 $i-j$ 的各项紧后工作 $j-k$ 的最迟完成时间和工作持续时间。

工作 $i-j$ 的最迟开始时间 LS_{i-j} 按照下式计算：

$$\text{LS}_{i-j} = \text{LF}_{i-j} - D_{i-j}$$

3．工作时差的计算

工作 $i-j$ 的总时差 TF_{i-j} 按照下式计算：

$$\begin{aligned}\text{TF}_{i-j} &= \text{LS}_{i-j} - \text{ES}_{i-j} \\ &= \text{LF}_{i-j} - \text{EF}_{i-j}\end{aligned}$$

工作 $i-j$ 有紧后工作 $j-k$ 时，其自由时差 FF_{i-j} 按照下式计算：

$$\begin{aligned}\text{FF}_{i-j} &= \text{ES}_{j-k} - \text{EF}_{i-j} \\ &= \text{ES}_{j-k} - \text{ES}_{i-j} - D_{i-j}\end{aligned}$$

以终点节点（$j=n$）为箭头节点的工作，其自由时差 FF_{i-j} 应按网络计划的计划工期 T_p 确定，即

$$\begin{aligned}\text{FF}_{i-n} &= T_\text{p} - \text{EF}_{i-n} \\ &= T_\text{p} - \text{ES}_{i-n} - D_{i-n}\end{aligned}$$

4．按工作计算法的图上标号

按工作计算法计算时间参数，也可以通过图上标号法（如图 6.10 所示）或表上计算的方法进行。

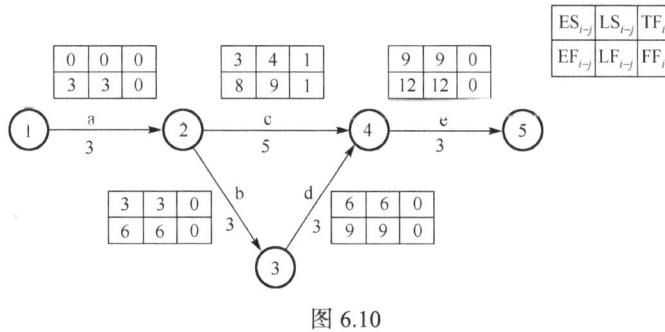

图 6.10

6.4 网络计划的优化

6.4.1 网络计划优化方法分类

通过绘制网络图、计算时间参数，仅仅可以确定网络计划的关键线路和关键工作。在网络计划管理的实践中，还经常需要根据实际资源配置、任务委托人或上级指令进行网络计划优化。网络计划的优化目标，主要有工期目标、费用目标、资源目标等。

1. 工期优化

当网络计划的计算工期不满足任务委托人或上级要求的工期时，可通过压缩关键工作的持续时间满足工期要求。网络计划的工期优化通常在资源约束既定的条件下进行，即实现"资源有限-工期最短"的目标。

缩短关键工作的持续时间的方法主要是增加关键工作的资源投入。当所有关键工作的持续时间都已达到其能缩短的极限而工期仍不能满足要求时，可以结合实际情况对计划的技术方案、组织方案进行调整，或者对要求工期进行重新审定。

选择应缩短持续时间的关键工作时，应优先考虑以下工作：

(1) 缩短持续时间对质量和安全影响不大的工作；
(2) 有充足备用资源的工作；
(3) 缩短持续时间所需增加的费用最少的工作。

2. 资源优化

网络计划的资源优化通常在计划完工期不变的条件下进行，目标是实现资源利用均衡，即"工期固定-资源均衡"。当项目需要投入的资源种类很多时，均衡利用资源是很麻烦的事情，通常需要借助计算机来实现。

网络计划的资源优化，可以通过削高峰法（利用时差降低资源高峰值），获得资源消耗量尽可能均衡的优化方案，具体方法如下。

(1) 计算网络计划每"时间单位"的资源需用量，确定削峰目标。
(2) 优先安排关键工作所需要的资源。
(3) 利用非关键工作的总时间，错开非关键工作的开始时间，避免同一时间段集中使用资源而产生资源利用高峰。

当确实受到资源制约而不能错开高峰时，可结合实际情况，在允许条件下适当推迟工程的工期。

3. 费用优化

网络计划的费用优化通常是在考虑工期约束的条件下进行，也称"时间-费用优化"。网络计划的费用优化的目标主要有：在缩短工期的同时，费用尽可能少；在完工期既定的条件下，费用尽可能少；在费用限制的条件下，工期尽可能短。

网络计划中的费用有直接费用和间接费用两个类别。

(1) 直接费用。是与项目的规模直接有关的费用，包括工资费用、材料费用、设备费用等，通常是以网络计划的工作为单位对直接费用进行考察。

为了缩短一项工作的持续时间，就需要增加对该工作的资源投入，即增加直接费用。

(2) 间接费用。是与工作的直接资源消耗不直接有关的费用，主要是管理费用等，通常是以网络计划的工期长度为单位对间接费用进行考察。项目的工期越长，单位时间分摊的间接费用就越少。

项目或计划的总费用、直接费用、间接费用与工期之间的关系可以用图 6.11 表示。

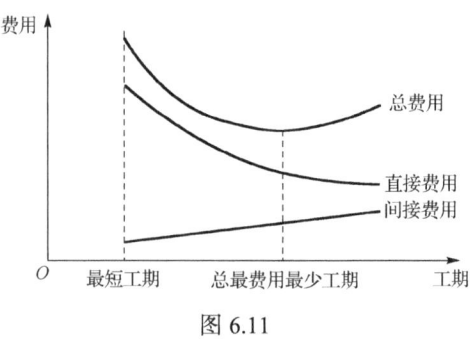

图 6.11

当网络计划的总费用最少工期小于要求工期时,就是最佳工期。

(3) 工作的费用率。在费用优化时,首先需要计算工作的费用率,然后考虑相应的间接费用。

工作的费用率是指缩短工作持续时间一个时间单位(如1天)所需要增加的费用,也称费用增加率或直接费用变动率。

工作$i-j$的费用率ΔC_{i-j}的计算公式为

$$\Delta C_{i-j} = \frac{CC_{i-j} - CN_{i-j}}{DN_{i-j} - DC_{i-j}}$$

式中,CC_{i-j}为将工作$i-j$的持续时间缩短为最短持续时间后,完成该工作所需的直接费用;CN_{i-j}为在正常条件下完成工作$i-j$所需的直接费用;DN_{i-j}为工作$i-j$的正常持续时间;DC_{i-j}为工作$i-j$的最短持续时间。

6.4.2 最低成本日程优化

最低成本日程优化是网络计划优化的重要内容。网络计划的费用优化经常是寻找网络计划的最低成本日程。

所谓最低成本日程是指在编制网络计划时,使得工程费用最低的完工时间。

网络计划的最低成本日程优化一般按照下列步骤进行。

(1) 按工作正常持续时间找出关键工作及关键线路。

(2) 计算各项工作的费用率。

(3) 在网络计划中找出费用率(或组合费用率)最低的一项关键工作或一组关键工作,作为缩短持续时间的对象。

(4) 缩短找出的一项关键工作或一组关键工作的持续时间,其缩短时间必须符合不能压缩成非关键工作和缩短后其持续时间不小于最短持续时间的原则。

(5) 考虑由于关键工作持续时间缩短而增加的直接费用,以及由于工期变化所减少的间接费用。在此基础上,计算总费用。

(6) 重复步骤(3)~(5),直到总费用不能降低为止。

【例 6.5】 某工程项目所需完成的各项工作、工作持续时间、费用及工作间逻辑关系见表6.6,假设该工程项目的间接费用为150元/天。求出该项目的最低成本日程。

表6.6

工作代号	紧前工作	正常持续时间/天	允许赶工时间/天	直接费用率/(元/天)
A	—	1	0	—
B	—	8	1	50
C	A	10	1	75
D	B	8	2	150
E	C	6	3	25
F	D, E	5	0	—
G	C	2	0	—
H	G, F	8	1	150
I	G, F	20	6	50
J	H	10	2	150
K	I, J	6	2	150

利用表 6.6 的资料，该项目的网络图如图 6.12 所示。工作正常持续时间下，该网络计划的关键线路为①→②→④→⑤→⑥→⑧→⑨。

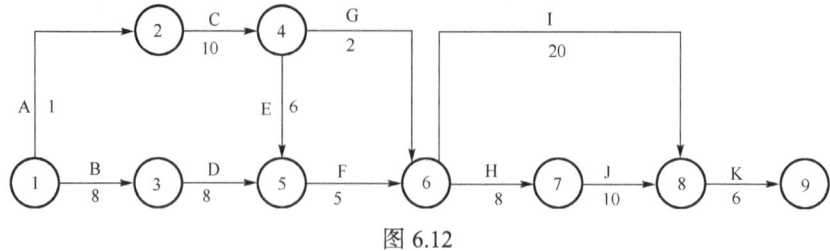

图 6.12

按图 6.12 安排进度，该项目的正常工期为 48 天。

若要缩短该项目的工期，则首先缩短关键线路上直接费用率最小的工作的持续时间（直接费用率若大于间接费用，则不可以缩短持续时间）。

将所有允许赶工的关键工作按照费用率大小排序，E 工作的费用率最低(25 元/天)。将 E 工作持续时间缩短 1 天，于是项目的工期缩短为 47 天，项目总费用在正常总费用上减少 150 元–25 元=125 元。

E 工作的持续时间缩短 1 天后，已有 2 条关键线路，即①→②→④→⑤→⑥→⑧→⑨与①→③→⑤→⑥→⑧→⑨。再缩短 E 工作的持续时间，将只增加直接费用而不会减少间接费用。此时，E 工作应与 B 工作同时缩短，方可缩短项目工期。B、E 同时缩短的费用变动率为(50+25)元/天=75 元/天。

对 47 天工期方案继续优化。此时，I 工作为直接费用最小的关键工作。于是，将 I 工作的持续时间缩短 2 天，项目的工期缩短为 45 天，而项目总费用则减少(150–50)×2 元=200 元。

I 工作的持续时间缩短 2 天后，该项目的关键线路将增加到 4 条。此时，I 工作需要和 H 工作或 J 工作同时缩短才能缩短工期。工作 I 和 H 的费用变动率为(50+150)元/天=200 元/天，工作 I 和 J 的费用变动率也为(50+150)元/天=200 元/天，均大于间接费用。

对 45 天工期方案继续优化。此时，工作 B 和 E 为一组直接费用率最小的关键工作。将工作 B 和 E 的持续时间同时缩短 1 天，于是项目的工期缩短为 44 天，项目总费用又减少了(150–75)元=75 元。

对 44 天工期方案继续优化。此时，工作 K 为直接费用率最小的关键工作。于是，将工作 K 的持续时间缩短 2 天，项目的工期缩短为 42 天，而项目的总费用未发生改变。

该项目的工期缩短到 42 天后，直接费用率最小的一项(组)关键工作为 D 和 E。由于工作 D 和 E 的直接费用率(150+25)元/天=175 元/天，已经大于间接费用。继续缩短工作 D 和 E 的持续时间将增加项目的总费用，于是不再继续缩短工期。

综上所述，42 天方案为该项目的最低成本日程。

6.5 网络计划的应用案例及软件求解

1. 问题描述

某工程项目由 11 项工作组成(分别用代号 A，B，…，K 表示)，其计划完成时间及工作间的相互关系见表 6.7。

表 6.7

工作	紧前工作	计划完工时间/天
A	—	5
B	—	10
C	—	11
D	B	4
E	A	4
F	C, D	15
G	B, E	21
H	B, E	35
I	B, E	25
J	F, G, I	15
K	F, G	20

(1) 画出网络计划图,求出该工程项目的最早完工时间。

(2) 进一步得到每个作业的最早开工时间、工作关键路径。

(3) 若要求工程项目在 49 天内完成,为提前完成工程,有些工作需要加快进度、缩短工期,而这样需要额外增加费用,见表 6.8,如何安排工作才能使额外增加的总费用最少?

表 6.8

工作	计划完工时间/天	最早完工时间/天	缩短 1 天完工时间所增加的费用/元
B(1,3)	10	8	700
C(1,4)	11	8	400
E(2,5)	4	3	450
G(5,6)	21	16	600
H(5,8)	35	30	500
I(5,7)	25	22	300
J(7,8)	15	12	400
K(6,8)	20	16	500

(4) 在实际中,若每项工作的完成都受到一些意外因素的干扰,事先不能确定,只能根据以往的经验进行估计,通常情况下,对完成一项工作可以给出 3 个时间上的估计值:最乐观的估计值 a、最悲观的估计值 b、最可能的估计值 m。若各项工作完成的 3 个估计时间见表 6.9,求在规定 52 天内完成全部工作的概率。进一步,如果完成全部工作的概率大于等于 95%,那么项目工期至少需要多少天?

表 6.9

工作	最乐观完成时间/天	最可能完成时间/天	最悲观完成时间/天
A	3	5	7
B	8	9	16
C	8	11	14
D	2	4	6
E	3	4	5
F	8	16	18
G	18	20	28
H	26	33	52
I	18	25	32
J	12	15	18
K	11	21	25

2．问题求解

（1）建立网络计划模型，求出项目的最早完工时间。

首先绘制网络计划图，如图6.12所示。

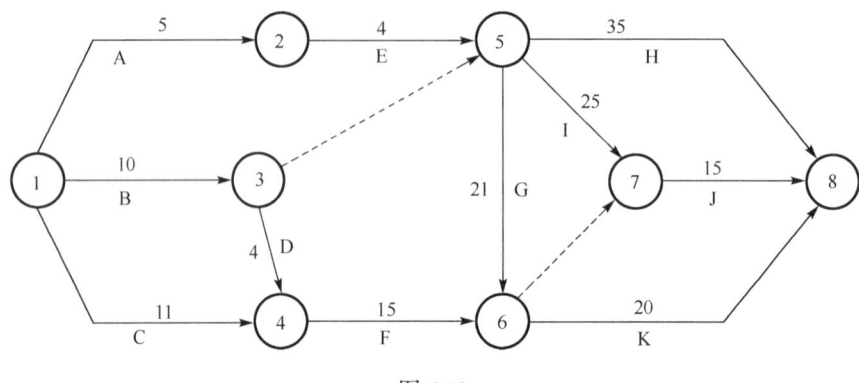

图 6.13

接下来，建立网络计划工期求解的线性规划模型。设 x_i 表示节点 i 的最早时间，1 为最初工作，n 为最终工作。设 t_{ij} 是工作 (i,j) 的计划工作时间，H 是所有节点的集合，G 是所有工作的集合。目标函数为项目的总工期最短，约束条件为节点 j 的开始时间小于等于节点 i 开始时间加工作 (i,j) 的计划作业时间 t_{ij}。为了求出该项目的最短完工时间，可以建立以下线性规划模型：

$$\min z = x_n - x_1$$

$$\text{s.t.} \begin{cases} x_j \geq x_i + t_{ij} & (i,j) \in G, i \in H \\ x_i \geq 0 (i \in H) \end{cases}$$

可以用 Lingo 软件求解该模型，源程序如下：

```
min x8-x1
subject to
  x2 - x1 >= 5
  x3 - x1 >= 10
  x4 - x1 >= 11
  x5 - x2 >= 4
  x4 - x3 >= 4
  x5 - x3 >= 0
  x6 - x4 >= 15
  x6 - x5 >= 21
  x7 - x5 >= 25
  x8 - x5 >= 35
  x7 - x6 >= 0
  x8 - x6 >= 20
  x8 - x7 >= 15
end
```

Lingo 求解结果如下:

```
Global optimal solution found.
Objective value:                           51.00000
Infeasibilities:                           0.000000
Total solver iterations:                          1


              Variable          Value        Reduced Cost
                    X8       51.00000            0.000000
                    X1       0.000000            0.000000
                    X2       5.000000            0.000000
                    X3       10.00000            0.000000
                    X4       14.00000            0.000000
                    X5       10.00000            0.000000
                    X6       31.00000            0.000000
                    X7       35.00000            0.000000

                   Row    Slack or Surplus      Dual Price
                     1       51.00000           -1.000000
                     2       0.000000            0.000000
                     3       0.000000           -1.000000
                     4       3.000000            0.000000
                     5       1.000000            0.000000
                     6       0.000000            0.000000
                     7       0.000000           -1.000000
                     8       2.000000            0.000000
                     9       0.000000           -1.000000
                    10       0.000000            0.000000
                    11       6.000000            0.000000
                    12       4.000000            0.000000
                    13       0.000000           -1.000000
                    14       1.000000            0.000000
```

可见,该工程的最早完工时间(节点 8 的最早时间)为 51 天。其他工作的最早时间也都已经求出。$x_1=0$,$x_2=5$,$x_3=10$,即节点 1 的最早时间为 0,节点 2 的最早时间为 5,节点 3 的最早时间为 10。

(2)计算工作最早完工时间,求出项目的关键工作。

网络计划的关键线路是从起点到终点完成时间最长的路线,关键线路上的工作称为关键工作。可以用线性规划模型来求出网络计划的关键工作。

显然,目标函数为使得每项工作的最早完工时间尽可能小,即求满足 $x_j \geq x_i + t_{ij}$,$(i,j) \in G$ 的 $\sum_{i \in H} x_i$ 的极小值。引进工作 (i,j) 对应弧上的松弛变量 $S_{ij} = x_j - x_i - t_{ij}$,这样就可以得到工作的最迟开工时间。当最早开工时间与最迟开工时间相同时,就得到项目的关键线路。求解该项目关键线路的线性规划模型如下:

$$\min z = \sum_{i \in H} x_i$$

$$\text{s.t.} \begin{cases} S_{ij} = x_j - x_i + t_{ij} & (i,j) \in G, i \in H \\ x_i \geq 0, S_{ij} \geq 0 & i \in H, (i,j) \in G \end{cases}$$

编写 Lingo 程序如下：

```
sets:
 events/1..8/: x;
 operate(events, events)/
   ! A   B   C   D   E   0   F   G   H   I   0   J   K;
    1,2 1,3 1,4 3,4 2,5 3,5 4,6 5,6 5,8 5,7 6,7 7,8 6,8
   /: s, t;
endsets
data:
    t = 5  10  11  4  4  0  15  21  35  25  0  15  20;
enddata
    min=@sum(events : x);
    @for(operate(i,j): s(i,j)=x(j)-x(i)-t(i,j));
```

Lingo 求解结果如下：

```
Global optimal solution found.
Objective value:                          156.0000
Infeasibilities:                          0.000000
Total solver iterations:                         0

                     Variable           Value        Reduced Cost
                         X(1)        0.000000            8.000000
                         X(2)        5.000000            0.000000
                         X(3)        10.00000            0.000000
                         X(4)        14.00000            0.000000
                         X(5)        10.00000            0.000000
                         X(6)        31.00000            0.000000
                         X(7)        35.00000            0.000000
                         X(8)        51.00000            0.000000
                       S(1, 2)       0.000000            1.000000
                       S(1, 3)       0.000000            6.000000
                       S(1, 4)       3.000000            0.000000
                       S(3, 4)       0.000000            1.000000
                       S(2, 5)       1.000000            0.000000
                       S(3, 5)       0.000000            4.000000
                       S(4, 6)       2.000000            0.000000
                       S(5, 6)       0.000000            2.000000
                       S(5, 8)       6.000000            0.000000
                       S(5, 7)       0.000000            1.000000
                       S(6, 7)       4.000000            0.000000
                       S(7, 8)       1.000000            0.000000
```

S(6, 8)	0.000000	1.000000
T(1, 2)	5.000000	0.000000
T(1, 3)	10.00000	0.000000
T(1, 4)	11.00000	0.000000
T(3, 4)	4.000000	0.000000
T(2, 5)	4.000000	0.000000
T(3, 5)	0.000000	0.000000
T(4, 6)	15.00000	0.000000
T(5, 6)	21.00000	0.000000
T(5, 8)	35.00000	0.000000
T(5, 7)	25.00000	0.000000
T(6, 7)	0.000000	0.000000
T(7, 8)	15.00000	0.000000
T(6, 8)	20.00000	0.000000

Row	Slack or Surplus	Dual Price
1	156.0000	-1.000000
2	0.000000	1.000000
3	0.000000	6.000000
4	0.000000	0.000000
5	0.000000	1.000000
6	0.000000	0.000000
7	0.000000	4.000000
8	0.000000	0.000000
9	0.000000	2.000000
10	0.000000	0.000000
11	0.000000	1.000000
12	0.000000	0.000000
13	0.000000	0.000000
14	0.000000	1.000000

$x(8)=51$，说明该项目的最早完工时间为 51 天。松弛变量 $S(i,j)>0$，说明还有剩余时间，工作 (i,j) 的开工时间还可以推迟，如 $S(1,4)=3$，工作 C 可推迟 3 天。又由于 $S(4,6)=2$，后继的工作 F 可推迟 2 天，所以作业 C 最多可推迟 5 天。关键线路为①→③→⑤→⑥→⑧。

注意，如果将关键线路看成最长路，则还可以按照求最短路的方法（把求极小改为求极大）求出网络计划的关键线路！

假设 x_{ij} 为 0-1 变量，当工作 (i,j) 位于关键线路上时取 1；否则取 0。求网络计划最长路线的数学规划问题可以写成

$$\max \sum_{(i,j)\in G} t_{ij} x_{ij}$$

$$\text{s.t.} \begin{cases} \sum_{\substack{i=1 \\ (i,j)\in G}}^{n} x_{ij} - \sum_{\substack{j=1 \\ (j,i)\in G}}^{n} x_{ji} = \begin{cases} 1 & (i=1) \\ -1 & (i=n) \\ 0 & (i\neq 1,n) \end{cases} \\ x_{ij}=0,1 \quad (i,j)\in G \end{cases}$$

Lingo 程序如下：

```
MODEL:
sets:
  events/1..8/: d;
  operate(events, events)/
     1,2 1,3 1,4 3,4 2,5 3,5 4,6 5,6 5,8 5,7 6,7 7,8 6,8
     /: t, x;
endsets
data:
  t = 5  10  11  4  4  0  15  21  35  25  0  15  20;
  d = 1  0  0  0  0  0  0  -1;
enddata
max=@sum(operate : t*x);
@for(events(i):
  @sum(operate(i,j): x(i,j)) - @sum(operate(j,i): x(j,i)) =d(i);
);
END
```

Lingo 的主要求解结果如下：

```
Global optimal solution found.
Objective value:                       51.00000
Infeasibilities:                       0.000000
Total solver iterations:                      0

              Variable        Value       Reduced Cost
              X(1, 2)       0.000000        0.000000
              X(1, 3)       1.000000        0.000000
              X(1, 4)       0.000000        5.000000
              X(3, 4)       0.000000        2.000000
              X(2, 5)       0.000000        1.000000
              X(3, 5)       1.000000        0.000000
              X(4, 6)       0.000000        0.000000
              X(5, 6)       1.000000        0.000000
              X(5, 8)       0.000000        6.000000
              X(5, 7)       0.000000        1.000000
              X(6, 7)       0.000000        5.000000
              X(7, 8)       0.000000        0.000000
              X(6, 8)       1.000000        0.000000
```

即工期需要 51 天，关键线路为①→③→⑤→⑥→⑧。

从上述计算过程可以看到，在两个 Lingo 程序中，第二个程序计算最短工期、关键线路均比第一个程序方便。但在某些情况下，如需要优化计划网络时，第一个程序的编写方法可以更好地发挥出其优点。

(3) 求出 49 天工期的最低成本日程。要求项目在 49 天内完成，即使得节点 8 的最早时间为 49，为此需要压缩部分关键工作的作业时间。同样可以用线性规划方法建立该问题的求解模型。

设 x_i 为节点 i 的最早时间，t_{ij} 是作业 (i,j) 的计划作业时间，m_{ij} 是作业 (i,j) 的最短时间，y_{ij} 是作业 (i,j) 可能减少的时间，d 为要求完成的天数，1 为起点节点，n 为终点节点。可以建立如下的线性规划模型：

$$\min z = \sum_{(i,j)\in G} c_{ij} y_{ij}$$

$$\text{s.t.} \begin{cases} x_j - x_i + y_{ij} \geq t_{ij} & (i,j) \in G, i \in H \\ x_n - x_1 \leq d \\ 0 \leq y_{ij} \leq t_{ij} - m_{ij} & (i,j) \in G, i \in H \end{cases}$$

Lingo 求解程序如下：

```
min    700y13 + 400y14 + 450y25 + 600y56 + 300y57 + 500y58 + 500y68 + 400y78
subject to
    x2 - x1           >= 5
    x3 - x1 + y13     >= 10
    x4 - x1 + y14     >= 11
    x5 - x2 + y25     >= 4
    x4 - x3           >= 4
    x5 - x3           >= 0
    x6 - x4           >= 15
    x6 - x5 + y56     >= 21
    x7 - x5 + y57     >= 25
    x8 - x5 + y58     >= 35
    x7 - x6           >= 0
    x8 - x6 + y68     >= 20
    x8 - x7 + y78     >= 15
    x8 - x1           <= 49
end
    sub y13  2
    sub y14  3
    sub y25  1
    sub y56  5
    sub y57  3
    sub y58  5
    sub y68  4
    sub y78  3
```

Lingo 求解结果如下：

```
Global optimal solution found.
Objective value:                              1200.000
Infeasibilities:                              0.000000
Total solver iterations:                             4

              Variable           Value        Reduced Cost
                   Y13        1.000000            0.000000
                   Y14        0.000000            400.0000
```

Y25	0.000000	450.0000
Y56	0.000000	100.0000
Y57	0.000000	100.0000
Y58	0.000000	500.0000
Y68	1.000000	0.000000
Y78	0.000000	200.0000
X2	5.000000	0.000000
X1	0.000000	0.000000
X3	9.000000	0.000000
X4	15.00000	0.000000
X5	9.000000	0.000000
X6	30.00000	0.000000
X7	34.00000	0.000000
X8	49.00000	0.000000

Row	Slack or Surplus	Dual Price
1	1200.000	-1.000000
2	0.000000	0.000000
3	0.000000	-700.0000
4	4.000000	0.000000
5	0.000000	0.000000
6	2.000000	0.000000
7	0.000000	-700.0000
8	0.000000	0.000000
9	0.000000	-500.0000
10	0.000000	-200.0000
11	5.000000	0.000000
12	4.000000	0.000000
13	0.000000	-500.0000
14	0.000000	-200.0000
15	0.000000	700.0000

为了将该项目的完工期压缩到 49 天，需要把工作 B(1,3) 的工期压缩 1 天，工作 K(6,8) 的工期压缩 1 天，需要多花 1200 元。与前面类似，可以求得工期压缩后的关键线路和各项工作的最早开始时间和最迟开始时间。工期压缩到 49 天后的关键线路为①→③→⑤→⑦→⑧。

(4) 完工期的数学期望和实现概率。在前面的求解过程中，把每项工作的完成时间均看成固定的，但在实际应用中，每项工作的完成都可能受到一些意外因素的干扰，完成时间一般不会是完全确定的，往往只能凭借经验和过去完成类似工作需要的时间来进行估计。通常情况下，对完成一项工作可以给出 3 个时间上的估计值：最乐观的估计值 a、最悲观的估计值 b 和最可能的估计值 m。

设随机变量 t_{ij} 是工作 (i, j) 的实际完成时间，完成时间最乐观的估计值为 a，最悲观的估计值为 b，最可能的估计值为 m，则各项工作的完工时间 t_{ij} 的数学期望与方差的计算公式为

$$E(t_{ij}) = \frac{a_{ij} + 4m_{ij} + b_{ij}}{6}$$

$$D(t_{ij}) = \frac{(a_{ij} - b_{ij})^2}{36}$$

记 T 为最短工期，则 T 为关键线路上各项工作的作业时间之和，即

$$T = \sum_{(i,j) \in \text{关键路线}} t_{ij}$$

根据中心极限定理，可以假设 T 服从正态分布。最短工期 T 的数学期望和方差的估计值为

$$\bar{T} = E(T) = \sum_{(i,j) \in \text{关键路线}} E(t_{ij})$$

$$S^2 = \text{var}(T) = \sum_{(i,j) \in \text{关键路线}} \text{var}(t_{ij})$$

记 d 为规定的工期，则在规定的工期内完成整个项目的概率为

$$P\{T \leq d\} = \Phi\left(\frac{d - \bar{T}}{S}\right)$$

于是，可以利用 Lingo 软件中的分布函数@psn(x)计算完成各项作业的概率与完成整个项目的时间。

根据 Lingo 软件所提供的标准正态分布函数@psn(x)，可以很方便地求解本例中的 PERT 问题。Lingo 的标准正态分布函数为

$$@\text{psn}(x) = \Phi(x) = \int_{-\infty}^{x} \frac{1}{\sqrt{2\pi}} e^{-t^2/2} dt$$

Lingo 程序如下：

```
MODEL:
  sets:
    events/1..8/: d;
    operate(events, events)/
      ! A   B   C   D   E   0   F   G   H   I   0   J   K;
      1,2 1,3 1,4 3,4 2,5 3,5 4,6 5,6 5,8 5,7 6,7 7,8 6,8
      /: a, m, b, et, dt, x;
  endsets
  data:
    a = 3   8   8   2   3   0   8   18  26  18  0   12  11;
    m = 5   9   11  4   4   0   16  20  33  25  0   15  21;
    b = 7   16  14  6   5   0   18  28  52  32  0   18  25;
    d = 1   0   0   0   0   0   0   -1;
    limit = 52;
  enddata
  @for(operate:
    et = (a+4*m+b)/6;
    dt = (b-a)^2/36;
  );
```

```
        max = Tbar;
        Tbar = @sum(operate: et*x);        !计算关键线路时间的数学期望
        @for(events(i):
          @sum(operate(i,j): x(i,j)) - @sum(operate(j,i): x(j,i))= d(i);
        );
        S2 = @sum(operate: dt*x);          !计算关键线路时间的方差
        S=@sqrt(S2);
        p = @psn((limit-Tbar)/S);          !计算在规定时间内完成全部工作的概率
        @psn(dd) = 0.95;                   !计算标准正态分布的0.95分位数
    days=Tbar+S*dd;                        !计算在95%概率完成全部工作的时间
    END
```

Lingo 的主要计算结果如下：

```
      Local optimal solution found.
      Objective value:                        51.00000
      Infeasibilities:                        0.3204420E-08
      Total solver iterations:                25

                        Variable         Value       Reduced Cost
                           LIMIT      52.00000         0.000000
                            TBAR      51.00000         0.000000
                              S2      10.00000         0.000000
                               S      3.162278         0.000000
                               P      0.6240852        0.000000
                            DAYS      56.20148         0.000000
                         A(1, 2)      3.000000         0.000000
                         A(1, 3)      8.000000         0.000000
                         A(1, 4)      8.000000         0.000000
                         A(3, 4)      2.000000         0.000000
                         A(2, 5)      3.000000         0.000000
                         A(3, 5)      0.000000         0.000000
                         A(4, 6)      8.000000         0.000000
                         A(5, 6)      18.00000         0.000000
                         A(5, 8)      26.00000         0.000000
                         A(5, 7)      18.00000         0.000000
                         A(6, 7)      0.000000         0.000000
                         A(7, 8)      12.00000         0.000000
                         A(6, 8)      11.00000         0.000000
                         M(1, 2)      5.000000         0.000000
                         M(1, 3)      9.000000         0.000000
                         M(1, 4)      11.00000         0.000000
                         M(3, 4)      4.000000         0.000000
                         M(2, 5)      4.000000         0.000000
                         M(3, 5)      0.000000         0.000000
                         M(4, 6)      16.00000         0.000000
```

M(5, 6)	20.00000	0.000000	
M(5, 8)	33.00000	0.000000	
M(5, 7)	25.00000	0.000000	
M(6, 7)	0.000000	0.000000	
M(7, 8)	15.00000	0.000000	
M(6, 8)	21.00000	0.000000	
B(1, 2)	7.000000	0.000000	
B(1, 3)	16.00000	0.000000	
B(1, 4)	14.00000	0.000000	
B(3, 4)	6.000000	0.000000	
B(2, 5)	5.000000	0.000000	
B(3, 5)	0.000000	0.000000	
B(4, 6)	18.00000	0.000000	
B(5, 6)	28.00000	0.000000	
B(5, 8)	52.00000	0.000000	
B(5, 7)	32.00000	0.000000	
B(6, 7)	0.000000	0.000000	
B(7, 8)	18.00000	0.000000	
B(6, 8)	25.00000	0.000000	
ET(1, 2)	5.000000	0.000000	
ET(1, 3)	10.00000	0.000000	
ET(1, 4)	11.00000	0.000000	
ET(3, 4)	4.000000	0.000000	
ET(2, 5)	4.000000	0.000000	
ET(3, 5)	0.000000	0.000000	
ET(4, 6)	15.00000	0.000000	
ET(5, 6)	21.00000	0.000000	
ET(5, 8)	35.00000	0.000000	
ET(5, 7)	25.00000	0.000000	
ET(6, 7)	0.000000	0.000000	
ET(7, 8)	15.00000	0.000000	
ET(6, 8)	20.00000	0.000000	
DT(1, 2)	0.4444444	0.000000	
DT(1, 3)	1.777778	0.000000	
DT(1, 4)	1.000000	0.000000	
DT(3, 4)	0.4444444	0.000000	
DT(2, 5)	0.1111111	0.000000	
DT(3, 5)	0.000000	0.000000	
DT(4, 6)	2.777778	0.000000	
DT(5, 6)	2.777778	0.000000	
DT(5, 8)	18.77778	0.000000	
DT(5, 7)	5.444444	0.000000	
DT(6, 7)	0.000000	0.000000	
DT(7, 8)	1.000000	0.000000	
DT(6, 8)	5.444444	0.000000	
X(1, 2)	0.000000	1.000000	
X(1, 3)	1.000000	0.000000	

X(1, 4)	0.000000	5.000000
X(3, 4)	0.000000	2.000000
X(2, 5)	0.000000	0.000000
X(3, 5)	1.000000	0.000000
X(4, 6)	0.000000	0.000000
X(5, 6)	1.000000	0.000000
X(5, 8)	0.000000	6.000000
X(5, 7)	0.000000	1.000000
X(6, 7)	0.000000	5.000000
X(7, 8)	0.000000	0.000000
X(6, 8)	1.000000	0.000000

根据 Lingo 的求解结果，该项目的完工期的数学期望为 51 天，标准差为 3.16 天，在 52 天内完成全部作业的概率为 62.4%。如果要求完成全部作业的概率大于等于 95%，那么工期至少需要 56.2 天。

习 题

1. 根据表 6.10 和表 6.11 的资料，分别绘制网络计划图。

表 6.10

工作	紧前工作
A	—
B	—
C	—
D	A
E	C
F	D
G	F, B, E

表 6.11

工作	紧前工作
A	—
B	—
C	A, B
D	A, B
E	B
F	C
G	C
H	D, E, F

2. 有人根据表 6.12 的资料绘制了如图 6.14 所示的网络图。

表 6.12

工作	紧前工作	持续时间	工作	紧前工作	持续时间
A	G, M	3	G	B、C	2
B	H	4	H	—	5
C	—	7	I	A, L	2
D	L	3	K	F, I	1
E	C	5	L	B, C	7
F	A, E	5	M	C	3

要求：(1) 指出图 6.14 的错误并改正。
(2) 计算各项工作的时间参数。
(3) 确定该计划的关键线路。

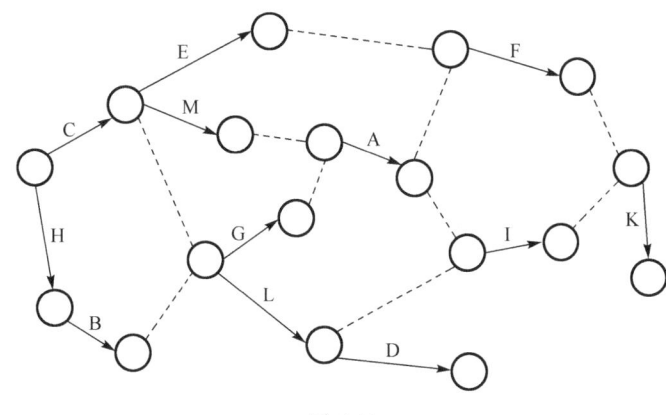

图 6.14

3. 已知表 6.13 所示资料。

表 6.13

工作代号	紧前工作	工作持续时间/天	直接费用率/(元/天)	允许赶工天数
a	—	4	—	0
b	a	2	70	1
c	a	3	50	1
d	b	2	60	1
e	b, c	3	100	1
f	d, e	3	—	0
g	d, e	5	70	3

要求：(1)根据表 6.13 的资料绘制网络图。

(2)用图上标号的方法确定节点时间参数，计算各工作的时间参数。

(3)确定该计划的关键线路。

(4)已知该项目的间接费用为 80 元/天，求出该项目的最低成本日程。

4. 用图上标号或表上作业的方法求出 6.5 节中案例的完工期、关键线路以及各工作的时间参数，并根据表 6.8 的资料，求出该项目的最低成本日程。

第 7 章

存 储 论

本章学习目标

- 熟练掌握存储问题的基本概念;
- 熟练掌握四种确定性存储模型的假设及计算,了解四种模型的差异;
- 了解报童问题的假设及计算;
- 掌握常见存储模型的软件计算方法。

本章需掌握的基本概念与方法

- 存储策略;
- 存储、需求、补充;
- 存储费用 C_1;
- 缺货费用 C_2;
- 订货费用 C_3;
- 价格折扣;
- 经济订货批量;
- 订货周期。

7.1 存储问题及其基本概念

企业在生产经营过程中往往需要储存一定的物资以备将来使用。通过在供应(生产)与需求(消费)两个环节之间引入储存,可以有效协调企业生产经营活动中的供应与需求之间的不一致现象。不只是生产制造企业需要保持一定的库存,服务业也需要对库存进行处理、搬运或消耗。在供应链管理环境下,库存管理是很重要的一个环节。

研究存储问题的科学称为存储论,它是运筹学的一个重要分支。存储论及其数学模型涉及以下概念。

1. 存储

存储(Inventory)是生产制造企业、商业流通企业或其他企事业单位为了保持正常的生产经营或业务活动而存储的各种物资。

存储因为消耗和使用而不断减少，因为补充进货而增加。

2．需求

存储的目的是满足今后的需求。由于需求而从存储中取出一定的数量，将使得存储量减少。随着时间的推移，存储由于需求而不断减少，当存储达到一定的临界水平时，将对存储进行补充。

需求可能是连续的，也可能是间断的；可能是连续均匀的，也可能是连续而不均匀的，如图 7.1 所示。

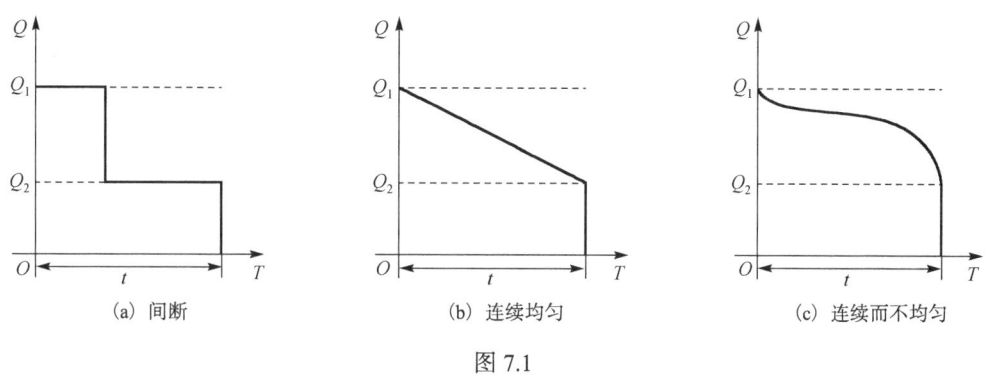

图 7.1

需求可能是确定的，也可能是随机的。企业按照合同销售给客户商品，这样的需求是确定的；而商店每日卖出去的货物则是不确定的，是随机需求。如果需求服从某种概率分布，则称为有一定随机分布的需求，如报童问题。

在存储论中，如果考虑多种物资的存储问题，则还需要区分独立需求和非独立需求。如果某物资的需求与其他物资的需求没有关系，那么就说对该物资的需求是独立需求。对于面向最终消费者的最终产品，如汽车、啤酒、洗衣机等，往往是独立需求存储问题。对于制造企业的零部件，如自行车生产中需要有车架、车座、手把和两个轮子，而每个轮子又有 1 个轮胎、若干滚珠和若干辐条，这类存储的需求不仅与最终产品需求有关，还与产品设计和生产问题有关，往往是非独立需求存储问题。物料需求计划系统（MRP）所研究的就是非独立需求的存储问题。

3．补充（订货或生产）

由于需求或消耗而不断减少的存储必须加以补充，否则将无法满足对存储的使用需求。存储的补充方式，可以订货补充，也可以通过自己生产来补充存储。

为了在某一时刻能补充存储而必须提前订货或组织生产的这段时间称为订货提前期（Lead Time）。通过组织生产来补充存储，还往往需要提前备货时间。

补充存储需要花费的时间可能很长，也可能很短；可能是确定的，也可能是随机的。

4．存储策略

研究存储问题的目的是回答以下两个问题：①什么时候订购（补充存储）；②订购批量是多少。决定何时补充、补充多少数量的方法称为存储策略。

常见的存储策略主要有以下类型。

(1) t 循环策略。每隔 t 时间补充一次存储。

(2) (s, S) 策略。当存储量低于 s 时将存储补充到 S 水平,存储量大于 s 时不补充。

(3) (t, s, S) 策略。每隔 t 时间检查存储,当存储量低于 s 时将其补充到 S 水平,存储量大于 s 时不补充。

5. 费用

存储论主要涉及以下费用。

(1) 存储费 C_1。单位数量物品存储单位时间的费用支出。存储费主要包括仓储费用及物品占用资金的利息等支出。在确定性存储模型中,通常假定存储费与存储量和存储时间成正比。

(2) 订货费 C_3。与订购物品的数量无关而只与订货次数有关的费用支出。订货费是一项固定费用,它主要包括订购过程中支出的各项手续费。存储论中的订货费 C_3 并不包括与物品订购价格和订购数量有关的可变费用。

(3) 生产费 C_3。与生产产品的批量无关而只与生产次数有关的费用支出。生产费也是一项固定费用,它主要包括生产线准备、装配过程中的各项费用支出。存储论中的生产费 C_3 并不包括与生产产品数量有关的材料费、加工费等可变费用。

(4) 缺货费 C_2。单位物品缺少单位时间所需要支付的费用。缺货费是由于存储供不应求而发生的损失,如丧失销售机会、停工待料、不能履行合同等引起的损失。存储论中,通常假定缺货费与缺货时间和缺货数量成正比。如果不允许缺货,则 $C_2 = \infty$。

一般地,若增加订货的批量,则订货的次数会减少,从而订货费 C_3 也相应地减少;若订货批量大,则需要存储的物品数量更多,存储时间也更长,于是存储费 C_1 就相应地增加。一个好的存储策略,应使得 t 时间内的总平均费用(单位时间的总费用)最小,或者使得单位物品的总费用最小。

6. 存储模型

存储模型是在研究存储策略时对实际问题的数学模型抽象,通常对一些复杂的条件进行了简化处理。

根据数学模型中有无随机变量,存储模型可以区分为确定性存储模型和随机性存储模型两类。确定性存储模型中,所有数据、参数均是确定的数值;随机性存储模型则含有随机变量,而不是确定的数值。

7.2 确定性存储模型

7.2.1 经济订货批量模型

经济订货批量(Economic Ordering Quantity)模型是最古老、最简单的存储模型。该模型有如下假设:

(1) 不允许缺货,即 $C_2 = \infty$。

(2) 当存储降至零时,可以立即得到补充(即生产时间或订货提前时间可以看作零)。

(3) 对存储的需求是连续而且均匀的,假设单位时间的需求量 R(即需求速度)为常数。

(4) 每次订货的批量不变，每次的订货费为 C_3（若通过自己生产来补充存储，则生产批量不变，与生产批量无关的生产费为 C_3）。

(5) 单位时间单位物品的存储费为 C_1。

根据以上假设，经济订货批量模型的存储量变化情况可用图7.2表示。

假定每隔 t 时间补充一次存储，则每次的订货量（订货批量）为 t 时间内的需求量 Rt。假设物品的单价为 K，则 t 时间内的物品购买费用为 KRt。每隔 t 时间需订货一次，于是 t 时间内的订货费为 C_3。

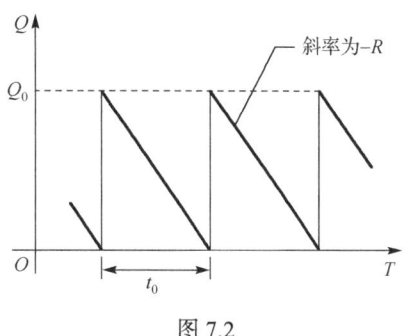

图 7.2

由于单位时间单位物品的存储费为 C_1，而 t 时间内的平均存储量为 $\frac{1}{t}\int_0^t RT \mathrm{d}T = \frac{1}{2}Rt$，于是 t 时间内的总存储费用为 $\frac{1}{2}RtC_1 t = \frac{1}{2}C_1 Rt^2$。

将上述各项费用相加，可得 t 时间内的总费用为 $C_3 + KRt + \frac{1}{2}C_1 Rt^2$。于是，单位时间的总费用（即 t 时间内的总平均费用）为

$$C(t) = \frac{1}{t}(C_3 + KRt + \frac{1}{2}Rt^2 C_1) \\ = \frac{C_3}{t} + KR + \frac{1}{2}RtC_1 \tag{7.1}$$

对于该模型，只有 t 为未知参数，求出使得 $C(t)$ 取最小值的 t，即可得到最优存储策略。令

$$\frac{\mathrm{d}C(t)}{\mathrm{d}t} = -\frac{C_3}{t^2} + \frac{1}{2}RC_1 = 0 \tag{7.2}$$

可得

$$t_0 = \sqrt{\frac{2C_3}{C_1 R}} \tag{7.3}$$

进一步，可以求得订货批量为

$$Q_0 = Rt_0 = \sqrt{\frac{2C_3 R}{C_1}} \tag{7.4}$$

根据式(7.3)和式(7.4)，不允许缺货且补充时间很短的确定性存储模型的最佳存储策略为每隔 $t_0 = \sqrt{\frac{2C_3}{C_1 R}}$ 时间订货一次，每次的订货批量为 $Q_0 = \sqrt{\frac{2C_3 R}{C_1}}$。

式(7.4)即著名的**经济订购批量公式**，简称 EOQ 公式。由于 Q_0、t_0 均与价格 K 无关，因此物品的单位订购价格与订购数量无关时，在费用函数中可以略去该项费用。于是，单位时间的总费用（即 t 时间内的总平均费用）公式(7.1)可以改写为

$$C(t) = \frac{C_3}{t} + \frac{1}{2}C_1 Rt \tag{7.5}$$

将 $t_0 = \sqrt{\frac{2C_3}{C_1 R}}$ 代入式(7.5)，可得不考虑物品订购价格的最佳费用（单位时间的最少总费用）为

$$\min C(t) = C(t_0) = \sqrt{2C_1 C_3 R} \tag{7.6}$$

根据式(7.5)，可以绘制单位时间内的存储费、订购费和总费用曲线，如图 7.3 所示。

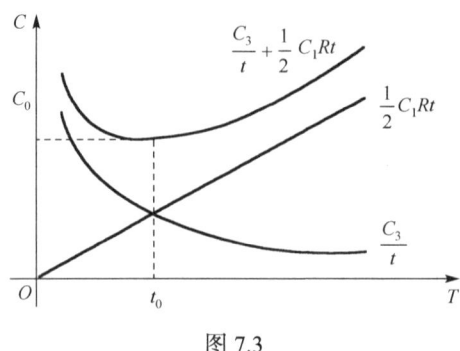

图 7.3

【例 7.1】 某工厂每年需要某种原材料 1000 单位，不需每日供应，但不得缺货。已知每单位该材料每年的存储费用为 1.25 元，每次订购费用为 5 元，订货提前期为 5 天。试求该材料的最佳订购批量，并确定最佳存储策略。

解：由题目已知，$C_1 = 1.25$ 元/单位·年，$C_3 = 5$ 元/次，$R = 1000$ 单位/年，可得最佳订购批量为

$$Q^* = \sqrt{\frac{2C_3R}{C_1}} = \sqrt{\frac{2 \times 5 \times 1000}{1.25}} \text{单位} = \sqrt{8000} \text{单位} = 89.4 \text{单位}$$

最佳订购周期为

$$t^* = \sqrt{\frac{2C_3}{C_1R}} = \frac{Q^*}{R} = \frac{89.4}{1000} \text{年} = 0.0894 \text{年} = \frac{89.4}{1000} \times 365 \text{天} = 32.6 \text{天}$$

根据 EOQ 公式计算出的最佳订购周期和订购批量经常会包含小数，应该取整。在本例中，可以取 $t_1 = 32$ 天或 $t_2 = 33$ 天，比较 $C(32)$ 和 $C(33)$ 的大小，再决定最佳订购周期。根据式(7.5)，有

$$C(32) = \frac{C_3}{t} + \frac{1}{2}C_1Rt = \left(\frac{5}{32 \div 365} + \frac{1}{2} \times 1.25 \times 1000 \times \frac{32}{365}\right) \text{元/天} \approx 111.8258 \text{元/天}$$

$$C(33) = \frac{C_3}{t} + \frac{1}{2}C_1Rt = \left(\frac{5}{33 \div 365} + \frac{1}{2} \times 1.25 \times 1000 \times \frac{33}{365}\right) \text{元/天} \approx 111.8099 \text{元/天}$$

因为 $C(32) > C(33)$，所以该工厂的最佳订购周期为 33 天。进一步还可以求出最佳订购批量以及再订货点。

本例中，也可以取 $Q_1 = 89$ 单位或 $Q_2 = 90$ 单位，分别计算单位物品的最少费用。根据 7.2.4 小节中的公式(7.17)可得

$$C(89) = \frac{1}{2}C_1\frac{Q}{R} + \frac{C_3}{Q} = \left(\frac{1}{2} \times 1.25 \times \frac{89}{1000} + \frac{5}{89}\right) \text{元/单位} = 0.111805 \text{元/单位}$$

$$C(90) = \frac{1}{2}C_1\frac{Q}{R} + \frac{C_3}{Q} = \left(\frac{1}{2} \times 1.25 \times \frac{90}{1000} + \frac{5}{90}\right) \text{元/单位} = 0.111806 \text{元/单位}$$

因为 $C(89) < C(90)$，所以该工厂的最佳订购批量为 89 单位。

在实践中，可以采取每隔固定周期 t_0(本例中为 33 天)订一次货的存储策略，这样的订货

策略称为定时订货;也可以采取每当存储降至安全库存时提前订货,称为定点订货。本例中的订货提前期为5天,5天的需求量为13.7单位,即每当存储降至14单位(也称订货点或订购点)时组织一次订货,批量为89单位。在EOQ模型中,每次订货量保持不变,这样的存储策略称为定量订货。

7.2.2 不许缺货、补充需一定时间的存储模型

在经济订货批量模型中,存储可以瞬时得到补充,该假设在实践中经常难以满足。与EOQ存储模型的存储瞬时补充假设不同,本小节所介绍的存储模型假设存储的补充需要一定时间,而其余假设条件与EOQ模型完全相同。

在不许缺货、补充需一定时间的存储模型中,假设最初的存储量为零,生产批量为Q,生产速度为P,则所需要的生产时间为$T=Q/P$。

和EOQ模型一样,假设需求速度为R。显然,生产速度应该大于需求速度,即$R<P$。生产的产品一部分用于满足需求,剩余的部分则作为存储。经过T时间的生产,存储量达到最大,即$(P-R)T$,不再继续生产,存储量将随着需求而不断减少。数量为$(P-R)T$的存储量经过$(P-R)T/R$时间的消耗或使用后降至零,这时又需要组织生产,如图7.4所示。

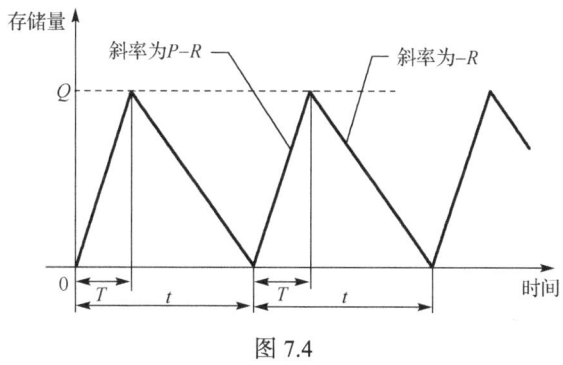

图7.4

在$[0, T]$区间内,存储量由0开始以$P-R$的速度增加;在$[T, t]$区间内,存储量以R的速度减少,直到存储变为0。

显然,$[0, t]$周期内的存储使用量等于其生产量,即$PT = Rt$。于是,可以求出$T = Rt/P$。t时间内的最大存储量为$(P-R)T = R(t-T)$,t时间内的平均存储量为$\frac{1}{2}(P-R)T = \frac{1}{2}Rt\frac{P-R}{P}$。

分析$[0, t]$一个周期内的各项费用(t时间内的费用):存储费$\frac{1}{2}Rt\frac{P-R}{P}C_1 t = \frac{1}{2}C_1 Rt^2\frac{P-R}{P}$和生产费$C_3$。

将上述各项费用相加,可得t时间内的总费用为$C_3 + \frac{1}{2}C_1 Rt^2\frac{P-R}{P}$。于是,单位时间的总费用(即$t$时间内的总平均费用)为

$$C(t) = \frac{1}{t}\left(C_3 + \frac{1}{2}Rt^2 C_1 \frac{P-R}{P}\right) \\ = \frac{C_3}{t} + \frac{1}{2}RtC_1\frac{P-R}{P} \qquad (7.7)$$

式(7.7)中只有 t 为未知参数，求出使得 $C(t)$ 取最小值的 t，即可得到最优存储策略。令

$$\frac{dC(t)}{dt} = -\frac{C_3}{t^2} + \frac{1}{2}RC_1\frac{P-R}{P} = 0 \tag{7.8}$$

可得

$$t_0 = \sqrt{\frac{2C_3}{C_1R}\cdot\frac{P}{P-R}} \tag{7.9}$$

式(7.9)即为不许缺货、补充需一定时间的存储模型的最佳周期，即每隔 t_0 时间补充一次存储(组织一次生产)。

进一步，可以求得生产批量为

$$Q_0 = Rt_0 = \sqrt{\frac{2C_3R}{C_1}\cdot\frac{P}{P-R}} \tag{7.10}$$

单位时间的最少总费用为

$$\min C(t) = C(t_0) = \sqrt{2C_1C_3R\cdot\frac{P-R}{P}} \tag{7.11}$$

还可以求出一个周期内的最大存储量

$$S_0 = Q_0 - RT_0 = Q_0 - Rt_0\cdot\frac{R}{P} = Q_0\cdot\frac{P-R}{P}$$

将不许缺货、补充需一定时间的存储模型的存储策略与经济订货批量模型相比(见表7.1)，可以发现二者只相差一个因子。显然，当存储的补充速度无穷大时，两个模型完全等价。当存储的补充需要一定时间时，订货周期和订货批量都比存储瞬时可补更大，而单位时间总费用、最大存储量则比存储瞬时可补更小。

表7.1

	不许缺货、缺货可瞬时补充	不许缺货、补充需一定时间
订货周期	$t_0 = \sqrt{\dfrac{2C_3}{C_1R}}$	$t_0 = \sqrt{\dfrac{2C_3}{C_1R}\cdot\dfrac{P}{P-R}}$
订货批量	$Q_0 = \sqrt{\dfrac{2C_3R}{C_1}}$	$Q_0 = \sqrt{\dfrac{2C_3R}{C_1}\cdot\dfrac{P}{P-R}}$
最大存储量	$S_0 = Q_0$	$S_0 = Q_0\cdot\dfrac{P-R}{P}$
单位时间总费用	$C(t_0) = \sqrt{2C_1C_3R}$	$C(t_0) = \sqrt{2C_1C_3R\cdot\dfrac{P-R}{P}}$

【例7.2】 某工厂每天需要某种产品40件，而且不得缺货。已知产品的生产率为100件/天，每次生产需要花费的生产准备费用为500元，每件产品每年的存储费用为36.5元。试求该产品的最佳生产批量。

解： 根据题意可知，$C_1 = 36.5$ 元/件·年 $= 0.1$ 元/件·天，$C_3 = 500$ 元/次，$R = 50$ 件/天，$P = 100$ 件/天，可得最佳生产批量为

$$Q^* = \sqrt{\frac{2C_3R}{C_1}\cdot\frac{P}{P-R}} = \sqrt{\frac{2\times 500\times 50}{0.1}\times\frac{100}{100-50}} \text{ 件} = 1000 \text{ 件}$$

7.2.3 允许缺货、存储瞬时可补的存储模型

7.2.1 小节和 7.2.2 小节中介绍的存储模型都假定不允许缺货，而本小节所介绍的存储模型允许缺货，并且把缺货损失量化后建立模型。由于允许缺货，当存储量降至零时，可以不必马上订货以补充存储，而可以继续等待一段时间。因此，允许缺货也就意味着订货周期延长（即订货次数减少），于是导致订货费减少，存储费也减少（缺货时不需要存储费）。另外，允许缺货还意味着需要额外承担因为缺货而产生的损失（也即缺货费）。在实践中，允许缺货的存储模型中缺货损失通常比较小。试想，如果缺货费无穷大，则该模型与 7.2.1 小节中的经济订购批量模型完全相同了。

允许缺货、存储瞬时可补的存储模型除了允许缺货外，其余假设条件与 7.2.1 小节中的经济订购批量模型相同。假设单位存储费为 C_1，每次订货费为 C_3，单位缺货费（单位物品单位时间的缺货损失）为 C_2，需求速度为 R。

假设最初的存储量为 S（该模型每个周期的最大存储量），可以满足 τ 时间的需求，显然有 $\tau = S/R$。τ 时间的平均存储量为 $\frac{1}{2}S$。在 $t-\tau$ 时间，存储量为零，平均缺货量为 $\frac{1}{2}R(t-\tau)$，如图 7.5 所示。

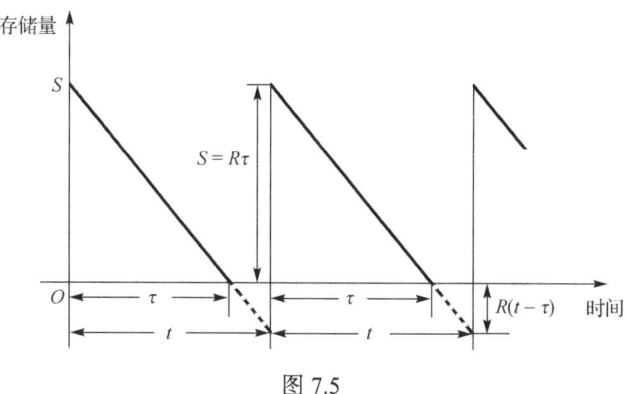

图 7.5

可以计算出每个存储周期内的有关费用如下：存储费 $C_1 \frac{1}{2} S\tau = \frac{1}{2}C_1 \frac{S^2}{R}$；缺货费 $C_2 \frac{1}{2} R(t-\tau)^2 = \frac{1}{2} C_2 \frac{(Rt-S)^2}{R}$；订货费 C_3（每个周期订货一次）；总费用 $\frac{1}{2}C_1 \frac{S^2}{R} + \frac{1}{2}C_2 \frac{(Rt-S)^2}{R} + C_3$。总平均费用（即单位时间的总费用）为

$$C(t,S) = \frac{1}{t}\left[\frac{1}{2}C_1 \frac{S^2}{R} + \frac{1}{2}C_2 \frac{(Rt-S)^2}{R} + C_3\right]$$

$$= \frac{1}{t}\left[C_1 \frac{S^2}{2R} + C_2 \frac{(Rt-S)^2}{2R} + C_3\right]$$

$C(t,S)$ 中含有两个变量，利用多元函数极值求法，分别对 t 和 S 求偏导数并令偏导数取值为零，可以求得 $C(t,S)$ 的极小值。

令 $\dfrac{\partial C(t,S)}{\partial S} = \dfrac{1}{t}\left[C_1\dfrac{S}{R} - C_2\dfrac{(Rt-S)}{R}\right] = 0$，可求得 $C_1 S - C_2(Rt-S) = 0$，即

$$S = \dfrac{C_2 Rt}{C_1 + C_2} \tag{7.12}$$

令 $\dfrac{\partial C(t,S)}{\partial t} = -\dfrac{1}{t^2}\left[C_1\dfrac{S^2}{2R} + C_2\dfrac{(Rt-S)^2}{2R} + C_3\right] + \dfrac{1}{t}\left[C_2(Rt-S)\right] = 0$，可求得

$$-C_1\dfrac{S^2}{2} - C_2\dfrac{(Rt-S)^2}{2} - C_3 R + tR[C_2(RT-S)] = 0$$

将式(7.12)代入上式，可消去 S，求得

$$t_0 = \sqrt{\dfrac{2C_3}{C_1 R} \cdot \dfrac{C_1 + C_2}{C_2}} \tag{7.13}$$

将式(7.13)代入式(7.12)，可求得

$$S_0 = \sqrt{\dfrac{2C_3 R}{C_1} \cdot \dfrac{C_2}{C_1 + C_2}} \tag{7.14}$$

将式(7.13)和式(7.14)代入 $C(t,S)$，可求得

$$\min C(t,S) = C(t_0, S_0) = \sqrt{2C_1 C_3 R \cdot \dfrac{C_2}{C_1 + C_2}} \tag{7.15}$$

还可以求出最佳订购批量(每个周期内的需求量)为

$$Q_0 = Rt_0 = \sqrt{\dfrac{2RC_3}{C_1} \cdot \dfrac{C_1 + C_2}{C_2}}$$

当 $C_2 \to \infty$ 时(即不允许缺货)，有

$$t_0 = \sqrt{\dfrac{2C_3}{C_1 R} \cdot \dfrac{C_1 + C_2}{C_2}} \to \sqrt{\dfrac{2C_3}{C_1 R}}$$

$$S_0 = \sqrt{\dfrac{2C_3 R}{C_1} \cdot \dfrac{C_2}{C_1 + C_2}} \to \sqrt{\dfrac{2C_3 R}{C_1}}$$

$$C_0(t_0, S_0) = \sqrt{2C_1 C_3 R \cdot \dfrac{C_2}{C_1 + C_2}} \to \sqrt{2C_1 C_3 R}$$

分别与式(7.3)、式(7.4)和式(7.6)的形式相同。

可以发现，由于 $\dfrac{C_1 + C_2}{C_2} > 1$，相对于不许缺货的存储模型而言，允许缺货情况下的订货周期更长，订购批量更大；又由于 $\dfrac{C_2}{C_1 + C_2} < 1$，相对于不许缺货的存储模型而言，允许缺货情况下的最大存储量更小。每个周期的订购批量 Q_0 和最大存储量 S_0 之间的差值，即每个周期的最大缺货量为

$$Q_0 - S_0 = \sqrt{\frac{2RC_3}{C_1} \cdot \frac{C_1 + C_2}{C_2}} - \sqrt{\frac{2RC_3}{C_1} \cdot \frac{C_2}{C_1 + C_2}}$$

$$= \sqrt{\frac{2RC_3}{C_1}} \left(\sqrt{\frac{C_1 + C_2}{C_2}} - \sqrt{\frac{C_2}{C_1 + C_2}} \right)$$

$$= \sqrt{\frac{2RC_3 C_1}{C_2(C_1 + C_2)}}$$

将允许缺货和不许缺货情况下的存储策略进行对比，可以发现二者之间仅相差了一个系数，见表 7.2。

表 7.2

	不许缺货、缺货可瞬时补充	允许缺货、缺货可瞬时补充
订货周期	$t_0 = \sqrt{\dfrac{2C_3}{C_1 R}}$	$t_0 = \sqrt{\dfrac{2C_3}{C_1 R} \cdot \dfrac{C_1 + C_2}{C_2}}$
订货批量	$Q_0 = \sqrt{\dfrac{2C_3 R}{C_1}}$	$Q_0 = \sqrt{\dfrac{2RC_3}{C_1} \cdot \dfrac{C_1 + C_2}{C_2}}$
最大存储量	$S_0 = Q_0$	$S_0 = Q_0 \cdot \dfrac{C_2}{C_1 + C_2}$
单位时间总费用	$C(t_0) = \sqrt{2C_1 C_3 R}$	$C(t_0, S_0) = \sqrt{2C_1 C_3 R \cdot \dfrac{C_2}{C_1 + C_2}}$

7.2.4 有价格折扣的存储模型

前面所讨论的存储模型中，所存储物品的购买价格均为常量，即式(7.1)中的价格 K 为常数，因此，得出的最佳订购批量和最佳订货周期都与价格 K 无关。然而，实际中商品的购买价格经常与所购买的数量有关，特别地，当购买数量达到一定规模时，买方往往可以享受一定的折扣。本小节所讨论的存储模型将考虑商品价格折扣问题，即有价格折扣的存储模型。

除存储物品的单价与购买数量有关之外，有价格折扣的存储模型的假设与经济订购批量模型完全相同。

假设物品的单价为 $K(Q)$，物品价格与购买数量的关系由以下的分段函数表示（如图 7.6 所示）：

$$K(Q) = \begin{cases} K_1 & 0 \leqslant Q < Q_1 \\ K_2 & Q_1 \leqslant Q < Q_2 \\ K_3 & Q_2 \leqslant Q \end{cases} \quad (7.16)$$

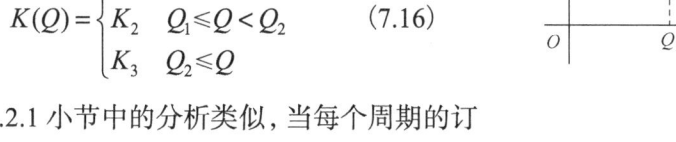

图 7.6

与 7.2.1 小节中的分析类似，当每个周期的订购批量为 Q 时，一个周期内的总费用（包括商品购买费、商品存储费、商品订购费）为

$$C_3 + K(Q)Q + \frac{1}{2} C_1 Q \frac{Q}{R}$$

每单位物品的费用 $C(Q)$ 为

$$C(Q) = \frac{1}{Q}\left(C_3 + K(Q)Q + \frac{1}{2}C_1Q\frac{Q}{R}\right)$$
$$= \frac{1}{2}C_1\frac{Q}{R} + \frac{C_3}{Q} + K(Q) \quad (7.17)$$

注意式(7.17)与式(7.1)的差异!

式(7.17)为分段函数,可以进一步表示为

$$
\begin{cases}
C^{\mathrm{I}}(Q) = \frac{1}{2}C_1\frac{Q}{R} + \frac{C_3}{Q} + K_1 & 0 < Q \leq Q_1 \\
C^{\mathrm{II}}(Q) = \frac{1}{2}C_1\frac{Q}{R} + \frac{C_3}{Q} + K_2 & Q_1 \leq Q < Q_2 \\
C^{\mathrm{III}}(Q) = \frac{1}{2}C_1\frac{Q}{R} + \frac{C_3}{Q} + K_3 & Q_2 \leq Q
\end{cases}
\quad (7.18)
$$

利用高等数学的相关知识,式(7.17)的极小值可以用以下步骤求得。

(1)不考虑定义域,对 $C(Q)$ 求一阶导数,得到一个极值点 Q_0。

(2)若 $Q_0 < Q_1$,则分别计算 $C(Q_0)$、$C(Q_1)$ 和 $C(Q_2)$,由 $\min[C(Q_0),C(Q_1),C(Q_2)]$ 得到最佳订购批量 Q^*。

(3)若 $Q_1 \leq Q_0 < Q_2$,则分别计算 $C(Q_0)$ 和 $C(Q_2)$,由 $\min[C(Q_0),C(Q_2)]$ 得到最佳批量 Q^*。

(4)若 $Q_2 \leq Q_0$,则最佳批量 $Q^* = Q_0$。

总之,对于式(7.17)或式(7.18)而言,该函数的极值点为驻点和分段点,比较各极值点的单位物品的费用大小,即可求出有价格折扣存储模型的最佳订购批量。

以上寻找最佳订购批量的过程,还可以很容易地推广到价格折扣有三个以上等级的情况,这里不再赘述。

【例7.3】 某工厂每年需要某种产品10 000件,而且不得缺货。已知每件产品每年的存储费为100元,每次订购费为200。产品的订购价格有折扣(单位:元):

$$K(Q) = \begin{cases} 100 & 0 \leq Q < 150 \\ 95 & 150 \leq Q < 300 \\ 90 & 300 \leq Q \end{cases}$$

试求该产品的最佳订购批量。

解: 根据题意可知,$C_1 = 100$ 元/件·年,$C_3 = 200$ 元/次,$R = 10\,000$ 件/年。利用 EOQ 公式计算得

$$Q_0 = \sqrt{\frac{2C_3R}{C_1}} = \sqrt{\frac{2 \times 200 \times 10\,000}{100}} \text{ 件} = 200 \text{ 件}$$

根据式(7.18)分别计算每次订购200件和300件产品时的单位商品所需费用:

$$C(200) = \left(\frac{1}{2} \times 100 \times \frac{200}{10\,000} + \frac{200}{200} + 95\right) \text{元/件} = 97 \text{元/件}$$

$$C(300) = \left(\frac{1}{2} \times 100 \times \frac{300}{10\,000} + \frac{200}{300} + 90\right) \text{元/件} = 92.17 \text{元/件}$$

因为 $C(200) > C(300)$,所以最佳订购批量为 $Q^* = 300$ 件。

7.3 随机性存储模型

随机性存储模型的重要特点是需求为随机的，其概率分布包括离散型和连续型两种。

报童问题是需求为离散型的随机存储模型。报童每天的售报数量是一个随机变量。已知报童每售出一份报纸可以赚 k 元，而每份当天没售出的报纸赔 h 元。假设报童每日售出报纸份数 r 的概率 $P(r)$ 分布已知，问报童每日准备多少份报纸最佳？

从获利最大的角度来考虑报童问题，即报童应订购多少份报纸才能使获利的数学期望值最大。

假设报童订购的报纸数量为 Q，获利的数学期望值为 $C(Q)$。

当 $r \leq Q$ 时，报童只能售出 r 份报纸，每份可以赚取 k 元，共赚 kr 元；没有售出的报纸为 $Q-r$ 份，每份赔 h 元，共赔 $h(Q-r)$ 元。此时，赢利的期望值为

$$\sum_{r=0}^{Q}[kr-h(Q-r)]P(r)$$

当 $r > Q$ 时，对报纸的需求大于报童的可销售数量，无滞销损失，此时，报童赢利的期望值为

$$\sum_{r=Q+1}^{\infty}kQP(r)$$

根据以上分析，报童赢利的数学期望为

$$\begin{aligned}C(Q)&=\sum_{r=0}^{Q}[kr-h(Q-r)]P(r)+\sum_{r=Q+1}^{\infty}kQP(r)\\&=\sum_{r=0}^{Q}krP(r)-\sum_{r=0}^{Q}h(Q-r)P(r)+\sum_{r=Q+1}^{\infty}kQP(r)\end{aligned} \quad (7.19)$$

使式 (7.19) 为极大值的 Q 应满足：① $C(Q+1) \leq C(Q)$；② $C(Q-1) \leq C(Q)$。

由条件①推导得

$$k\sum_{r=0}^{Q+1}rP(r)-h\sum_{r=0}^{Q+1}(Q+1-r)P(r)+k\sum_{r=Q+2}^{\infty}(Q+1)P(r)$$
$$\leq k\sum_{r=0}^{Q}rP(r)-h\sum_{r=0}^{Q}(Q-r)P(r)+k\sum_{r=Q+1}^{\infty}QP(r)$$

化简后可得

$$kP(Q+1)-h\sum_{r=0}^{Q}P(r)+k\sum_{r=Q+2}^{\infty}P(r)\leq 0$$

进一步化简得

$$k\left[1-\sum_{r=0}^{Q}P(r)\right]-h\sum_{r=0}^{Q}P(r)\leq 0$$

$$\sum_{r=0}^{Q} P(r) \geqslant \frac{k}{k+h}$$

同理,从条件②可以求得

$$\sum_{r=0}^{Q-1} P(r) \leqslant \frac{k}{k+h}$$

用不等式

$$\sum_{r=0}^{Q-1} P(r) \leqslant \frac{k}{k+h} \leqslant \sum_{r=0}^{Q} P(r)$$

确定报童最佳订购量 Q 的值。

7.4 存储模型的应用案例及软件求解

7.4.1 用 Excel 求解经济订购批量问题

前面所介绍的有关存储模型及相应的存储策略,都是在严格的假设条件下才成立的,然而现实生活中严格满足这些条件的情况十分少见。因此,这些存储模型在实际中应用时还需要适当修改。本小节结合 Excel 软件讨论实际中一类存储问题的优化方法。

【例 7.4】 某公司因为日常使用需要采购甲、乙、丙、丁四种物资,物资采购有价格折扣,不许缺货。每种物资的消耗速度、供应能力、存储费、订货费、采购价格等信息见表 7.3。试制定该公司的最优存储策略。

表 7.3

	符　号	甲	乙	丙	丁
年需求量	D	18 000	36 000	36 000	54 000
单位物资的年存储费	C_1	4	8	8	16
每次订货费	C_3	25	25	50	25
物资的每日供应能力	P	200	200	200	200
物资单价	K	10	20	30	30
价格折扣条件		≥500	≥600	≥700	≥800
折扣率	dis	5%	5%	5%	5%

解:考虑到订购的物资不可能一次到达,本例假设每种物资以不同的供应速度陆续入库,因此,每次采购物资都需要设置一定的提前期。假设某种物资的采购批量为 Q,则该采购批量物资全部到达需要的时间为 Q/P,即订货的提前期。

由题目已知,每日对物资的需求量为 $R = D/360$。于是,可以求得订货提前期内的物资使用量为 RQ/P。

因为物资一边使用一边供应,所以每种物资的最大存储量为 $Q - RQ/P$,平均存储量为 $(Q - RQ/P)/2$。年存储费用为 $C_1(Q - RQ/P)/2$,年订货费用为 $C_3 D/Q$,年采购费用为 $KD(1-\mathrm{dis})$。

于是，考虑采购数量折扣和存储陆续到达的多种物资年存储费为

$$C = \sum (\text{存储费} + \text{订购费} + \text{采购费})$$
$$= \sum [C_1(Q-RQ/P)/2 + C_3 D/Q + KD(1-\text{dis})]$$

接下来，用 Excel 软件的规划求解功能进行该问题的实际求解。

(1) 输入基础数据，建立模型。新建一个 Excel 工作簿，输入基础数据，如图 7.7 所示。

	A	B	C	D	E
1	考虑价格折扣和存储陆续到达的多种物资订购批量优化模型				
2					
3	物资名称	甲	乙	丙	丁
4	物资年需求量 D	18 000	36 000	36 000	54 000
5	每次订货费 C_3	25	25	50	25
6	单位物资的年存储费 C_1	4	8	8	16
7	物资的每日供应能力 P	200	200	200	200
8	物资的每日耗用量 R	=B4/360	=C4/360	=D4/360	=E4/360
9	折扣率 dis	0.05	0.05	0.05	0.05
10	物资单价 K	10	20	30	30
11					

图 7.7

(2) 求解分析区域的公式定义。编辑并输入存储模型有关费用的函数，公式定义如图 7.8 所示(为了便于理解,这里的价格折扣公式做了简便处理,实际中可以参照理论模型对其进行修改)。

单元格 "B13"、"C13"、"D13" 和 "E13" 中就是待优化的经济订购批量。

	A	B	C	D	E
12	物资名称	甲	乙	丙	丁
13	最优订货批量 Q				
14	年采购费用	=B4*B10*(1-B9)	=C4*C10*(1-C9)	=D4*D10*(1-D9)	=E4*E10*(1-E9)
15	年订货费用	=B4/B13*B5	=C4/C13*C5	=D4/D13*D5	=E4/E13*E5
16	年存储费用	=(B13-B13*B7/B8)/2*B6	=(C13-C13*C7/C8)/2*C6	=(D13-D13*D7/D8)/2*D6	=(E13-E13*E7/E8)/2*E6
17	年总费用	=B14+B15+B16	=C14+C15+C16	=D14+D15+D16	=E14+E15+E16
18	多物资总费用	=B17+C17+D17+E17			
19	每年最佳订货次数	=B4/B13	=C4/C13	=D4/D13	=E4/E13
20	最佳订货周期（天）	=360/B19	=360/C19	=360/D19	=360/E19
21					

图 7.8

在 Excel 的工具菜单中选择"规划求解"命令，对目标单元格、可变单元格的设置如图 7.9 所示。因为希望使得总费用最小，所以目标单元格的"等于"选项为"最小值"。

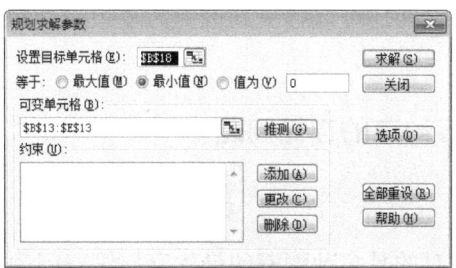

图 7.9

根据价格折扣条件，依次设置 4 个相应的约束条件，如图 7.10 和图 7.11 所示。

图 7.10 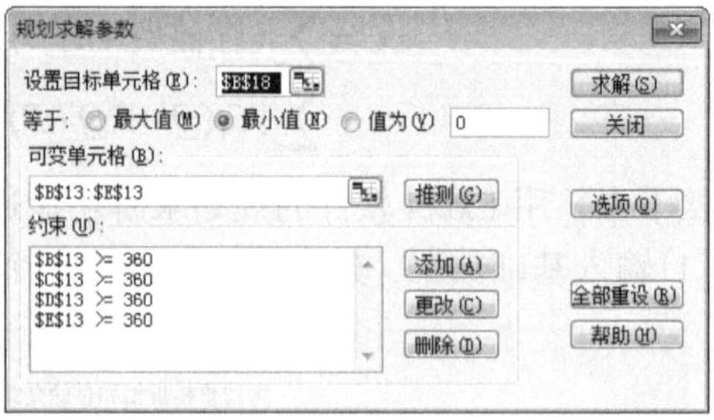　　　　　　　　　　　　图 7.11

（3）模型求解。应用 Excel 的规划求解功能处理本问题时，需要注意不可选择"采用线性模型"复选框，如图 7.12 所示。

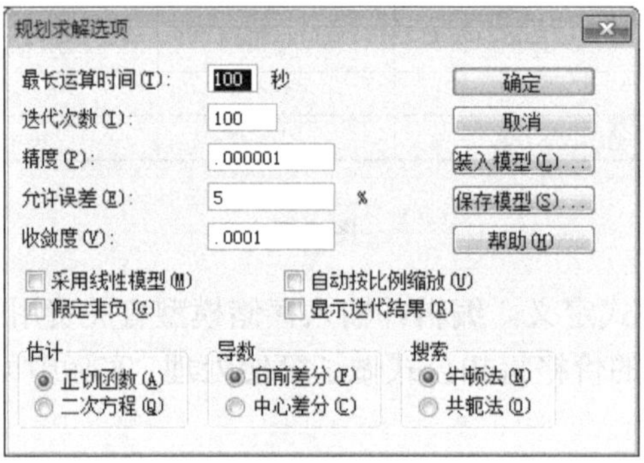

图 7.12

最终求解结果如图 7.13 所示。

	A	B	C	D	E
12	物资名称	甲	乙	丙	丁
13	最优订货批量 Q	547.6285015	670.7431941	948.7191623	821.5459898
14	年采购费	171000	684000	1026000	1539000
15	年订货费	821.7249445	1341.795202	1897.29487	1643.243369
16	年存储费	821.4427522	1341.486388	1897.438325	1643.09198
17	年总费用	172643.1677	686683.2816	1029794.733	1542286.335
18	多物资总费用	3431407.518			
19	每年最佳订货次数	32.86899778	53.6718081	37.94589741	65.72973476
20	最佳订货周期（天）	10.95257003	6.707431941	9.487191623	5.476973265

图 7.13

利用 Excel 的规划求解功能还可以解决其他更为复杂的存储问题，有兴趣的读者可以进一步查阅相关资料。

7.4.2　有资金与库容约束的存储问题

1．问题的背景

在实践中，企业经常面对的是多种物资的最优存储策略问题。每种物资有不同的订购价格，需求量也不同。这些物资到达后，不一定马上使用或消耗，因此需要占用一定库存，于是会产生一定的存储费。存储物资不仅会占用大量的流动资金(主要是物资的订货成本以及订购费和存储费),而且还会占用一定的仓库容量。由于资金和仓储能力有限,如何利用有限的资金和仓储能力,在满足对存储使用需求的情况下,确定各种物资的最佳存储(订货)策略,就是有资金和库容约束的经济订购批量存储问题。

2. 问题的提出

【例 7.5】 为了使生产经营顺利进行,某公司需要订购 5 种物资。根据实际情况,该公司对物资的需求和存储补充模式可以看作周期性补充、均匀消耗和不允许缺货的确定性存储模型。已知该公司的最大存储能力 W_T 为 1500m^3,每次订货占用流动资金的上限 J 为 40 万元,每次订货费 C_3 为 1000 元。这 5 种物资的年需求量 R_i、物资采购单价 K_i、单位存储费 C_{1i} 和单位物资占用库容 W_i 见表 7.4。请求出该公司的最佳存储策略,即各种物资的年订货次数、订货批量和总费用分别是多少。

表 7.4

物资 i	年需求量 R_i/(件/年)	单价 K_i/(元/件)	存储费 C_{1i}/(元/件·年)	单位物质占用库容 W_i/(m^3/件)
1	600	300	60	1.0
2	900	1000	200	1.5
3	2400	500	100	0.5
4	12 000	500	100	2.0
5	18 000	100	20	1.0

3. 问题的分析

例 7.5 是一个很有代表性的带有资金和库容约束的经济订购批量存储问题。该种问题可以分为允许缺货和不许缺货两种情况,例 7.5 为不许缺货的情形。有资金和库容约束的经济订购批量问题比传统的经济订购批量存储模型更为复杂。下面将用整数非线性规划对该问题进行建模,并使用 Lingo 软件对该问题进行求解。

4. 问题的建模

用 N_i 表示第 i($i=1,2,\cdots,5$)种物资的年订货次数,每次的订货批量为 Q_i,则

物资 i 的年订货次数为 $N_i = \dfrac{R_i}{Q_i}$;物资 i 的年存储费用为 $\dfrac{1}{2}Q_iC_{1i}$;物资 i 的年订货费用为 $N_iC_3 = \dfrac{C_3 D_i}{Q_i}$;物资 i 的购买费用,即物资 i 每次订货的流动资金占用为 K_iQ_i;物资 i 的最大库容占用为 W_iQ_i。

根据题意,可以建立如下的数学模型:

$$\min C = \sum_{i=1}^{5}\left(\frac{1}{2}C_{1i}Q_i + \frac{C_3 R_i}{Q_i}\right)$$

$$\text{s.t.} \begin{cases} \sum_{i=1}^{5} K_i Q_i \leq J \\ \sum_{i=1}^{5} W_i Q_i \leq W_T \\ N_i = R_i / Q_i \quad (i=1,2,\cdots,5) \\ N_i \geq 0, Q_i \geq 0 \quad (i=1,2,\cdots,5) \end{cases}$$

该模型为整数非线性规划模型，可以用 Lingo 软件求解。

5. 模型的求解

用 Lingo 软件对上述数学模型进行求解，Lingo 程序如下：

```
MODEL:
sets:
num_i/1..5/: C_1, R, K, W, Q, N;
endsets
min=@sum(num_i: 0.5*C_1*Q+C_3*R/Q);
@sum(num_i: K*Q)<=J;
@sum(num_i: W*Q)<=W_T;
@for(num_i: N=R/Q; @gin(N));
data:
C_3 = 1000;
R = 600, 900, 2400, 12000, 18000;
K = 300, 1000, 500, 500, 100;
C_1 = 60, 200, 100, 100, 20;
W = 1.0, 1.5, 0.5, 2.0, 1.0;
J = 400000;
W_T = 1500;
enddata
END
```

Lingo 求解结果如下：

```
Local optimal solution found.
  Objective value:                          142272.8
  Objective bound:                          142272.8
  Infeasibilities:                      0.2740781E-04
  Extended solver steps:                         212
  Total solver iterations:                      8468

              Variable         Value       Reduced Cost
                   C_3      1000.000           0.000000
                     J      400000.0           0.000000
                   W_T      1500.000           0.000000
                C_1(1)      60.00000           0.000000
                C_1(2)      200.0000           0.000000
                C_1(3)      100.0000           0.000000
                C_1(4)      100.0000           0.000000
                C_1(5)      20.00000           0.000000
                  R(1)      600.0000           0.000000
                  R(2)      900.0000           0.000000
                  R(3)      2400.000           0.000000
                  R(4)      12000.00           0.000000
                  R(5)      18000.00           0.000000
```

第7章 存储论

K(1)	300.0000	0.000000
K(2)	1000.000	0.000000
K(3)	500.0000	0.000000
K(4)	500.0000	0.000000
K(5)	100.0000	0.000000
W(1)	1.000000	0.000000
W(2)	1.500000	0.000000
W(3)	0.5000000	0.000000
W(4)	2.000000	0.000000
W(5)	1.000000	0.000000
Q(1)	85.71395	0.000000
Q(2)	69.23077	0.000000
Q(3)	171.4286	0.000000
Q(4)	300.0000	0.000000
Q(5)	620.6897	0.000000
N(1)	7.000000	632.6530
N(2)	13.00000	467.4555
N(3)	14.00000	387.7550
N(4)	40.00000	625.0000
N(5)	29.00000	785.9691

Row	Slack or Surplus	Dual Price
1	142272.8	-1.000000
2	7271.795	0.000000
3	4.035960	0.000000
4	-0.2740781E-04	632.6530
5	0.000000	467.4555
6	0.000000	387.7550
7	-0.9112349E-07	625.0000
8	0.1412476E-06	785.9691

根据 Lingo 求解结果，得到的最佳存储策略见表 7.5。该公司每年的订购与存储总费用为 142 272.8 元，订货资金占用为 39.27 万元，流动资金剩余 7271.69 元，库容占用为 1496 m³，库容剩余为 4.04 m³。

表 7.5

物资 i	订货批量 Q_i/(件/次)	年订货次数 N_i/次
1	85.71395	7
2	69.23077	13
3	171.4286	14
4	300.0000	40
5	620.6897	29

注意到上述存储策略中，物资的订购批量不能取整，这显然与实际情况不同。为了避免该情况的产生，该模型还应增加订购批量 Q_i 取整数的约束。

对 Q_i 增加整数约束(num_i: N=R/Q; @gin(N); @gin(Q))后的 Lingo 计算结果如下：

```
Local optimal solution found.
Objective value:                       142500.0
Objective bound:                       142500.0
Infeasibilities:                       0.000000
Extended solver steps:                      208
Total solver iterations:                  31433

                     Variable           Value
                          C_3        1000.000
                            J        400000.0
                          W_T        1500.000
                       C_1(1)        60.00000
                       C_1(2)        200.0000
                       C_1(3)        100.0000
                       C_1(4)        100.0000
                       C_1(5)        20.00000
                         R(1)        600.0000
                         R(2)        900.0000
                         R(3)        2400.000
                         R(4)        12000.00
                         R(5)        18000.00
                         K(1)        300.0000
                         K(2)        1000.000
                         K(3)        500.0000
                         K(4)        500.0000
                         K(5)        100.0000
                         W(1)        1.000000
                         W(2)        1.500000
                         W(3)        0.5000000
                         W(4)        2.000000
                         W(5)        1.000000
                         Q(1)        100.0000
                         Q(2)        75.00000
                         Q(3)        160.0000
                         Q(4)        300.0000
                         Q(5)        600.0000
                         N(1)        6.000000
                         N(2)        12.00000
                         N(3)        15.00000
                         N(4)        40.00000
                         N(5)        30.00000

                          Row    Slack or Surplus
                            1        142500.0
                            2        5000.000
                            3        7.500000
```

4	0.000000
5	0.000000
6	0.000000
7	0.000000
8	0.000000

与上述求解结果对应的最佳存储策略见表 7.6。每年的订购与存储总费用为 142 500 元，订货资金占用为 39.5 万元，流动资金剩余 5000 元，库容占用为 1492.5 m³，库容剩余为 7.5 m³。

表 7.6

物资 i	订货批量 Q_i/(件/次)	年订货次数 N_i/次
1	100	6
2	75	12
3	160	15
4	300	40
5	600	30

注意：整数非线性规划的计算较慢，增加决策变量的整数约束条件后，计算时间明显增加。

6. 进一步的讨论

如果允许缺货，则上述数学模型不再适用。接下来进一步讨论允许缺货情形下的数学建模问题。

若允许缺货，则需考虑因为缺货而产生的损失。假设物资 i 的单位缺货损失 C_{2i} 已知，物资 i 的最大允许缺货量为 U_i，其他参数和记号与不许缺货情形相同，则允许缺货情况下的数学模型为

$$\min(TC) = \sum_{i=1}^{5}\left[\frac{C_{1i}(Q_i-U_i)^2}{2Q_i}+\frac{C_3 R_i}{Q_i}+\frac{C_{2i}U_i^2}{2Q_i}\right]$$

$$\text{s.t.}\begin{cases}\sum_{i=1}^{5}K_i Q_i \leqslant J \\ \sum_{i=1}^{5}W_i(Q_i-U_i) \leqslant W_T \\ N_i = R_i/Q_i \quad (i=1,2,\cdots,5) \\ N_i \geqslant 0, Q_i \geqslant 0 \quad (i=1,2,\cdots,5)\end{cases}$$

该模型为非线性整数规划模型。

假设物资 i 的缺货损失为存储费的 2 倍，即假设 $C_{2i}=2C_{1i}$，其余参数与例 7.5 相同，用 Lingo 软件对允许缺货情况下有资金和库容约束的经济订购批量存储问题进行求解，程序如下：

```
MODEL:
sets:
num_i/1..5/: C_1, R, K, W, C_2, Q, U, N;
endsets
min=@sum(num_i: 0.5*C_1*(Q-U)^2/Q+C_3*R/Q+0.5*C_2*U^2/Q);
@sum(num_i: K*Q)<=J;
```

```
@sum(num_i: W*(Q-U))<=W_T;
@for(num_i: N=R/Q; @gin(N); @gin(Q));
data:
C_3 = 1000;
R = 600, 900, 2400, 12000, 18000;
K = 300, 1000, 500, 500, 100;
C_1 = 60, 200, 100, 100, 20;
C_2 = 120, 400, 200, 200, 40;
W = 1.0, 1.5, 0.5, 2.0, 1.0;
J = 400000;
W_T = 1500;
enddata
END
```

Lingo 求解结果如下：

```
Local optimal solution found.
Objective value:                              125500.0
Objective bound:                              125500.0
Infeasibilities:                              0.000000
Extended solver steps:                             775
Total solver iterations:                       1044781


                              Variable           Value
                                   C_3        1000.000
                                     J        400000.0
                                   W_T        1500.000
                                C_1(1)        60.00000
                                C_1(2)        200.0000
                                C_1(3)        100.0000
                                C_1(4)        100.0000
                                C_1(5)        20.00000
                                  R(1)        600.0000
                                  R(2)        900.0000
                                  R(3)        2400.000
                                  R(4)        12000.00
                                  R(5)        18000.00
                                  K(1)        300.0000
                                  K(2)        1000.000
                                  K(3)        500.0000
                                  K(4)        500.0000
                                  K(5)        100.0000
                                  W(1)        1.000000
                                  W(2)        1.500000
                                  W(3)        0.5000000
                                  W(4)        2.000000
                                  W(5)        1.000000
```

C_2(1)	120.0000
C_2(2)	400.0000
C_2(3)	200.0000
C_2(4)	200.0000
C_2(5)	40.00000
Q(1)	75.00000
Q(2)	60.00000
Q(3)	150.0000
Q(4)	300.0000
Q(5)	900.0000
U(1)	25.00000
U(2)	20.00000
U(3)	50.00000
U(4)	100.0000
U(5)	300.0000
N(1)	8.000000
N(2)	15.00000
N(3)	16.00000
N(4)	40.00000
N(5)	20.00000

Row	Slack or Surplus
1	125500.0
2	2500.000
3	340.0000
4	0.000000
5	0.000000
6	0.000000
7	0.000000
8	0.000000

允许缺货情形下的最佳存储策略见表 7.7。每年的订购与存储总费用为 125 500 元，订货资金占用为 39.75 万元，流动资金剩余 2500 元，库容占用为 1160 m^3，库容剩余为 340 m^3。

表 7.7

物资 i	订货批量 Q_i/(件/次)	允许最大缺货量 U_i/件	年订货次数 N_i/次
1	75	25	8
2	60	20	15
3	150	50	16
4	300	100	40
5	900	300	20

就本例而言，比较允许缺货和不许缺货两种情形下的最优存储策略可以发现，两种情形下的资金占用差别不大，允许缺货情形下的库容占用比不许缺货情形下有较大幅度的下降。此外，允许缺货情形下的订购和存储费与不许缺货情形相比也有较为明显的下降。实际问题中因为牵涉因素较多，可以结合具体问题进行分析。

7.4.3 航空公司的超额预售策略问题

1. 问题的背景

机票超额预售(简称超售),简单来讲,就是卖的票比座位数量多,比如有 100 个座位,但是实际卖了 103 张票,各家航空公司都可能出现这种情况。正常情况下超售的概率还是比较小的,但是近几年也有不少旅客遭遇了机票超售,引发了一些民事纠纷。

航空公司为什么明知道可能坐不下,还要超额预售呢?原因在于,实际中总会有一些旅客订票、买票之后因为误机或有事不能成行而改变或者放弃行程,这样一来,就造成了航班座位虚耗。如果有更多旅客希望能买票搭乘航班,航空公司会在某些时段的某些航线,多卖一些票。一方面,航空公司是为了降低损失并获得更多收益;另一方面,也能满足更多旅客的出行需要。由此可能出现持票登机的旅客多于实际座位数的情况,这种情况下航空公司需要向不能登机的旅客做出一定补偿。实际中旅客有事误机或放弃登机的情况是不确定的,那么航空公司应该超额预售多少机票,才能使航空公司的损失最小(或收益最大)?这就是航空公司的超额预售策略问题。

2. 问题的提出

【例 7.6】 某航空公司执行两地的飞行任务。已知飞机的有效载客数为 150 人。假设旅客因有事或误机,机票可免费改签一次,此外也可在飞机起飞前退票。航空公司为了避免由此发生的损失,采用超量订票的方法,即每班售出票数大于飞机载客数。但由此会发生持票登机旅客多于座位数的情况,在这种情况下,航空公司支付给没有登机的超员旅客机票价的 20% 作为补偿。现假设两地的机票价为 1500 元,每位旅客有 0.04 的概率发生有事、误机或退票的情况。问航空公司应该多售出多少张机票才能使该公司的预期损失达到最小?

3. 问题的建模

该问题其实是一个随机存储问题。

假设飞机的有效载客数为 N,超订票数为 S(即售出票数为 $N+S$),k 为每个座位的盈利值,h 为超员旅客的补偿值。设随机变量 x 是购票未登机的人数,其概率密度函数为 $f(x)$。当 $x \leq S$ 时,有 $S-x$ 个人购票后不能登机,航空公司要对这 $S-x$ 个旅客进行补偿;当 $x > S$ 时,有 $x-S$ 个座位没有人坐,航空公司损失的是这 $x-S$ 个座位的应得利润。于是,航空公司的损失函数为

$$L(S) = \begin{cases} h(S-x) & x \leq S \\ k(x-S) & x > S \end{cases}$$

航空公司损失的数学期望为

$$E[L(S)] = \int_0^S h(S-x)f(x)\mathrm{d}x + \int_S^{+\infty} k(x-S)f(x)\mathrm{d}x$$
$$= k\mu - kS + (k+h)\int_0^S (S-x)f(x)\mathrm{d}x$$

其中,$\mu = \int_0^{+\infty} xf(x)\mathrm{d}x$ 即购票而不能登机人数的数学期望。

两端对 S 求导数,得

$$\frac{dE[L(S)]}{dS} = -k + (k+h)\int_0^S f(x)dx$$

令 $\dfrac{dE[L(S)]}{dS}=0$，得

$$\int_0^S f(x)dx = \frac{k}{k+h}$$

由二阶导数

$$\frac{d^2 E[L(S)]}{dS^2} = (k+h)f(S) > 0$$

可知，满足 $\int_0^S f(x)dx = \dfrac{k}{k+h}$ 的 S 是函数 $E[L(S)]$ 的极小值点，即使航空公司预期损失最小的超订票数。

4．问题的求解

假设每位旅客购票未登机的概率为 p，则 m 个旅客中的未登机人数 x 服从二项分布，即 m 个旅客中恰有 x 个人未登机的概率是 $C_m^x p^x(1-p)^{m-x}$。因此，积分 $\int_0^S f(x)dx$ 应用二项分布 $\sum_{x=1}^S C_m^x p^x(1-p)^{m-x}$ 来代替。

Lingo 软件提供的二项分布累积概率分布函数为

$$@\text{pbn}(p,m,S) = \sum_{x=1}^S C_m^x p^x(1-p)^{m-x}$$

该问题可以利用 Lingo 软件进行求解，程序如下：

```
MODEL:
  data:
    N = 150;
    p = 0.04;
    k = 1500;
    h = 300;
  enddata
    (k+h)*@pbn(p,N+S,S)=k;
END
```

Lingo 计算结果如下：

```
solution found.
  Infeasibilities:                0.3410605E-11
  Extended solver steps:                      5
  Total solver iterations:                   40


                        Variable           Value
                               N        150.0000
                               P     0.4000000E-01
```

K	1500.000
H	300.0000
S	8.222487

Row	Slack or Surplus
1	0.000000

根据 Lingo 求解结果，航空公司超额预售的票数在 8~9 张之间，即每航班售出的票数在 158~159 张之间时，预期的损失最小。

对上述问题，也可以从收益最大化的角度进行建模，请读者自己完成。

习 题

1. 某工厂每周需要某种零配件 50 箱，该零配件的存储费为每箱每周 1 元，每次的订购费为 25 元。已知零配件的订购价格无折扣，不允许缺货，且订货后即一次交货，求最佳订购批量及一年内的最经济费用(包括存储费及订购费)。

2. 某单位每月需要水泥 1200 吨，不允许缺货。已知每吨水泥每月存储费为 30 元，每次的订货费为 180 元，试求经济订货批量及每月订货和存储的总费用。

3. 某企业每月(以 30 天计)需某零件 2400 个。若自行生产，需生产准备费 150 元，每个零件的生产成本为 3 元，生产能力为 100 个/天；若外出采购，每次的订货费为 100 元，每个零件的购买价格为 3.2 元。已知每个零件每月的库存费用为 0.10 元。问企业应自己生产还是外出采购该零件？

4. 某工厂每年需要某种产品 10 000 件，而且不得缺货。已知每件产品每年的存储费为 100 元，每次的订购费为 200 元。产品的订购价格有如下折扣(单位：元)：

$$K(Q)=\begin{cases}100 & 0\leq Q<250\\ 99 & 250\leq Q<500\\ 98 & 500\leq Q\end{cases}$$

试求该产品的最佳订购批量。

5. 某工厂对某种元件的需求量为 $R=2000$ 件/年，订货提前期为零，每次的订货费为 25 元。该元件的每件成本为 50 元，年存储费为成本的 20%。如发生供应短缺，可在下批货到达时补上，但缺货损失为每件每年 30 元。试求：

(1) 经济订货批量及全年的总费用；

(2) 如不允许发生供应短缺，重新求经济订货批量，并同(1)的结果进行比较。

6. 某公司经理一贯采用不允许缺货的经济批量公式确定订货批量，因为他认为缺货即使随后补上也不是好事，但激烈竞争迫使他不得不考虑采用允许缺货的策略。已知对该公司所销产品的市场需求为 $R=800$ 件/年，每次的订货费为 $C_3=150$ 元，存储费为 $C_1=3$ 元/件·年，发生短缺时的损失为 $C_2=20$ 元/件·年。试分析：

(1) 计算采用允许缺货的策略较之原先不允许缺货策略带来的费用上的节约。

(2) 如果该公司为保持一定信誉，自己规定缺货随后补上的数量不超过总量的 15%，任何一名顾客因供应不及时需等下批货到达补上的时间不得超过 3 周，那么允许缺货的策略能否被采用？

第 8 章

决 策 分 析

本章学习目标

- 掌握基于不同决策准则的不确定型决策问题的决策方法;
- 掌握风险型决策的决策树方法;
- 掌握效用的概念以及效用曲线的确定;
- 理解基于效用曲线的决策方法;
- 能熟练运用 WinQSB 进行相关决策。

本章需掌握的基本概念与方法

- 确定/不确定/风险型决策;
- 乐观/悲观/折中决策准则;
- 最小后悔值决策准则;
- 最大期望收益/最小期望损失决策准则;
- 决策树法;
- 效用/效用决策理论。

决策是在政治、经济和日常生活中普遍存在的一种选择方案的行为,是管理中经常发生的一种活动。诺贝尔奖获得者西蒙认为管理的核心是决策。所谓决策,就是为了达到某种预定的目标,在若干可供选择的方案中,确定一个合理行动方案的过程。研究决策的行为,并将现代科学技术成就应用于决策,成为决策科学。决策科学的内容十分广泛,如决策心理学、决策的数量化方法、决策的评价以及决策支持系统、决策自动化等。决策正确与否,不仅关系到个人的得失、企业的成败、部门的兴废,甚至影响到国家的盛衰。研究决策的科学方法,指导决策行为,力求减少和避免失误,具有十分重要的意义。本章主要从运筹学中定量分析方法的角度来介绍决策。

8.1 决策问题概述

8.1.1 决策模型

在说明决策模型的结构前,先看一个例子。假设目前有一个工程管理人员需要决定一项建筑工程下月是否开工。若开工后天气好,就能按期完成,这样可得到利润 4 万元;若开工后天气不好,则会损失 1 万元;若不开工,则不论天气好坏都会造成窝工损失 5 千元。

在本例中,开工或不开工是决策者可以选择的两个**策略**;而天气好坏不能由决策者控制,称之为**自然状态**。在每种自然状态下,采取不同的策略就会得出不同的结果(此处为盈利或损失)。为了清楚起见,现将这一问题的相关情况列入表 8.1 中。

表 8.1　　　　　　　　　　　　　　　　　　　　单位:万元

策　　略	自然状态	
	s_1(天气好)	s_2(天气不好)
d_1(开工)	4	-1
d_2(不开工)	-0.5	-0.5

由该例可知,一般的决策问题包含以下三个基本要素。

(1) 自然状态。这是决策者无法控制的因素。假定共有 n 个自然状态 s_1、s_2、$\cdots$、s_n,则状态集合可表示为 $S = \{s_1, s_2, \cdots, s_n\}$。

(2) 策略。这是决策者可以采取的行动方案,采用哪个行动方案完全由决策者决定。假定共有 m 个策略 d_1、d_2、$\cdots$、d_m,则策略集合可表示为 $D = \{d_1, d_2, \cdots, d_m\}$。

(3) 益损值。即不同策略在不同自然状态下的收益值或损失值。常用表格形式表示它们和状态与策略间的对应关系,这样的表称为**益损值表**,也称**决策表**。表 8.2 示出了一般决策问题益损值表的形式。其中,a_{ij} 是在自然状态 s_j 下采用策略 d_i 的益损值,它是策略和自然状态的函数,由各益损值 a_{ij} 构成的矩阵 A 称为**益损矩阵**。

表 8.2

自然状态 策略	s_1	s_2	$\cdots$	s_j	$\cdots$	s_n
d_1	a_{11}	a_{12}	$\cdots$	a_{1j}	$\cdots$	a_{1n}
d_2	a_{21}	a_{22}	$\cdots$	a_{2j}	$\cdots$	a_{2n}
$\vdots$	$\vdots$	$\vdots$	$\vdots$	$\vdots$	$\vdots$	$\vdots$
d_i	a_{i1}	a_{i2}	$\cdots$	a_{ij}	$\cdots$	a_{in}
$\vdots$	$\vdots$	$\vdots$	$\vdots$	$\vdots$	$\vdots$	$\vdots$
d_m	a_{m1}	a_{m2}	$\cdots$	a_{mj}	$\cdots$	a_{mn}

表 8.2 给出了决策模型的基本结构。当分析一个决策问题时,应首先搞清楚其基本结构。

8.1.2　决策分类

由于决策的内容广泛、层次复杂、方法多样,因而可以从不同的角度进行分类。按决策的重要性,可分为战略决策、管理决策和业务决策;按决策的组织层次,可分为高层决策、中层决策和基层决策;按决策的结构,可分为程序决策和非程序决策;按决策过程的连续性,可分为单项决策和序贯决策;按决策时考虑的目标数量,可分为单目标决策和多目标决策;按决策对未来状态的把握程度,可分为确定型决策、风险型决策和不确定型决策。下面我们着重对最后一种分类予以说明。

(1) 确定型决策。若未来的自然状态是确定的,则这个问题的决策就称为**确定型决策**。确定型决策问题中的目标和条件明确，一般只要考察了实现目标的各种方案，通过比较便可从中选出最优(或满意)方案。有时方案数量很多，难以进行直观比较，可借助于线性规划、动态规划等数学方法。常见的最短路问题、运输问题、资源分配问题和生产进度计划问题等，基本上都属于确定型决策问题。

(2) 风险型决策。在具有多个自然状态的决策问题中，决策者虽然不知道未来哪个状态一定发生，但知道(或可设定)每个状态发生的可能性有多大，也就是知道(或可设定)各自然状态发生的概率。这时，决策者可以根据概率论和统计学的知识，做出统计意义下的决策。由于这时决策者总要冒一定的风险，故称为**风险型决策**。

(3) 不确定型决策。在一个具有多个自然状态的决策问题中，如果对各自然状态在未来发生的可能性一无所知，也就是在进行决策时，决策者不知道哪个状态会发生，哪个状态不会发生，哪个状态发生的可能性大，哪个状态发生的可能性小。对这种问题的决策，就是**不确定型决策**。

8.1.3 决策准则

为了评价各个策略的效果好坏，应拟定相应的原则和标准，作为选择决策方案的准绳，这就是**决策准则**。对于不同类型的决策问题，应采用不同的准则。

对于确定型决策，由于其状态是确定的，故只要直接比较各策略的效果——益损值，即可评定策略的好坏。

对于风险型决策，由于知道各自然状态发生的概率，故当采取某个策略 d_i 时，可算出相应于这一策略的**期望效益**(或损失)，即

$$E(d_i)=\sum_{j=1}^{n}a_{ij}p_j \qquad (i=1,2,\cdots,m) \tag{8.1}$$

式中，p_j 为自然状态 s_j 发生的概率；a_{ij} 的意义同前。比较各策略的期望效益(或损失)，即可选定某一策略。

对于非确定型决策，由于决策者不知道各自然状态发生的任何信息，因而其决策带有很强的主观性，选择什么样的决策准则，通常和决策者的心理因素有密切关系。

8.1.4 决策程序

决策是一个提出问题、分析问题、解决问题的完整统一的过程。要进行有效的决策，就必须根据系统分析的原理，遵循科学的决策程序。科学决策程序一般包括以下四个基本步骤，具体如图 8.1 所示。

(1) 提出问题，确定目标。提出问题是指当前面临的必须解决的问题。目标是决策的出发点和归宿，也是通过决策所要预期达到的技术经济成果。在确定目标时，必须注意：
① 目标要有整体观点，着眼于总体效果。
② 目标要具体明确，尽可能使其数量化。
③ 当提出的目标有多个时，要分清主次轻重。

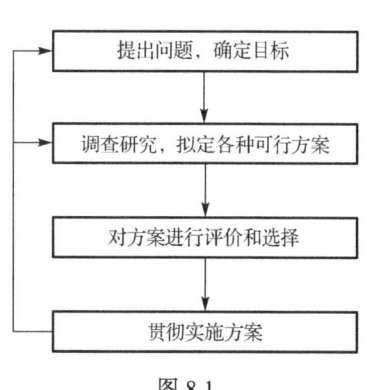

图 8.1

④ 要注意目标的可行性。

(2) 调查研究，拟定各种可行方案。可行方案是指能够解决所提出的问题，保证决策目标实现，具备实施条件的方案。

(3) 对方案进行评价和选择。评价方案，首先要根据决策目标，制定一套评价标准；其次要通过各种模型对备选方案进行系统分析、综合评价，在此基础上选定行动方案。

(4) 贯彻实施方案。决策方案确定后，要落实到有关责任部门和人员，制定实施决策的规划和期限，解决与实施决策有关问题。在决策实施过程中，还要通过监督、检查等环节，通过信息反馈进行控制，发现偏差，及时纠正，以保证决策目标的实现。

8.2 不确定型决策

不确定型决策是指决策者在多种自然状态发生的概率无法预测的条件下所做的决策，这时决策者需要根据自己的主观倾向进行决策。根据决策者的主观态度不同，大致有四种决策准则：乐观决策准则、悲观决策准则、折中决策准则、最小后悔值决策准则。以下用例子来一一介绍。

【例 8.1】 某公司推出新产品投放市场，有三种推销方案可供选择：让利销售(d_1)、送货上门(d_2)、不采取措施(d_3)。未来市场对这种产品的需求情况有三种可能发生的自然状态：畅销(s_1)、一般(s_2)、滞销(s_3)，但不能确知属于何种状态，也不能判明各种状态出现的概率。经市场部预测估计，采用某一行动方案而实际发生某一自然状态时，公司的收益见表 8.3。

表 8.3　　　　　　　　　　　　　　　　　　　　　　　　　　　　　　　单位：万元

自然状态 收益值 策略	s_1（畅销）	s_2（一般）	s_3（滞销）
d_1（让利销售）	60	10	−6
d_2（送货上门）	30	25	0
d_3（不采取措施）	10	10	10

8.2.1 乐观决策准则

采用乐观决策准则的决策者，具有乐观情绪，寄希望于出现最有利的自然状态。这一方法的步骤是：首先求出每个策略在各种自然状态下的最大效益值，再从这些最大效益值中找出最大者，它对应的策略就是选取的策略。这一决策准则也叫**大中取大准则**。采用这一准则的决策者过于冒险和乐观，虽有很强的取胜心，但达到预期成功的可能性并不大。

如果决策问题给出的是损失值，则应"小中取小"，即先求出各个方案在不同自然状态下的最小值，再从最小值中选出最小值，对应的方案为最优方案。

用乐观决策准则对**例 8.1** 进行决策。其决策过程示于表 8.4。按照这一决策准则，应选取策略 d_1。

表 8.4　　　　　　　　　　　　　　　　　　　　　　　　　　　　　　单位：万元

自然状态 收益值 策略	s_1（畅销）	s_2（一般）	s_3（滞销）	$\max\limits_{s}[f(d,s)]$
d_1（让利销售）	60	10	−6	60
d_2（送货上门）	30	25	0	30
d_3（不采取措施）	10	10	10	10
决　策	$\max\limits_{d}\{\max\limits_{s}[f(d,s)]\}=$			60

8.2.2　悲观决策准则

这是一种所谓的"最可靠"和"万无一失"的决策准则。这一方法的步骤是：首先求出每个策略在各种自然状态下的最小收益值，再从这些最小收益值中找出最大者，它对应的策略就是要选取的策略。这一决策准则也叫**小中取大准则**。采用这一决策准则的决策者偏于保守、悲观。

用悲观决策准则对**例 8.1** 进行决策，其决策过程示于表 8.5 中。按照这一决策准则，应选取策略 d_3。

表 8.5　　　　　　　　　　　　　　　　　　　　　　　　　　　　　　单位：万元

自然状态 收益值 策略	s_1（畅销）	s_2（一般）	s_3（滞销）	$\max\limits_{s}[f(d,s)]$
d_1（让利销售）	60	10	−6	−6
d_2（送货上门）	30	25	0	0
d_3（不采取措施）	10	10	10	10
决　策	$\max\limits_{d}\{\min\limits_{s}[f(d,s)]\}=$			10

8.2.3　折中决策准则

由于绝对乐观或绝对悲观这两种情况实现的可能性都不大，故赫威斯（Hurwicz）提出了一个折中准则，即用一个系数 α（$0\leqslant\alpha\leqslant 1$，称为乐观系数）乘以各策略的最大效益值，用（$1-\alpha$）乘以各策略的最小效益值，然后把每个策略的这两个值加起来，两值之和以 CV_i 表示，以此作为评价的依据。也就是说，首先算出各策略的 CV_i，公式为

$$CV_i = \alpha\max_{j}\{a_{ij}\} + (1-\alpha)\min_{j}\{a_{ij}\} \quad (i=1,2,\cdots,m) \tag{8.2}$$

然后，选择 CV_i 中最大者对应的策略为所选取的策略。显然，若取 $\alpha=1$，就是乐观决策准则；若取 $\alpha=0$，就是悲观决策准则。α 取值不同，可能得到不同的决策结果，α 究竟取什么值合适，要视具体情况而定。如果决策问题的形势比较乐观，则 α 取值应大一些；反之，α 取值应小一些。

在**例 8.1** 中，若取 $\alpha=0.6$，则计算相应的 CV_i 值为

$$CV_1 = 0.6\times 60 + 0.4\times(-6) = 33.6$$
$$CV_2 = 0.6\times 30 + 0.4\times 0 = 18$$
$$CV_3 = 0.6\times 10 + 0.4\times 10 = 10$$

由于 CV_1 最大，故它对应的策略为 d_1（具体见表 8.6）。

表 8.6　　　　　　　　　　　　　　　　　　　　　　　　　　　　　　　　单位：万元

自然状态 收益值 策略	s_1（畅销）	s_2（一般）	s_3（滞销）	CV_i
d_1（让利销售）	60	10	−6	33.6
d_2（送货上门）	30	25	0	18
d_3（不采取措施）	10	10	10	10
决　策	$\max_i\{CV_i\}=$			33.6

折中决策准则虽然是对乐观决策准则和悲观决策准则的一种折中，但由于只考虑了每个策略最有利和最不利的后果，因此也存在明显的缺点。例如，当益损矩阵为 $\begin{bmatrix} 1 & 0 & 0 & 0 & \cdots & 0 \\ 0 & 1 & 1 & 1 & \cdots & 1 \end{bmatrix}$ 时，无论 α 取什么值，根据折中决策准则，这两个策略都被认为是无差异的，任何理智健全的人都很难同意这种看法。

8.2.4　最小后悔值决策准则

决策者做出决策后，若实际情况未能符合最理想的预期，时常会深感惋惜，因遗憾当初的选择不当而后悔，因而派生出以"后悔值最小"为准则的决策思想。这个准则是由经济学家沙万奇(Savage)提出的，故又称沙万奇准则。该准则把每个自然状态对应的最大效益值视为理想目标，而以它与该状态的其他效益值之差作为未达到理想的后悔值 $r(d,s)$，如此可得到一个后悔矩阵或后悔值表。再把每行的最大值求出来，其中的最小者对应的策略，就是所求的策略。

下面结合例 8.1 采用该决策准则进行决策（见表 8.7）。

表 8.7　　　　　　　　　　　　　　　　　　　　　　　　　　　　　　　　单位：万元

自然状态 收益值 策略	s_1（畅销）	s_2（一般）	s_3（滞销）	$\max_s[r(d,s)]$
d_1（让利销售）	0	15	16	16
d_2（送货上门）	30	0	10	30
d_3（不采取措施）	50	15	0	50
决　策	$\min_d\{\max_s[r(d,s)]\}=$			16

由表 8.7 可知，利用最小后悔值决策准则进行决策，最后得到的策略为选择让利销售（d_1）。

8.3　风险型决策

在风险型决策中，决策者在进行决策时并不确切知道哪个事件（自然状态）将来一定发生，而只是根据已有经验、资料和信息，设定或推算出各事件发生的概率，并据此进行决策。

8.3.1 最大期望收益决策准则

所谓的最大期望收益决策准则(Expected Monetary Value,EMV),是指先计算出每个行动方案的期望收益值,然后比较,选择这些期望收益中最大者对应的方案为应选方案。具体步骤如下。

(1) 计算各方案 d_i 的期望收益值,即

$$\text{EMV}(d_i) = \sum_{j=1}^{n} a_{ij} p_j \ (j=1,2,\cdots,n) \tag{8.3}$$

式中,p_j 是 s_j 出现的概率。

(2) 比较每个方案期望收益值的大小,选择期望收益最大者对应的方案为应选方案,即

$$\text{EMV}(d_i^*) = \max_i[\text{EMV}(d_i^*)] \ (i=1,2,\cdots,m) \tag{8.4}$$

在**例 8.1** 中,如果企业向市场预测机构进行咨询,经预测机构分析可得市场需求的概率,或者企业具有同类产品的市场销售数据,经统计分析知:畅销、一般、滞销的概率分别为 0.2、0.5 和 0.3,这就演变成风险型决策问题。

按照最大期望收益决策准则,计算各方案的期望收益 $\text{EMV}(d_i)$ 如下:

$$\text{EMV}(d_1) = [0.2 \times 60 + 0.5 \times 10 + 0.3 \times (-6)]\text{万元} = 15.2\text{万元}$$

$$\text{EMV}(d_2) = (0.2 \times 30 + 0.5 \times 25 + 0.3 \times 0)\text{万元} = 18.5\text{万元}$$

$$\text{EMV}(d_3) = (0.2 \times 10 + 0.5 \times 10 + 0.3 \times 10)\text{万元} = 10\text{万元}$$

显然,最大期望收益为 18.5 万元,选择方案 d_2。

8.3.2 最小期望损失决策准则

所谓的最小期望损失决策准则(Expected Opportunity Loss,EOL),是指先计算出每个行动方案的期望损失值,然后比较选择这些期望损失中最小者对应的方案为应选方案。具体步骤如下。

(1) 计算各方案 d_i 的期望损失值

$$\text{EOL}(d_i) = \sum_{j=1}^{n} a'_{ij} p_j \ (j=1,2,\cdots,n) \tag{8.5}$$

式中,a'_{ij} 是各方案在 s_j 状态下的机会损失值;p_j 是 s_j 出现的概率。

(2) 比较每个方案期望损失值的大小,选择期望损失最小者对应的方案为应选方案,即

$$\text{EOL}(d_i^*) = \min_i\left[\text{EOL}(d_i^*)\right] \ (i=1,2,\cdots,m) \tag{8.6}$$

8.3.3 决策树法

在用期望值准则决策时,对于一些较为复杂的风险型决策问题,如多级决策问题,仅用表格是难以表达和分析的,为此引入了决策树法。

决策树法是以图解方式分别计算各行动方案在不同自然状态下的益损值,然后通过比较做出决策。由于它简单直观,所以应用较为广泛,尤其对于分析比较复杂的问题非常适用。应用决策树法进行决策的具体步骤如下。

1. 绘制决策树

决策树由决策节点、方案枝、事件节点、概率枝和结果节点按一定关系连接而成。决策树要自左向右绘制,如图 8.2 所示。

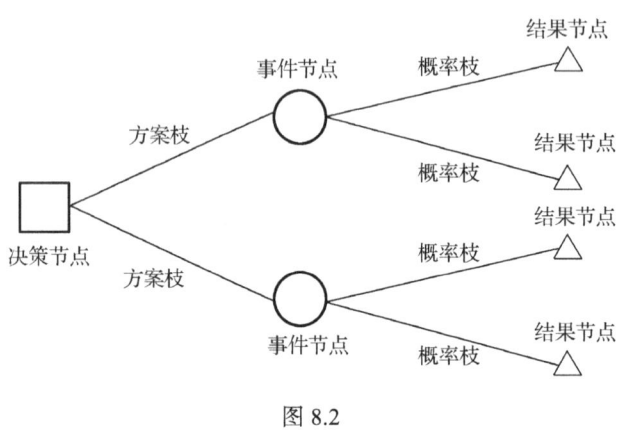

图 8.2

图 8.2 中的符号说明如下。

(1) □——常用小方框代表决策节点,表示需要在此处进行决策,由它引出的每一分枝代表可能选取的一个策略或方案,称为方案枝,反映了可能的行动方案数。

(2) ○——常用小圆圈表示事件节点(方案节点),其上方的数字表示该方案的期望收益值,从它引出的分枝称为概率分枝,每条分枝上标明了自然状态及其出现的概率,概率分枝反映了可能的自然状态数。

(3) △——常用小三角形表示结果节点,位于决策树的末梢,代表决策问题的一个可能结果,旁边的数字为每个方案在相应的自然状态下的益损值。

2. 计算期望收益值

自右向左分别计算各个方案的期望收益值,并将结果标在相应的方案节点的上方。

3. 选择决策

将各个方案节点上的期望收益值加以比较,选取最大的期望收益值,标在决策节点的上方,表明它所对应的方案为最优决策方案。同时,在其他的方案分枝上画两根平行的短斜线,即"//"记号,表示不选择该方案,称为剪枝。

下面通过例子来说明决策树的应用。

【例 8.2】 某市为生产一种新产品拟定了两个方案:建大工厂和建小工厂。已知建大工厂需投资 300 万元,建小工厂需投资 160 万元,两者的使用期均为 10 年。据估计,生产出的产品在此期间销路好的可能性为 0.7,销路差的可能性为 0.3。这两个方案的年度收益(单位:万元)见表 8.8。问建大工厂好还是建小工厂好?

表 8.8

自然状态 概率 策略	销路好 $p_1 = 0.7$	销路差 $p_2 = 0.3$
建大工厂	100	−20
建小工厂	40	10

解:可按以下步骤进行决策。

(1)画出该问题的决策树,如图 8.3 所示。图中节点内的数字表示节点编号,结果节点旁的数字为其年收益,概率枝上括号内的数字是该自然状态出现的概率。

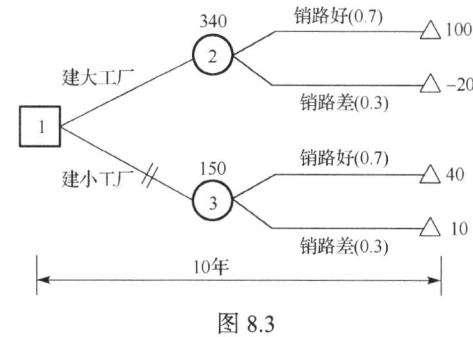

图 8.3

(2)计算期望收益。

在 10 年期间内各节点处的纯期望收益计算如下(单位:万元)。

节点 2: $0.7 \times 100 \times 10 + 0.3 \times (-20) \times 10 - 300 = 340$

节点 3: $0.7 \times 40 \times 10 + 0.3 \times 10 \times 10 - 160 = 150$

将计算出的期望收益分别写在决策树图中相应节点的上面。

(3)选择决策。

比较所得的纯期望收益值,可知建大工厂比建小工厂的期望利润大,故应选择建大工厂的方案。

【例 8.3】 假定将例 8.2 中的使用年限按前 3 年和后 7 年两期考虑。根据市场预测,前 3 年销路好的概率为 0.7,且前 3 年若销路好,则后 7 年销路继续好的概率为 0.9;如果前 3 年销路差,则后 7 年销路也一定差。其他条件不变。问在这种情况下,建大工厂好还是建小工厂好?

解:(1)画出决策树图,如图 8.4 所示。

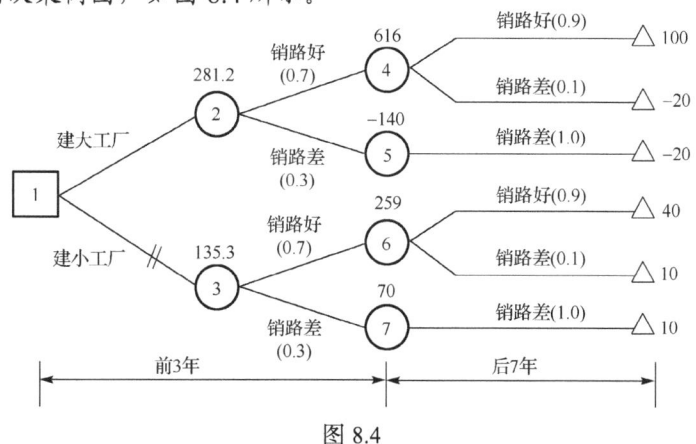

图 8.4

(2) 计算各节点的期望收益(单位：万元)。为了评价某个方案，必须考虑该方案之后的所有决策和事件，从而分析工作应从后向前进行，即所谓逆向归纳法。在本例中，先计算节点 4~7，然后计算节点 2、3。

$$节点4：\ 0.9\times100\times7+0.1\times(-20)\times7=616$$
$$节点5：\ 1.0\times(-20)\times7=-140$$
$$节点6：\ 0.9\times40\times7+0.1\times10\times7=259$$
$$节点7：\ 1.0\times10\times7=70$$

节点 2、3 的纯期望收益为

$$节点2：\ 0.7\times(616+100\times3)+0.3\times[-140+(-20)\times3]-300=281.2$$
$$节点3：\ 0.7\times(259+40\times3)+0.3\times(70+10\times3)-160=135.3$$

(3) 选择决策。由于节点 2 的纯期望收益大于节点 3 的纯期望收益，故选取建大工厂方案。

8.3.4 完全情报价值

前文提到，正确的决策来源于可靠的情报或信息，情报资料越可靠，对状态发生的概率估计就越准确，据此做出的决策也就越合理。能完全肯定某一事件(状态)发生的情报，称为**完全情报**，也称**全情报**。在大多数情况下，获得全情报是很难的，这是一种理想的情形。不能完全肯定事件(状态)发生的情报，称为**不完全情报**，大多数情报属于不完全情报。有了完全情报，决策者在决策时准确预料即将出现什么状态，从而变不确定性为确定性，把风险型决策问题转变为确定型决策问题。

为了获得情报，需要进行必要的调查、实验、统计等工作，通过直接从别人手中购买或请专家预测等手段得到，不管采取哪种手段，一般都要付出代价。如果决策者支付的费用过低，常难以得到符合要求的情报；如果需要支付的费用过高，则对决策者来说又可能不合算。究竟要花多少代价去获得全情报才合适，这就需要估计全情报的价值。

需要注意的是，在得到完全情报之前，并不知道哪个自然状态将会出现，因而也就无法准确计算出这一情报会给决策者带来多大的收益。然而，为了在得到情报之前决定是否值得去采集这项情报，就必须先估计出该情报的价值。为此，应设法算出由于获得了这项情报而使决策者的期望收益提高的数额，这个数额称为该问题的**全情报期望值**(Expected Value of Perfect Information, EVPI)。如果它大于采集情报所花的费用，则采集这一情报是有利的；否则，就得不偿失，不值得为收集这一情报花那么高的代价。故常常将 EVPI 作为支付情报费用的一个上限。

下面通过例子说明具体的分析方法。

【例 8.4】 假定可得到例 8.2 中关于产品销路好坏的全情报，问花费 60 万元购买这项情报是否合算？

解： 假定全情报指出销路好，就选取建大工厂这一策略，每年可获得 100 万元的收益；如果全情报指出销路差，就建小工厂，每年可获得 10 万元的收益。由于在决定是否购买这项全情报时还不知道全情报的内容，故在决策时无法算出确切的收益，只能算出其纯期望收益，即

$$[0.7\times(100\times10-300)+0.3\times(10\times10-160)]\ 万元=472\ 万元$$

回想在例 8.2 中原来计算出的纯期望收益为 340 万元(采用建大工厂策略)，可知由于得

到全情报而使纯期望收益增加了 (472－340) 万元＝132 万元。由于 132 万元大于采集情报的费用 60 万元，故值得购买这一情报。

也可用决策树来分析这样的问题，本例的决策树如图 8.5 所示。

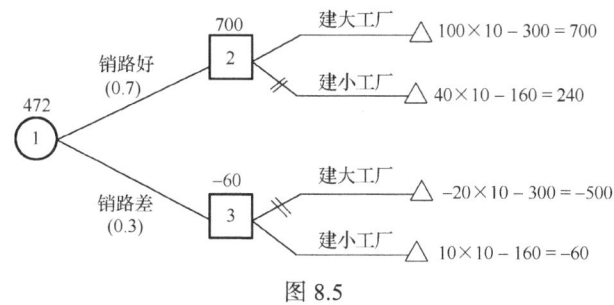

图 8.5

需要指出，实践中所能获得的情报大部分都是不完全的。即使如此，它也能提供更多的信息，有助于决策者对未来事件发生的概率估计得更准确，促使决策更符合实际，因而这种情报还是有价值的。

8.4 效用理论

8.4.1 效用的概念

为了对决策问题进行定量研究，需要对自然状态的不确定性以及各种可能出现的后果赋值，这是决策分析中的两个关键问题。状态的不确定性可用各状态可能出现的概率来度量。现在进一步讨论后果价值的度量方法，由此引出效用的概念。

在度量后果(或效果)的价值时，常遇到下述问题：首先是不少后果没有明显的测量标度，如信誉、声望、成就等无形后果以及各种非数字量表示的后果等；其次是有些后果虽然能用数量指标表示，却无法进行相互比较，如时间、费用和可靠性等，彼此就无法直接进行比较；最后是即使后果是用统一数量化的标度(如货币)计量，这个数也不总能真正反映它对不同决策人的真正价值。例如，同样的 1000 元钱，它对一般人和对亿万富翁的实际价值是完全不同的。为正确处理这三类问题，科学地描述后果对决策人的真正价值，就需要提出一种新的度量方法——效用(Utility)。

效用是决策者对后果价值的看法和态度的一种相对数量表示(量化)，反映了决策者对某些结果的偏爱程度和对承担风险的态度。效用值是一个相对的指标值，无量纲，一般可规定：在一个决策系统中，决策者最爱好、最倾向、最情愿的事物(事件)的效用值赋以 1，而最不爱好者赋以 0。也可用其他数值范围，如 100～0。效用值与决策者个人的性格、爱好、意愿等主观因素有关，也与决策者在不同环境、不同时期的客观因素有关。

8.4.2 效用函数和效用曲线

前已述及，效用实质上是价值的一种定量表述。在进行决策时，不同的决策者由于各自经济地位、个人气质、对风险的偏好等的不同，对同样的期望益损值可能赋以不同的效用值。

这说明，每人各有其自己的**效用函数**。若以收益为横坐标（以损失作为横坐标也可以类似地进行分析），以效用为纵坐标，在这样的直角坐标系中画出某人效用函数的图像，就得到了他的**效用曲线**。

现假定有两个决策者甲、乙面临表 8.9 所示的决策问题。

表 8.9　　　　　　　　　　　　　　　　　　　　　　单位：元

自然状态 概率 策略	s_1 $p_1 = 0.5$	s_2 $p_2 = 0.5$
d_1	3000	4000
d_2	0	8000

当按期望收益准则决策时，由于策略 d_2 的期望收益值大，故这两个人都将选择策略 d_2。

设甲的效用函数为线性函数

$$U_1(x) = ax \quad (a > 0) \tag{8.7}$$

式中，x 为收益；a 为系数（下同）。

乙的效用函数为

$$U_2(x) = x - ax^2 \quad \left(0 < a < \frac{1}{2x^*}\right) \tag{8.8}$$

其中，x^* 为 x 的最大值。

(1) 对甲来说，其各策略的期望效用值如下。

　　策略 d_1：$E[U_1(x)] = 0.5a \times 3000 + 0.5a \times 4000 = 3500a$

　　策略 d_2：$E[U_1(x)] = 0.5a \times 0 + 0.5a \times 8000 = 4000a$

比较策略 d_1、d_2 的期望效用大小可知，应选择策略 d_2。这与用期望收益准则进行决策的效果是一样的。而且，策略的选择与 a 的大小无关。

(2) 对乙来说，各策略的期望效用值如下。

　　策略 d_1：$E[U_2(x)] = 0.5[3000 - a(3000)^2] + 0.5[4000 - a(4000)^2]$

　　策略 d_2：$E[U_2(x)] = 0.5(0)^2 + 0.5[8000 - a(8000)^2]$

若取 $a = 0.00004$，则得

　　策略 d_1：$E[U_2(x)] = 3000$

　　策略 d_2：$E[U_2(x)] = 2720$

故按期望效用准则应选策略 d_1。由表 8.9 可知，选策略 d_1 至少可得 3000 元，而选策略 d_2 则有 50% 的可能性什么也得不到，故选取 d_2 比选取 d_1 所冒的风险要大得多。

现说明如何画某人的效用曲线（或确定其效用函数）。在这个例子中，决策者的最低收益为 0，最高可能收益为 8000。如此，可指定这两个收益值对应的效用值分别为 $U(0\text{元}) = 0.0$、$U(8000\text{元}) = 1.0$。

为了得到 0～8000 元之间各点的效用值，就需要利用上面这两个点的已知数据，并借助于确定性事件和随机事件的等效用关系（对该决策者而言），即确定性事件的效用值和某随机事件的期望效用值相等来确定第三点的效用值。

假定要求 2000 元的效用值，为此提出如下两个方案：

(1) 收入 2000 元（确定性）。

(2) 以概率 P 收入 8000 元，概率 $1 - P$ 收入 0 元。

请决策者考虑并回答：当 P 等于多少时，上述两个方案对他来说是等效用的？图 8.6 代表了这种要求，并用节点 □ 表示后面的各种选择等效，也就是选取策略 d_1 或 d_2 对决策者来说都一样。

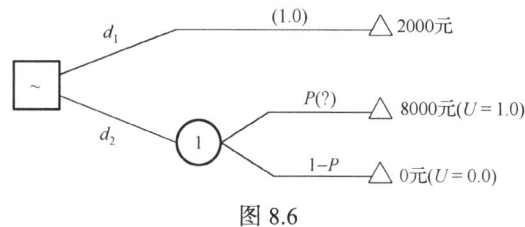

图 8.6

如果决策者考虑后认为，当 $P=0.385$ 时，上述两个方案对他来说效用相等，这样一来，即可求收益为 2000 元时的效用值，即

$$U(2000\text{元}) = U(8000\text{元})P + U(0\text{元})(1-P)$$
$$= 1.0 \times 0.385 + 0(1-0.385)$$
$$= 0.385$$

这时，已经知道了 3 个点的效用值，为求其他点的效用值，可选择其中 2 点，利用已知数据如上继续进行。

也可换一种做法，即提供如图 8.7 所示的关系。

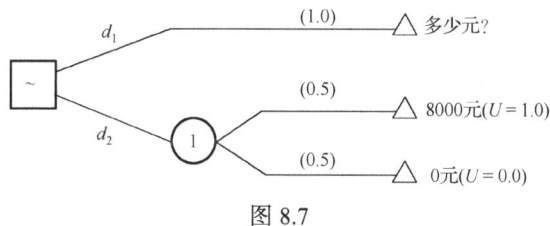

图 8.7

并征询决策者，当 d_1 的收益为多少时，他认为选取 d_1 或 d_2 等效？如果他认为 2800 元时二者等效，则可求出收益为 2800 元时的效用值，即

$$U(2800\text{元}) = 0.5 \times 1.0 + 0.5 \times 0.0 = 0.5$$

用上面所述的方法求出若干个点之后，即可描出决策者的效用曲线（如图 8.8 所示）或进一步拟合出他的效用函数。

根据决策者对待风险态度的不同，效用曲线一般可分为三种类型：保守型、中间型和冒险型。其对应的曲线如图 8.9 所示。这三条曲线在图中有两个共同的交点 O 和 A。

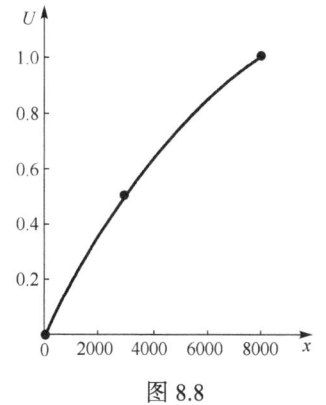

图 8.8

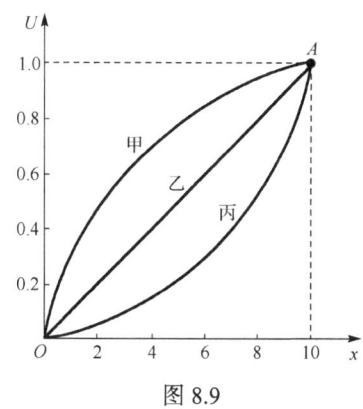

图 8.9

(1) 保守型。其对应的曲线如图 8.9 中的曲线甲所示，这是一条向上凸起的曲线，代表的是一种小心谨慎、不求大利、避免风险的**保守型决策者**。其效用曲线开始时的切线斜率较大，以后逐渐减少，这表明了边际效用递减的性质，即随着收益的增加，每增加单位收益时效用的增加量递减。这种决策者对损失较敏感，而对收益的反应比较迟钝。这种效用函数为凹函数。由图的绘制过程可以明显看出这种决策者厌恶风险的态度。

(2) 中间型。其对应的曲线如图 8.9 中的曲线乙所示，这是一条直线，代表的是一种**中间型决策者**。曲线的特点是收益值与效用值成正比例上升，反映出相应的决策者完全按照期望收益的大小来选择自己的行动。

(3) 进取型。其对应的曲线如图 8.9 中的曲线丙所示，这是一条下凹的曲线，代表的决策者的特点恰好与上述决策者相反，这种人对收益反应敏感，是一种不怕风险、力求谋大利的**进取型决策者**。其效用曲线开始时切线斜率较小，以后逐渐增加，这表明了边际效用递增的性质，即随着收益的增加，每增加单位收益时效用的增加量递增。这种决策者对收益的反映比较敏感，而对损失的反映比较迟钝。这种效用函数为凸函数。由图的绘制过程可以明显看出这种决策者偏好风险的态度。

不同的人对待风险的态度不同，他们可能由此属于以上三种决策者之一。另外，对某个具体的人来说，在不同的时间和条件下，他对风险的态度也可能发生变化。例如，有的人在开始时对较小的收益不太有兴趣，但随着收益的增加，吸引力就会逐步增大，从而引起他对风险的态度发生变化，而向积极进取、不畏风险的方面转化；可是，当达到某一目标后，他的要求得到了一定的满足，就可能变得不愿承担风险了；然而，当收益继续增加使他有望达到一个更高的目标时，他又可能不顾冒更大的风险去争取；等等。图 8.10 表示出这种情形。

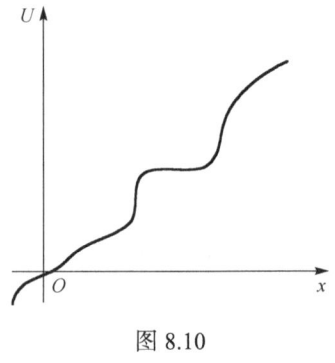

图 8.10

8.4.3 用效用值进行决策分析

在本章前面所讲的决策方法中，我们是以期望益损值作为选取策略的标准的，而且认为相等的期望益损值对每个决策者的吸引力都一样。也就是说，我们把它的价值看成了对谁都一样的客观价值。但是，事实有时并非如此。尤其是当决策仅进行一次或很少几次时，用效用值(期望效用值)决策要合理得多。下面用例子进一步说明用效用值进行决策的意义。

【例 8.5】 有一个投资为 200 万元的工厂，如果发生火灾，工厂就会毁损，工厂需自己承担全部损失。工厂可以通过每年支付 2500 元的保险费用投保，一旦发生火灾，可以由保险公司赔偿全部资产。已知该厂发生火灾的可能性为 0.1%。问在这种情况下，工厂应不应该投保？

解： 如果用之前的期望决策准则进行决策的话，需分别计算买保险、不买保险的期望收益值(也可计算期望损失值)，具体收益矩阵见表 8.10。

表 8.10　　　　　　　　　　　　　　　　　　　　　　　　　　单位：元

自然状态 概率 策略	发生火灾 $p_1 = 0.001$	不发生火灾 $p_2 = 0.999$
买保险 d_1	−2500	−2500
不买保险 d_2	−2 000 000	0

工厂选择购买保险的期望收益值为

$$\text{EMV}(d_1) = [(-2500) \times 0.001 + (-2500) \times 0.999] \text{元} = -2500 \text{元}$$

工厂选择不买保险的期望收益值为

$$\text{EMV}(d_2) = [(-2\,000\,000) \times 0.001 + 0 \times 0.999] \text{元} = -2000 \text{元}$$

因为 $-2500 < -2000$，即 $\text{EMV}(d_1) < \text{EMV}(d_2)$，故选择不购买保险。

但是，在现实生活中，绝大多数决策者都会选择购买保险这一策略。原因是即使发生火灾的可能性很小，属于小概率事件，但很少有人愿意节省 2500 元的保费而冒损失 200 万元的风险。

【例 8.6】 已知某单位发出了 10 000 张奖券，其中只有 1 张中奖，每人可买 1 张，每张奖券售价 2 元，采取随机的办法决定哪张奖券中奖，中奖者可得 5000 元，问是否应该购买奖券？

解： 对考虑是否购买奖券的人来说，这个问题有两个状态：中奖或不中奖；有两个策略：买奖券或不买奖券。因为只有 1 张中奖，故中奖概率为 0.0001。该问题的益损值表见 8.11。

表 8.11 单位：元

概率 策略 \ 自然状态	中奖 $p_1 = 0.0001$	不中奖 $p_2 = 0.9999$
买奖券 d_1	4998	−2
不买奖券 d_2	0	0

由此不难计算出这两个策略各自的期望收益值。

买奖券策略期望收益为

$$\text{EMV}(d_1) = [4998 \times 0.0001 + (-2) \times 0.9999] \text{元} = -1.5 \text{元}$$

不买奖券策略期望收益为

$$\text{EMV}(d_2) = 0 \text{元}$$

根据期望收益准则决策，应选策略 d_2，即不买奖券。但事实上，绝大多数人都会选择购买奖券，因为对他们来说，5000 元的吸引力远远大于 2 元这么一点点损失。

由上面的例子可知，对于同样一件非确定性事件来说，不同的人，由于对风险的态度不同，就可能选用不同的策略。

8.5 决策问题软件求解

8.5.1 决策问题 Excel 求解

利用 Excel 对决策问题建模，分别结合例 8.1 根据各个决策准则来进行。

1．乐观决策准则

首先制作乐观决策准则模板，如图 8.11 所示。其中，C5：E7 为数据区，F5：G7 为公式区。F5 中输入"=IF（CELL（"TYPE",C5）＝ "V",MAX（C5：E5）,""）"，复制到 F7；G5 中输入"=IF（F5=$F$9, "←", ""）"，复制到 G7；F9 中输入"=MAX（F5：F7）"。

图 8.11

将例 8.1 中的收益值分别填入模板的相应单元格中，其决策结果在 G 列和 F9 单元格中显示，如图 8.12 所示。

图 8.12

2. 悲观决策准则

首先制作悲观决策准则模板，如图 8.13 所示。悲观决策准则模板与乐观决策模板相似，只需将 F5 中的输入命令改为"=IF（CELL（"TYPE",C5）＝ "V",MIN（C5：E5）,""）"，即将乐观决策准则中的"MAX"改为"MIN"，并复制到 F7。

图 8.13

将例 8.1 中的收益值分别填入模板相应的单元格中，其决策结果在 G 列和 F9 单元格中显示，如图 8.14 所示。

图 8.14

3．折中决策准则

首先制作折中决策准则模板，如图 8.15 所示。折中决策准则设置了乐观系数 α，故其模板相对于前两种决策准则而言，除了需在模板中多加一个"乐观系数"可变数据格之外，还需将 F5 中的输入命令改为"=IF(CELL("TYPE",C5)＝"V",B9*MAX(C5：E5)+(1-B9)*MIN(C5：E5),"")"，并复制到 F7。

图 8.15

将例 8.1 中的乐观系数值、收益值分别填入模板相应的单元格中，其决策结果在 G 列和 F9 单元格中显示，如图 8.16 所示。

图 8.16

4．最小后悔值决策准则

首先制作最小后悔值决策准则模板，如图 8.17 所示。利用最小后悔值决策准则进行决策，与前三种决策稍有不同，因为在该决策准则下，需要首先计算各方案在每种自然状态下的后悔值。故在最小后悔值决策准则模板中，应该加入后悔值决策矩阵。在 F4 中输入"=IF(CELL("TYPE",C9)＝"V",MAX(C4:E4),"")"，复制到 F6；在 G4 中输入"=IF(F4=$F$13,"←","")，复制到F5、F6；在 C4 中输入"=IF(CELL("TYPE",C9)="b"," ",MAX(C9:C11)–C9)"，向右复制一行到 E4，再将这行向下复制 2 行到第 6 行；在 F13 中输入"=MIN(F4：F6)"。

图 8.17

将例 8.1 中的收益值分别填入模板相应的单元格中，其决策结果在 G 列和 F9 单元格中显示，如图 8.18 所示。

	A	B	C	D	E	F	G
1							
2			最小后悔值决策准则模板				
3		自然状态	S1	S2	S3	后悔值	
4	后悔值矩阵	d1	0	15	16	16	←
5		d2	30	0	10	30	
6		d3	50	15	0	50	
7							
8		自然状态	S1	S2	S3		
9	策略	d1	60	10	−6		
10		d2	30	25	0		
11		d3	10	10	10		
12							
13					最优值	16	

图 8.18

5. 期望收益决策准则

首先制作期望收益决策准则模板，如图 8.19 所示。利用期望收益决策准则进行决策，需要在已知每种自然状态出现概率的前提下计算每种策略的期望收益值，然后比较期望收益值的大小。故在期望决策准则模板中，应加入每种自然状态概率的数据格。在 F6 中输入"=IF(CELL("TYPE",C6)="V",SUMPRODUCT(C6:E6,C5:E5)," ")"，复制到 F8；在 G6 中输入"=IF(F6=$F$10,"←"," ")"，复制到 G7、G8；在 F10 中输入"=MAX(F6:F8)"。

	A	B	C	D	E	F	G
1							
2			期望收益决策准则模板				
3							
4		自然状态	S1	S2	S3	期望收益值	
5		概率					
6	策略	d1					
7		d2					
8		d3					
9							
10					最优值	0	

图 8.19

将例 8.1 中的概率值、收益值分别填入模板相应的单元格中，其决策结果在 G 列和 F10 单元格中显示，如图 8.20 所示。

	A	B	C	D	E	F	G
1							
2			期望收益决策准则模板				
3							
4		自然状态	S1	S2	S3	期望收益值	
5		概率	0.2	0.5	0.3		
6	策略	d1	60	10	−6	15.2	
7		d2	30	25	0	18.5	←
8		d3	10	10	10	10	
9							
10					最优值	18.5	

图 8.20

8.5.2 决策问题 WinQSB 求解

1. 例 8.1 WinQSB 求解

（1）建立新问题后，系统显示如图 8.21 所示的对话框，选择 "Payoff Table Analysis"，输入标题、自然状态数 "3" 和可供选择方案 "3"。

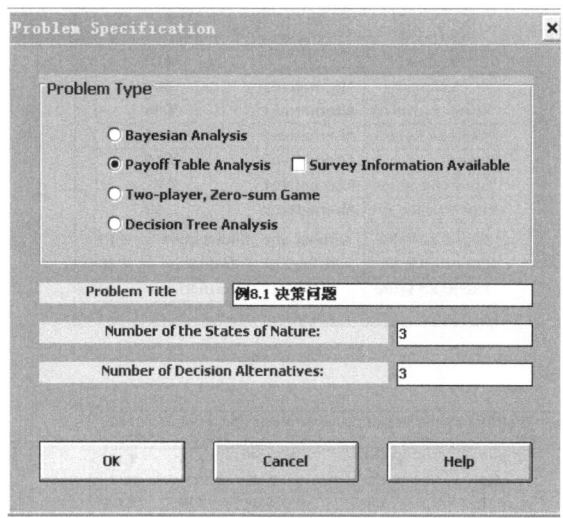

图 8.21

将已知数据输入表 8.12，第 1 行是输入各种自然状态出现的概率，分别是 0.2、0.5、0.3。

表 8.12

Decision \ State	State1	State2	State3
Prior Probability	0.2	0.5	0.3
Alternative1	60	10	-6
Alternative2	30	25	0
Alternative3	10	10	10

（2）单击"Solve and Analyze"按钮，选择"Solve the Problem"，系统显示如图 8.22 所示的界面，提示将用到的各种决策准则得到对应的决策结果，输入乐观系数"0.6"。

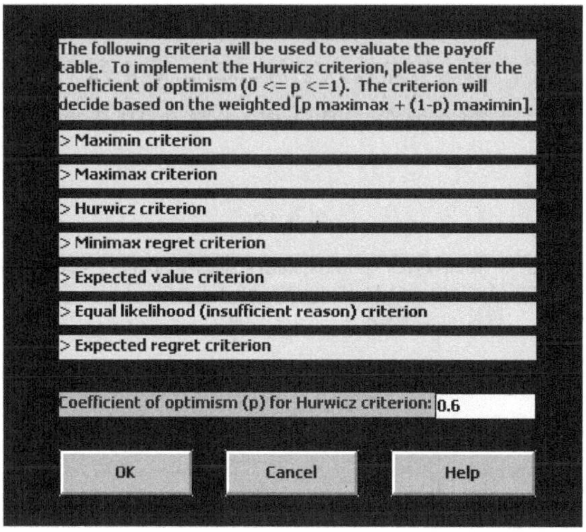

图 8.22

（3）单击"OK"按钮，显示求解结果如图 8.23 所示。单击"Result"→"Show Payoff Table Analysis"，显示各决策准则的详细分析结果，如图 8.24 所示；单击"Show Regret Table"，显示后悔值决策矩阵，如图 8.25 所示。

08-03-2015 Criterion	Best Decision	Decision Value	
Maximin	Alternative3	$10	
Maximax	Alternative1	$60	
Hurwicz (p=0.6)	Alternative1	¥34	
Minimax Regret	Alternative1	$16	
Expected Value	Alternative2	¥19	
Equal Likelihood	Alternative1	¥21	
Expected Regret	Alternative2	$9	
Expected Value	without any	Information =	¥19
Expected Value	with Perfect	Information =	¥28
Expected Value	of Perfect	Information =	$9

图 8.23

08-03-2015 Alternative	Maximin Value	Maximax Value	Hurwicz (p=0.6) Value	Minimax Regret Value	Equal Likelihood Value	Expected Value	Expected Regret
Alternative1	($6)	$60**	¥34**	$16**	¥21**	¥15	¥12
Alternative2	0	$30	$18	$30	¥18	¥19**	$9**
Alternative3	$10**	$10	$10	$50	$10	$10	¥18

图 8.24

Decision\State	State1	State2	State3
Alternative1	0	$15	$16
Alternative2	$30	0	$10
Alternative3	$50	$15	0

图 8.25

从决策结果可以得到，对于该决策问题来说：若采用乐观决策准则决策，应选择策略 1，此时最大收益为 60；若采用悲观决策准则决策，应选择策略 3，此时最大收益为 10；若采用折中决策准则决策，应选择策略 1，此时最大收益为 34；若采用最小后悔值决策准则决策，应选择策略 1，此时最大后悔值超过 16；若采用最大期望收益决策准则决策，应选择策略 2，此时最大期望收益为 19。

从分析结果来看，与之前没有使用 WinQSB 软件分析时的结论完全一致。

2．例 8.2 WinQSB 求解

(1) 建立新问题。在图 8.21 中选择 "Decision Tree Analysis"，输入标题和节点总数 "7"。

(2) 输入数据。输入表 8.8 中的相关数据，具体见表 8.13。表 8.13 中，第 3 列为节点类型，决策节点输入字母 "D"，其他节点输入字母 "C"；第 4 列中输入紧后节点；第 5 列中输入成本和效益，其中节点 2、3 输入成本，节点 4～7 输入 10 年的收益；最后一列输入各种自然状态出现的概率。

表 8.13

Node/Event Number	Node Name or Description	Node Type (enter D or C)	Immediate Following Node (numbers separated by ',')	Node Payoff (+ profit, -)	Probability (if available)
1	Event1	D	2,3		
2	Event2	C	4,5	-300	
3	Event3	C	6,7	-160	
4	Event4	C		1000	0.7
5	Event5	C		-200	0.3
6	Event6	C		400	0.7
7	Event7	C		100	0.3

(3) 求解问题。单击 "Solve and Analysis" → "Solve the Problem"，显示表 8.14 所示的计算结果。

从计算结果可以看到，最终选择建大工厂方案，期望收益为 340 万元。该决策结果与之前没有利用 WinQSB 软件时的结论完全一致。

表 8.14

08-03-2015	Node/Event	Type	Expected value	Decision
1	Event1	Decision node	$340	Event2
2	Event2	Chance node	$640	
3	Event3	Chance node	$310	
4	Event4	Chance node	0	
5	Event5	Chance node	0	
6	Event6	Chance node	0	
7	Event7	Chance node	0	
Overall	Expected	Value =	$340	

3．例 8.3 WinQSB 求解

（1）建立新问题。在图 8.21 中选择"Decision Tree Analysis"，输入标题和节点总数"13"。

（2）输入数据。分前 3 年后 7 年输入表 8.8 中的相关数据，见表 8.15。每列输入类别与例 8.2 基本类似。

表 8.15

Node/Event Number	Node Name or Description	Node Type (enter D or C)	Immediate Following Node (numbers separated by ',')	Node Payoff (+ profit, -)	Probability (if available)
1	Event1	D	2,3		
2	Event2	C	4,5	-300	
3	Event3	C	6,7	-160	
4	Event4	C	8,9	300	0.7
5	Event5	C	10	-60	0.3
6	Event6	C	11,12	120	0.7
7	Event7	C	13	30	0.3
8	Event8	C		700	0.9
9	Event9	C		-140	0.1
10	Event10	C		-140	1.0
11	Event11	C		280	0.9
12	Event12	C		70	0.1
13	Event13	C		70	1.0

（3）求解问题。单击"Solve and Analysis"→"Solve the Problem"，显示表 8.16 所示的计算结果。

表 8.16

08-03-2015	Node/Event	Type	Expected value	Decision
1	Event1	Decision node	￥281	Event2
2	Event2	Chance node	￥581	
3	Event3	Chance node	￥295	
4	Event4	Chance node	$616	
5	Event5	Chance node	($140)	
6	Event6	Chance node	$259	
7	Event7	Chance node	$70	
8	Event8	Chance node	0	
9	Event9	Chance node	0	
10	Event10	Chance node	0	
11	Event11	Chance node	0	
12	Event12	Chance node	0	
13	Event13	Chance node	0	
Overall	Expected	Value =	￥281	

从计算结果可以看到，最终选择建大工厂方案，期望收益为 281 万元。该决策结果与之前没有利用 WinQSB 软件时的结论完全一致。

4．例 8.4 WinQSB 求解

(1) 建立新问题。在图 8.21 中选择"Decision Tree Analysis"，输入标题和节点总数"7"。

(2) 输入数据。分前 3 年后 7 年输入表 8.8 中的相关数据，见表 8.17。每列输入类别与例 8.2 基本类似。

表 8.17

Node/Event Number	Node Name or Description	Node Type (enter D or C)	Immediate Following Node (numbers separated by ',')	Node Payoff (+ profit, -)	Probability (if available)
1	Event1	C	2,3		
2	Event2	D	4,5		0.7
3	Event3	D	6,7		0.3
4	Event4	C		700	
5	Event5	C		240	
6	Event6	C		-500	
7	Event7	C		-60	

(3) 求解问题。单击"Solve and Analysis"→"Solve the Problem"，显示表 8.18 所示的计算结果。

表 8.18

08-04-2015	Node/Event	Type	Expected value	Decision
1	Event1	Chance node	$472	
2	Event2	Decision node	$700	Event4
3	Event3	Decision node	($60)	Event7
4	Event4	Chance node	0	
5	Event5	Chance node	0	
6	Event6	Chance node	0	
7	Event7	Chance node	0	
Overall	Expected	Value =	$472	

可见，此时的期望收益为 472 万元，比之前采用完全情报时的期望收益(340 万元)多 132 万元，增加的 132 万元期望收益大于获取完全情报所支付的费用 60 万元，故值得购买这项情报。

8.6 案例分析

8.6.1 问题的提出

弗莱德(Fred)是一名原料管理者，他在一家专门为人造地球卫星生产滚珠轴承的公司工作。他需要针对一个部分的组件"滚轴轴承"分析 3 种可供选择的方案。他可以选择从供应商处以每个 8 英镑的价格购买得到该滚珠轴承，或者由本公司用低转速或高转速的抛光机器生产得到。

一种方案是由公司自行生产该滚珠轴承，每个零件的生产成本只需 5 英镑，但公司需预先投资 8000 英镑购买一台高转速的抛光机器。

另一种可选方案是采用公司目前已有的低转速抛光机器生产该滚珠轴承,每个零件的生产成本为 6 英镑,其固定成本为 4000 英镑。

弗莱德通过估算知道,公司每年对该组件的需求量可能是 7000、8000 或 9000 单位,且这三种需求情况出现的可能性分布见表 8.19。

表 8.19

组件的需求量	可能性
7000	0.15
8000	0.45
9000	0.40

那么,弗莱德应该选择哪个方案呢?

8.6.2 问题分析

对于滚珠轴承组件,其市场可能需求分别为 7000、8000、9000 单位三种情况,且弗莱德已根据历史资料估算出这三种需求出现的可能性分别为 0.15、0.45 和 0.40,故这是一个典型的风险型决策问题。对于风险型决策问题,一般可以采用最大期望收益决策法、决策树法或计算机软件来进行求解。不管是采用何种决策方法,都需要事先计算出每种方案在各种自然状态下的收益值或损失值的大小。在该决策问题中,由于不管采用何种方式获得该组件,其最终都将用于公司的生产,故只需计算比较各种方式所需成本的大小来进行决策。

(1)若采用直接从供应商处购买组件的方式,则购买 7000、8000 和 9000 单位的购买成本(单位:英镑)分别为

$$7000 \times 8 = 56\ 000$$

$$8000 \times 8 = 64\ 000$$

$$9000 \times 8 = 72\ 000$$

(2)若采用投资购买高转速抛光机器生产组件的方式,则生产 7000、8000 和 9000 单位的生产成本(单位:英镑)分别为

$$7000 \times 5 + 8000 = 35\ 000 + 8000 = 43\ 000$$

$$8000 \times 5 + 8000 = 40\ 000 + 8000 = 48\ 000$$

$$9000 \times 5 + 8000 = 45\ 000 + 8000 = 53\ 000$$

(3)若采用使用目前公司已有的低转速抛光机器生产组件的方式,则其生产 7000、8000 和 9000 单位的生产成本(单位:英镑)分别为

$$7000 \times 6 + 4000 = 42\ 000 + 4000 = 46\ 000$$

$$8000 \times 6 + 4000 = 48\ 000 + 4000 = 52\ 000$$

$$9000 \times 6 + 4000 = 54\ 000 + 4000 = 58\ 000$$

8.6.3 问题求解

对于风险型决策,可以采用最大期望收益法、决策树法和软件求解的方式进行决策。这里采用 WinQSB 来进行决策。

(1)通过之前的分析计算,可以得到该问题的收益(成本)矩阵,见表 8.20。

表 8.20   单位：英镑

策略 \ 需求量概率	需求 7000 单位 0.15	需求 8000 单位 0.45	需求 9000 单位 0.40
直接从供应商购买	56 000	64 000	72 000
投资高转速抛光机器生产	43 000	48 000	53 000
使用低转速抛光机器生产	46 000	52 000	58 000

(2) 利用 WinQSB 结合期望收益准则进行决策。

① 建立新问题后，系统显示如图 8.26 所示的对话框，选择"Payoff Table Analysis"，输入标题、自然状态数"3"和可供选择方案"3"。

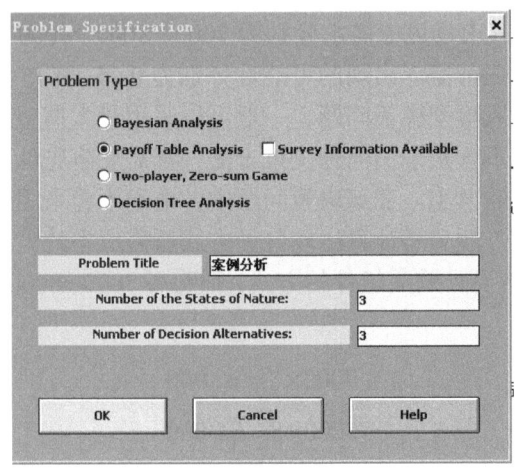

图 8.26

② 输入数据。具体见表 8.21。

表 8.21

Decision \ State	State1	State2	State3
Prior Probability	0.15	0.45	0.40
Alternative1	−56000	−64000	−72000
Alternative2	−43000	−48000	−53000
Alternative3	−46000	−52000	−58000

③ 求解问题。单击"Solve and Analysis"→"Solve the Problem"，显示表 8.22 所示的计算结果。

表 8.22

09-22-2015 Criterion	Best Decision	Decision Value		
Maximin	Alternative2	($53,000)		
Maximax	Alternative2	($43,000)		
Hurwicz (p=0)	Alternative2	($53,000)		
Minimax Regret	Alternative2	0		
Expected Value	Alternative2	($49,250)		
Equal Likelihood	Alternative2	($48,000)		
Expected Regret	Alternative2	0		
Expected Value	without any	Information =	($49,250)	
Expected Value	with Perfect	Information =	($49,250)	
Expected Value	of Perfect	Information =	0	

根据最大期望收益(最小期望损失)准则得到，此时最小期望成本为 49 250 英镑，应该选择采用购买高转速抛光机器生产组件的方式。

(3) 对于风险型决策，除了用期望收益准则进行决策外，还可以用决策树进行决策。下面是利用 WinQSB 的决策树决策过程。

① 建立新问题。在图 8.27 中选择"Decision Tree Analysis"，输入标题和节点总数"13"。

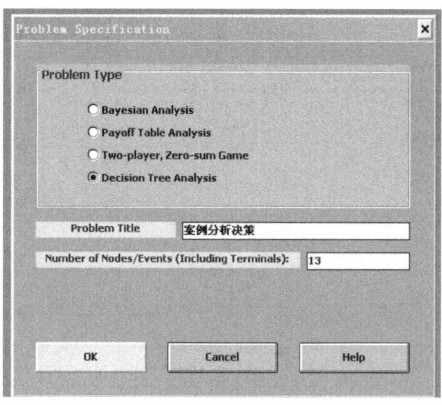

图 8.27

② 输入数据。具体见表 8.23，每列输入类别与例 8.2 基本类似。

表 8.23

Node/Event Number	Node Name or Description	Node Type (enter D or C)	Immediate Following Node (numbers separated by ',')	Node Payoff (+ profit, −)	Probability (if available)
1	Event1	D	2，3，4		
2	Event2	C	5，6，7	0	
3	Event3	C	8，9，10	−8000	
4	Event4	C	11，12，13	−4000	
5	Event5	C		−56000	0.15
6	Event6	C		−64000	0.45
7	Event7	C		−72000	0.40
8	Event8	C		−35000	0.15
9	Event9	C		−40000	0.45
10	Event10	C		45000	0.40
11	Event11	C		−42000	0.15
12	Event12	C		−48000	0.45
13	Event13	C		−54000	0.40

③ 求解问题。单击"Solve and Analysis"→"Solve the Problem"，显示表 8.24 所示的计算结果。

表 8.24

09-24-2015	Node/Event	Type	Expected value	Decision
1	Event1	Decision node	($49,250)	Event3
2	Event2	Chance node	($66,000)	
3	Event3	Chance node	($41,250)	
4	Event4	Chance node	($49,500)	
5	Event5	Chance node	0	
6	Event6	Chance node	0	
7	Event7	Chance node	0	
8	Event8	Chance node	0	
9	Event9	Chance node	0	
10	Event10	Chance node	0	
11	Event11	Chance node	0	
12	Event12	Chance node	0	
13	Event13	Chance node	0	
Overall	Expected	Value =	($49,250)	

利用 WinQSB，选择"Draw decision tree"，即可绘制出决策树形图，如图 8.28 所示。

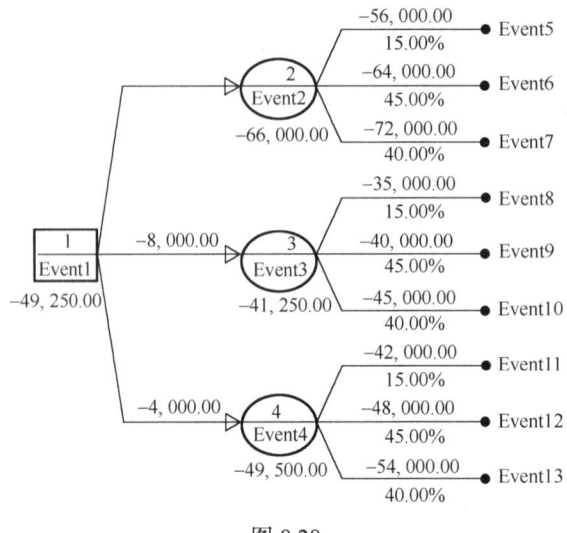

图 8.28

从计算结果可以看到，最终选择购买高转速抛光机器生产组件的方式，期望成本为 49 250 英镑。该决策结果与之前利用最大期望收益准则(最小期望损失准则)时的结论完全一致。

习 题

1. 某水果店以 2.0 元/kg 的价格购进每筐 50 kg 的香蕉，第一天以 4.0 元/kg 的价格出售，由于香蕉属于易腐烂水果，故第一天卖不完的只能以平均 1.0 元/kg 的价格折价出售。假设每天的香蕉需求量(以筐为单位)是 1~6 中的某一个，但需求量的分布未知。为获得最大利润，试问水果店每日应进货多少筐香蕉？

(1) 写出该店每日进货问题的益损矩阵；

(2) 分别用乐观、悲观、折中、最小后悔值决策准则对该问题进行决策。

2. 某地方书店希望订购最新出版的图书，根据以往经验，新书的销售量可能为 50 本、100 本、150 本或 200 本。假定每本新书的订购价为 4 元，销售价为 6 元，剩书的处理价为每本 2 元。书店根据以往统计资料得出新书销售量的规律见表 8.25。

表 8.25

需求数（本）	50	100	150	200
比例(%)	20	40	30	10

(1) 建立益损矩阵。

(2) 分别用乐观、悲观、折中决策准则来决策该书店应订购的新书数。

(3) 用最小后悔值决策准则决策书店应订购的新书数。

(4) 如果某市场调查部门能帮助书店调查销售量的确切数字，该书店愿意付出多少调查费用？

3. 有一种游戏分两阶段进行。第一阶段，参加者需先付 10 元，然后从含有 45%白球和

55%红球的罐中任摸一球,并决定是否继续第二阶段。如继续需再付 10 元,在与第一阶段摸到的球的颜色相同的罐子中再摸一球。已知白罐中含 70%蓝球和 30%绿球,红罐中含 10%蓝球和 90%绿球。在第二阶段摸到蓝球时,参加者可得 50 元;摸到绿球或不参加第二阶段游戏均无所得。试用决策树法确定参加者的最优策略。

4. 某公司需要决定建大工厂还是建小工厂来生产一种新产品,该产品的市场寿命期为 10 年。建大工厂的投资费用为 280 万元,建小工厂的投资费用为 140 万元。估计 10 年内销售状况的概率分布是:需求高的概率是 0.5,需求一般的概率是 0.3,需求低的概率是 0.2。

公司进行了"成本-产量-利润"分析,根据不同的工厂规模和市场需求量的组合,算出了它们的年收益,见表 8.26。

表 8.26　　　　　　　　　　　　　　　　　　　　单位:万元

策略＼自然状态	需求高	需求一般	需求低
建大工厂	100	60	−20
建小工厂	25	45	55

试求出此问题的益损矩阵,并用 WinQSB 求解。

5. 某厂准备大批量投产一种出口新产品,估计这种产品销路好的概率为 0.7,销路差的概率为 0.3。销路好,可获利 1200 万元;销路差,将亏损 150 万元。为了避免盲目生产造成的损失,工厂管理人员决定先小批量试生产和试销,为销售情况获取更多的信息。根据市场的研究,估计试销时销路好的概率为 0.8,如果试销的销路好,则以后大批量投产时销路好的概率为 0.85;如果试销的销路差,则以后大批量投产时销路好的概率为 0.1。

(1)试求通过先小批量试生产而取得信息的价值(画出决策树进行分析);

(2)假如小型试验所需费用为 5 万元,那么进行这项小型试验是否值得?

6. 在 4 题所给的建厂规模问题中,假如该公司经理认为按期望收益值(EMV)进行决策所冒风险太大,因而考虑采用期望效用值来进行决策。在对该经理进行了一系列询问之后,得知:该经理认为"以 0.5 的概率得到 720 万元,以 0.5 的概率损失 480 万元"和"肯定损失 120 万元"二者对他来说是一样的;"以 0.5 的概率得到 720 万元,以 0.5 的概率损失 120 万元"和"肯定得到 180 万元"二者对他来说是一样的;"以 0.5 的概率损失 480 万元,以 0.5 的概率损失 120 万元"和"肯定损失 340 万元"二者对他来说是一样的。

(1)试根据以上询问结果,画出该经理的效用曲线;

(2)运用所作的效用曲线,求出该经理对此问题的最优决策。

7. 某人选择某个决策事件产生的经济收益在−50~300 元之间。为了测定他的效用曲线,特进行了如下对话。

问:"如果有两个方案 a_1 和 a_2,方案 a_1 为以 0.5 的概率获 300 元收益和以 0.5 的概率获−50 元收益(即亏损 50 元),方案 a_2 为以 1 的概率获 125 元收益。请问你喜欢哪一种方案?"

答:"喜欢选择 a_1 方案。"

问:"把方案 a_2 改为以 1 的概率获得多少收益时,你认为方案 a_1 与 a_2 等价?"

答:"195 元。"

问:"如果方案 a_1 以 0.75 的概率获得 300 元收益和以 0.25 的概率获−50 元收益,方案 a_2 为以 1 的概率获多少收益时,你认为方案 a_1 与 a_2 等价?"

答:"255元。"

问:"如果方案 a_1 改为以0.25的概率获300元收益和0.75的概率获-50元收益,方案 a_2 为以1的概率获多少收益时,你认为方案 a_1 与 a_2 等价?"

答:"125元。"

问:"如果方案 a_1 为以 p 的概率获300元收益和 $1-p$ 的概率获-50元收益,方案 a_2 为不亏不盈,如果 $p=0.05$,此时你选择方案 a_1 还是方案 a_2?"

答:"选择方案 a_1。"

问:"如果 $p=0.01$ 呢?"

答:"选择 a_2。"

问:"如果 $p=0.03$ 呢?"

答:"选择方案 a_1。"

问:"如果 $p=0.02$ 呢?"

答:"选择方案 a_1 和 a_2 均可。"

问:"如果方案 a_1 为以0.5的概率获125元收益和以0.5概率不亏不盈,那么方案 a_2 为以1的概率获得多少收益时,方案 a_1 与 a_2 等价?"

答:"80元。"

假定 $u(300)=1, u(-50)=0$。

(1) 根据上述对话,你能求出效用曲线上的哪些点?试画出它的效用曲线。

(2) 根据所作出效用曲线找出150元的效用值以及效用为0.6时的收益值。

(3) 请问该决策者属于哪种类型的决策者?

附录 A

相 关 证 明

1. **定理 1** 若线性规划问题存在可行域，则其可行域 $D=\{X|AX=b,X\geq 0\}$ 是一个凸集。

证明：为了证明满足 $AX=b$，$X\geq 0$ 的所有点（可行解）组成的集合是凸集，只要证明可行域中任意两点 $X^{(1)}$、$X^{(2)}$ 连线上的一切点均满足线性约束条件即可。

任取 $X^{(1)}\in K$ 和 $X^{(2)}\in K$，即满足 $AX^{(1)}=b$，$X^{(1)}\geq 0$；$AX^{(2)}=b$，$X^{(2)}\geq 0$；则对任意的 $X=\alpha X^{(1)}+(1-\alpha)X^{(2)}$，$0<\alpha<1$，有

$$AX=A[\alpha X^{(1)}+(1-\alpha)X^{(2)}]=\alpha AX^{(1)}+(1-\alpha)AX^{(2)}=\alpha b+(1-\alpha)b=b$$

又因为 $X^{(1)}$、$X^{(2)}$、α、$1-\alpha$ 均大于等于 0，所以 $X=\alpha X^{(1)}+(1-\alpha)X^{(2)}\geq 0$。

由此可知，$X=\alpha X^{(1)}+(1-\alpha)X^{(2)}\in D$，即 D 是凸集。

2. **引理 1** 线性规划问题的可行解 $X=[x_1,x_2,\cdots,x_n]$ 是基可行解的充要条件是 X 的正分量所对应的系数列向量线性无关。

证明：(1) 必要性。因为 X 是基解，由基本解的定义，X 的非零分量所对应的系数列向量线性无关。又因为 X 是可行解，由基可行解的定义，非零分量均是正的，所以 X 的正分量所对应的系数列向量线性无关。

(2) 充分性。设 X 是线性规划问题的可行解，且正分量 $x_1,x_2,\cdots,x_k$ 所对应的列向量 $P_1,P_2,\cdots,P_k$ 也线性无关，则必有 $k\leq m$。若 $k=m$，则 $P_1,P_2,\cdots,P_k$ 刚好构成一个基，$X=[x_1,x_2,\cdots,x_k,0,\cdots,0]^T$ 为相应的基本可行解。若 $k<m$，则由线性代数知识，一定可以从其余的 $n-k$ 个系数列向量中取 $m-k$ 个与 $P_1,P_2,\cdots,P_k$ 构成最大的线性独立向量组，其对应的基本解恰好为 X，不过此时的 X 是一个退化的基可行解。

利用**引理 1**，可以证明下列重要定理。

3. **定理 2** 设线性规划问题的可行域 $D=\left\{X\mid\sum_{j=1}^{n}P_j x_j=b,x_j\geq 0,(j=1,2,\cdots,n)\right\}$，则 X 是 D 的一个顶点的充分必要条件是 X 为线性规划问题的基可行解。

证明：(1) 必要性。由**引理 1**，若 X 是 D 的一个顶点，要证明 X 是线性规划的一个基可行解，则只要证明 X 的正分量 $x_1,x_2,\cdots,x_k$ 所对应的系数列向量线性无关。

用反证法，倘若 X 的正分量 $x_1,x_2,\cdots,x_k$ 所对应的系数列向量 $P_1,P_2,\cdots,P_k$ 线性相关，则存在一组不全为零的数 $\alpha_i(i=1,2,\cdots,k)$ 使得

$$\alpha_1 P_1+\alpha_2 P_2+\cdots+\alpha_k P_k=0 \text{ 或 } \mu(\alpha_1 P_1+\alpha_2 P_2+\cdots+\alpha_k P_k)=\mathbf{0},\mu>0$$

又因为 $x_1, x_2, \cdots, x_k$ 是可行解 X 的非零分量,所以

$$x_1 P_1 + x_2 P_2 + \cdots + x_k P_k = b$$

将上述二式相加或相减,得

$$(x_1 + \mu\alpha_1) P_1 + (x_2 + \mu\alpha_2) P_2 + \cdots + (x_k + \mu\alpha_k) P_k = b$$

$$(x_1 - \mu\alpha_1) P_1 + (x_2 - \mu\alpha_2) P_2 + \cdots + (x_k - \mu\alpha_k) P_k = b$$

取

$$X^{(1)} = [x_1 + \mu\alpha_1, x_2 + \mu\alpha_2, \cdots, x_k + \mu\alpha_k, 0, \cdots, 0]^T$$

$$X^{(2)} = [x_1 - \mu\alpha_1, x_2 - \mu\alpha_2, \cdots, x_k - \mu\alpha_k, 0, \cdots, 0]^T$$

当 μ 充分小时,可保证 $(x_i \pm \mu\alpha_i) \geq 0 (i=1, 2, \cdots, k)$,即 $X^{(1)}$、$X^{(2)}$ 是可行解。

又因为 $X = 0.5X^{(1)} + 0.5X^{(2)}$,因此 X 不是 D 的顶点,与假设矛盾。

(2) 充分性。若 X 是现行规划的一个基可行解,要证明 X 是可行域 D 的一个顶点,仍用反证法,倘若 X 不是可行域 D 的顶点,则必可在 D 中找到不同的两点

$$X^{(1)} = [x_1^{(1)}, x_2^{(1)}, \cdots, x_n^{(1)}]^T, \quad X^{(2)} = [x_1^{(2)}, x_2^{(2)}, \cdots, x_n^{(2)}]^T$$

使 $X = \alpha X^{(1)} + (1-\alpha) X^{(2)} (0 < \alpha < 1)$ 或者 $x_j = \alpha x_j^{(1)} + (1-\alpha) x_j^{(2)}$($j=1,2,\cdots,n$)。

因为 X 是基可行解,基变量对应的系数列向量 $P_1, P_2, \cdots, P_k$ 线性无关。当 $j > m$ 时,$x_j = 0$,又因为 $x_j^{(1)} > 0$,$x_j^{(2)} > 0$,$\alpha > 0$,$1-\alpha > 0$,所以当 $j > m$ 时,$x_j^{(1)} = 0$,$x_j^{(2)} = 0$,于是有

$$\sum_{j=1}^{m} P_j x_j^{(1)} = b \text{ 和 } \sum_{j=1}^{m} P_j x_j^{(2)} = b$$

两式相减,得

$$\sum_{j=1}^{m} \left[P_j x_j^{(1)} - P_j x_j^{(2)} \right] = b$$

因为 $X^{(1)} \neq X^{(2)}$,所以上式的系数 $x_j^{(1)} - x_j^{(2)}$ 不全为零,于是向量组 $P_1, P_2, \cdots, P_k$ 线性相关,X 不是基本可行解,与假设矛盾。

4. 定理 3 若线性规划问题有最优解,则一定存在一个基可行解是最优解。

证明:设 $X^{(0)} = (x_1^0, x_2^0, \cdots, x_n^0)$ 是线性规划的一个最优解,$Z = CX^{(0)} = \sum_{j=1}^{n} c_j x_j^0$ 是目标函数的最大值。若 $X^{(0)}$ 不是基可行解,由定理 2 知 $X^{(0)}$ 不是顶点,一定能在可行域内找到通过 $X^{(0)}$ 的直线上的另外两个点 $(X^{(0)} + \mu\delta) \geq 0$ 和 $(X^{(0)} - \mu\delta) \geq 0$。将这两个点代入目标函数,有

$$C(X^{(0)} + \mu\delta) = CX^{(0)} + C\mu\delta$$

$$C(X^{(0)} - \mu\delta) = CX^{(0)} - C\mu\delta$$

因 $CX^{(0)}$ 为目标函数的最大值,故有

$$CX^{(0)} \geq CX^{(0)} + C\mu\delta$$

$$CX^{(0)} \geq CX^{(0)} - C\mu\delta$$

由此,$C\mu\delta = 0$,即有 $C(X^{(0)} + \mu\delta) = CX^{(0)} = C(X^{(0)} - \mu\delta)$。如果 $X^{(0)} + \mu\delta$ 或 $X^{(0)} - \mu\delta$ 仍不是基可行解,则按上面的方法继续做下去,最后一定可以找到一个基可行解,其目标函数值等于 $CX^{(0)}$,定理得证。

参考文献

[1] 《运筹学》教材编写组. 运筹学[M]. 4版. 北京：清华大学出版社，2013.

[2] 胡运权，郭耀煌. 运筹学教程[M]. 4版. 北京：清华大学出版社，2012.

[3] 弗雷德里克·S. 希利尔. 运筹学导论[M]. 10版. 北京：清华大学出版社，2015.

[4] 韩大卫. 管理运筹学[M]. 6版. 大连：大连理工大学出版社，2010.

[5] 韩伯棠. 管理运筹学[M]. 4版. 北京：高等教育出版社，2015.

[6] 谢金星，薛毅. 优化建模与Lindo\Lingo软件[M]. 北京：清华大学出版社，2005.

[7] 刘静华，薄秋实. 运筹学上机实验指导[M]. 北京：科学出版社，2015.

[8] 关文忠，韩于鑫. 管理运筹学[M]. 2版. 北京：北京大学出版社，2011.

反侵权盗版声明

电子工业出版社依法对本作品享有专有出版权。任何未经权利人书面许可，复制、销售或通过信息网络传播本作品的行为，歪曲、篡改、剽窃本作品的行为，均违反《中华人民共和国著作权法》，其行为人应承担相应的民事责任和行政责任，构成犯罪的，将被依法追究刑事责任。

为了维护市场秩序，保护权利人的合法权益，我社将依法查处和打击侵权盗版的单位和个人。欢迎社会各界人士积极举报侵权盗版行为，本社将奖励举报有功人员，并保证举报人的信息不被泄露。

举报电话：（010）88254396；（010）88258888
传　　真：（010）88254397
E-mail：　dbqq@phei.com.cn
通信地址：北京市海淀区万寿路173信箱
　　　　　电子工业出版社总编办公室
邮　　编：100036